U0152894

千華數位文化
Chien Hua Learning Resources Network

考前充分準備　臨場沉穩作答

千華公職資訊網
http://www.chienhua.com.tw
每日即時考情資訊 網路書店購書不出門

千華公職證照粉絲團 f
https://www.facebook.com/chienhuafan
優惠活動搶先曝光

千華數位文化

我想索取考試日程表

親愛的讀者您好！［國考年度計畫表］懶人包來囉

更多考試日程表請點選連結：
https://www.chienhua.com.tw/schedule.aspx

前往官網　考試日程表　即將報名

折價券　當期　樂學校

千華 Line@ 專人諮詢服務

☑ 有疑問想要諮詢嗎？
歡迎加入千華 LINE＠！

☑ 無論是考試日期、教材推薦、勘誤問題等，都能得到滿意的服務。

☑ 我們提供專人諮詢互動，更能時時掌握考訊及優惠活動！

證券商高級業務員資格測驗

完整考試資訊
立即了解更多

■ 測驗依據

(一)「證券商負責人與業務人員管理規則」。

(二)「期貨商負責人與業務員管理規則」、「中華民國期貨業商業同業公會辦理期貨商業務員資格測驗辦法」、「中華民國期貨業商業同業公會辦理期貨交易分析人員資格測驗辦法」及「中華民國期貨業商業同業公會辦理期貨信託基金銷售機構銷售人員資格測驗辦法」。

(三)「證券投資顧問事業負責人與業務人員管理規則」及「中華民國證券投資信託暨顧問商業同業公會辦理證券投資信託事業證券投資顧問事業業務人員資格測驗及認可辦法」。

■ 報考資格（擇一）

(一)教育部認可之國內、外大學系所以上學校畢業者。

(二)高等考試或相當高等考試以上之特種考試及格者。

(三)取得證券商業務員資格者。

(四)取得投信投顧業務員資格者。

(五)取得證券交易相關法規與實務乙科測驗成績合格者。

■ 報名費用

(一)筆試：680元。

(二)電腦應試：1,080元。

■ 報名方式：一律採個人網路報名方式辦理。

■ 測驗日期及考區

(一) 測驗日期：依證基會公告日期為主。

(二) 臺北、臺中及高雄等三考區辦理，請擇一考區報考。

■ 測驗科目、測驗時間、題型及方式

節次	專業科目	測驗題數	測驗時間	作答方式
1	證券投資與財務分析－試卷「投資學」		60分鐘	
2	證券投資與財務分析－試卷「財務分析」	50題	90分鐘	2B鉛筆劃卡
3	證券交易相關法規與實務		60分鐘	

■ 合格標準：3科總成績須達210分為合格；惟其中任何1科成績低於50分者即屬不合格。

■ 測驗範圍

(一)證券交易相關法規與實務之「證券法規」、「證券法規概論」

　　1.證券交易法。

　　2.證券交易法施行細則。

　　3.公司法－總則、股份有限公司及關係企業專章。

　　4.發行人募集與發行有價證券處理準則。

　　5.外國發行人募集與發行有價證券處理準則。

　　6.公司募集發行有價證券公開說明書應行記載事項準則。

　　7.公開發行公司年報應行記載事項準則。

　　8.發行人募集與發行海外有價證券處理準則。

　　9.公開發行公司取得或處分資產處理準則。

　　10.公開發行公司建立內部控制制度處理準則。

　　11.證券發行人財務報告編製準則。

　　12.會計師查核簽證財務報表規則。

　　13.證券商管理規則。

　　14.公開發行股票公司股務處理準則。

　　15.公開發行公司出席股東會使用委託書規則。

　　16.公開收購公開發行公司有價證券管理辦法。

　　17.證券商營業處所買賣有價證券管理辦法。

　　18.證券投資信託基金管理辦法。

　　19.有價證券集中保管帳簿劃撥作業辦法。

　　20.其他主管機關頒訂之法令。

(二)證券交易相關法規與實務之「證券市場」

　　1.發行市場。2.交易市場。3.基金。4.稅賦與必要費用。

～以上資訊僅供參考，詳細內容請參閱招考簡章～

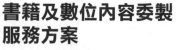

目 次

第一篇　投資學

第二篇　財務分析

最新試題及解析

如何準備高業的投資學與財務分析

近年來金融證照的考試頗為熱門，除了執行業務的要求外，大專院校商學系的學生也被要求畢業前需考取金融證照當畢業門檻，甚至非商學系的學生也以考取金融證照作為外部的有效認證。金融證照種類繁多其中以證券業的證照最具代表性。證券業的證照是目前從事證券、銀行與保險行業者所要求的執業資格條件，而以考照難度做區分；證券分析人員較難，高級業務員（高業）次之，最後是投信投顧業務員、普通業務員（普業），所謂的難度只是出題範圍較廣泛讓考生不知如何準備起。這也是老師編寫這本書的動機，如何讓考生在最短的時間裡考取高業證照，同時為後續的職涯奠定最紮實的專業能力。

一、本書特色

準備考試要先瞭解考試的範圍與出題的趨勢，這部分可以從命題大綱得知命題範圍與歷屆考古題出題的題型與頻率得知出題的趨勢，通常歷屆考古題至少以近四年的考題較具有代表性。只要熟讀這些題型絕對可以高分通過，但題目何其多也，以每年考三次的頻率其中一科的考題有五十題則四年累積下來也達六百題了，何況參加考試一次要考三門科目呢！為減輕讀者負擔，老師把近四年的考題按照命題大綱為主題予以分類並加以詳解，與坊間的書籍將考題僅以章作為分類更精確，更能讓讀者掌握重點，所以本書可以當分類題庫來使用，老師在解析題目的過程也逐漸將該章的主題有系統的整理歸納，並把關鍵字予以標示，即整理的重點就是考題所在，不同坊間的重點整理卻與考題沒相關或是寫得不清不楚的「重點」。

二、本書的使用方法

為建立完整的學習架構請按本書的章節順序，從每一章的第一個「**重點**」予以理解，接著馬上閱讀該「重點」所對應的題目出處「**高手過招**」，就是課文重點熟讀立即看題目型態，千萬不要看完一章再一起做該章題目。看一次可能會比較辛苦，第二次閱讀就可以把較易弄錯的題目予以標示，考試前幾天只要閱讀有標示的主題與題目即可，至於考古題只要閱讀證基會一一零年第三次以後的考題即可，其餘年度的考題就不需要看了。

預祝　閱讀本書的讀者高分通過高業的考科順利取得證照。

王志成 老師 謹識
2022年7月

第一篇 投資學

金融工具與投資

重點 1 投資的概念

一、投資的定義：是投資人承諾支付目前所擁有的金錢或資源，以換取未來的利益。投資是包括所有具有報酬性質的投資活動，無論是花費在實體資產、金融資產或無形資產上，皆為投資。

二、投資、投機與賭博之區別

(一) 若以證券「投資」為例，投資者將傾向於蒐集較多的資料，著重於證券發行公司營業績效及股利成長，或是債券利息收入。

(二)「投機者」為了賺取價差，便需要承擔較大的風險而操作上偏向短期。

(三)「賭博」是以金錢下注於未來不確定的事情用碰運氣的方式企圖獲利，是在沒有資訊的情況下作不必要的冒險。例如：刮刮樂或樂透彩等。

三、影響投資決策之因素

(一) 報酬：由於「投資」行為是由於犧牲目前可消費財富價值，換取未來預期報酬之效用，當未來報酬大於目前消費價值才是有意義的行為。

(二) 時間：由於「投資」係指犧牲當前消費之效用，以獲取未來可能之最大收益，因此時間佔了很重要的因素。如果時間越早達到期望的報酬，對於投資人越有利。一般而言，投資的期間相較於投機或賭博是比較長。

(三) 風險：投資報酬未來具有不確定性，預期報酬和實際報酬可能發生差異，一般而言報酬率和風險呈正向關係，投資之前要仔細的分析欲投資標的，並且評估自己的風險承擔能力，也就是最大損失的承擔能力為何。

小試身手

( )　　投資、投機與賭博三者中，欲獲利之持有期間最長者為：
(A)投機　(B)投資　(C)賭博　(D)三者相同。　【106年第3次高業】
答 **(B)**。

四、金融體系：金融體系是指所有的金融市場、金融工具、金融中介及指導資金活動的管理規範。

五、金融市場：若根據金融工具到期的期限，金融市場區分為貨幣市場（money market）和資本市場（capital market）。

(一) **貨幣市場（money market）**：到期期限在「一年以內（含一年）」金融工具之交易市場。

(二) **資本市場（capital market）**：到期期限在「一年以上」金融工具之交易市場。

六、金融中介機構之組成：金融中介機構可區分成存款貨幣機構與非存款貨幣機構。

(一) **存款貨幣機構**：又稱存款中介機構。係指發行各種存款憑證向企業、一般民眾和政府機構吸收存款，再對資金不足者放款的金融中介機構稱之。例如：商業銀行、專業銀行與基層合作金融機構。

(二) **非存款貨幣機構**：又稱非存款中介機構。又可再分成投資中介機構與契約中介機構。

　1. 投資中介機構：其向投資人發行證券取得其投資資金，再將資金用於購買債券、股票或從事放款。例如：信託投資公司、投信公司、避險基金等。

　2. 契約中介機構：與客戶訂定的契約為基礎，向客戶吸收資金，而客戶則是以保障生命或財產損失為目的。例如：人壽保險公司、產物保險公司、中央再保險公司等。

重點 2　金融市場分類

一、金融工具到期期限

(一) 貨幣市場：到期期限在「一年以內（含一年）」金融工具之交易市場，或稱短期資金市場。

(二) 資本市場：到期期限在「一年以上」金融工具之交易市場，或稱長期資金市場。

二、金融工具請求權優先順序

(一) 債權市場：各種債權工具，例如：政府公債、公司債、金融債券等，發行與交易的場所。

(二) 股權市場：股權工具，例如：股票，發行與交易的場所。

三、有價證券是否為首次發行

(一) 初級市場：為交易第一次發行有價證券的市場。

(二) 次級市場：初級市場發行後之有價證券交易市場。

四、金融工具交易場所

(一) 集中市場：上市公司股票在證券交易所，以集中競價方式買賣的市場。例如：台灣證券交易所之上市上櫃股票市場。

(二) 店頭市場：有價證券在證券商的營業櫃台進行議價交易所形成的市場。例如：台灣票券市場、興櫃股票市場。

重點 **3** 貨幣市場工具

一、金融同業拆放利率

(一) 概念：金融同業間彼此互通有無的短期拆款市場，旨在增進金融業貨幣信用之效能。

(二) 目的：為準備不足的金融機構提供一個向有超額準備同業週轉資金的平台。

(三) 可參與金融機構：銀行、信託投資公司、票券金融公司、郵政儲匯局及經核准之信用合作社。

(四) 拆款期限：同業拆款的期限大多為一天，因而有時又稱為隔日或隔夜拆款。

二、國庫券

(一) 意義：國庫券是政府為了調節國庫收支而發行之短期債務憑證。

(二) 類型：財政部發行的甲種國庫券與中央銀行發行的乙種國庫券。

(三) 發行天數：國庫券發行天數以91天為基數按其倍數發行，即91天期、182天期、273天期及364天期。

(四) 無風險的金融工具：一般投資市場係將國庫券的報酬率稱為<u>無風險利率</u>，任一報酬率與國庫券的報酬率的之差為風險溢酬。

(五) 國庫券發行價格＝面額×(1－貼現率×$\frac{到期天數}{365}$)

三、可轉讓定期存單

(一) 意義：由銀行所發行的可以在存款期間自由轉讓給第三人的定期存款單。

(二) 面額：面額以10萬元為單位，按10萬元的倍數發行，分為10萬、50萬、100萬、500萬、1000萬、5000萬、1億，共七種。

(三) 存款期限：不得超過一年。

(四) 發行形式：可選擇記名或不記名的形式，但發行後不得要求更改。

四、銀行承兌匯票

(一) 意義：為<u>個人</u>或<u>公司</u>所簽發以某一承兌銀行為付款人的可轉讓定期附息存款憑證。

(二) 特點：由於銀行成為匯票的<u>主債務人</u>，並承擔匯票付款的風險，使銀行承兌匯票之信用風險大為降低。

五、商業本票：

(一) 意義：大企業所發行的無附屬擔保品的短期票據。

(二) 不附息：商業本票以貼現方式出售給公司、銀行、個人或其他投資人。

(三) 到期期限：期限可分為1天、7天、1個月期、2個月期、3個月期，最長為1年。

(四) 種類：商業本票可分兩種，第一種是企業因<u>交易行為</u>所發行的交易性商業本票，第二種是企業因短期融通的需要所發行的融通性商業本票。

六、附條件交易：附條件交易包括附買回（Repurchase, RP）與附賣回（Resale, RS）交易兩種。

(一) 附買回交易是指投資人先向票券商或<u>證券商買進</u>短期票券或債券，並約定以某特定價格，於某一特定日再由票券商或證券商向投資人<u>買回</u>交易。附條件交易的到期買回價格計算如下：

RS賣回價格＝承作金額×RP買回價格

$$=承作金額×[1＋RP利率×\frac{承作天數}{365}]$$

(二) 附賣回交易則是票券商或證券商先向投資人買進短期票券或債券，並約定以某特定價格，於某一特定日再由票券商或證券商賣回給投資人的交易。附條件交易的到期賣回價格計算如下：

$$RS賣回價格 = 承作金額 \times [1 + RS利率 \times \frac{承作天數}{365}]$$

小試身手

( ) **1** 小慧與某券商承作公債附賣回交易（RS），交易面額為5,000,000元，RS利率為4.10%，期間90天，則到期時小慧需支付給券商多少金額？（忽略交易成本）　(A)5,000,000元　(B)4,949,452元　(C)5,050,548元　(D)小慧不須支付給券商，而是券商須支付給小慧。 【107年第2次高業】

答 **(C)**。RS賣回價格 = 承作金額 $\times [1 + RS利率 \times \dfrac{承作天數}{365}]$

$= 5,000,000 \times [1 + 4.10\% \times \dfrac{90}{365}] = 5,050,548$

( ) **2** 在美國通常以下列何者的利率代表無風險利率？　(A)國庫券　(B)公債　(C)商業本票　(D)定期存單。 【106年第1次高業】

答 **(A)**。

( ) **3** 貨幣市場交易工具不包括下列那種工具？　(A)政府債券　(B)可轉讓定期存單　(C)銀行承兌匯票　(D)國庫券。 【106年第2次高業】

答 **(A)**。

( ) **4** 何者為貨幣市場證券？　(A)五年期的公司債　(B)普通股　(C)二十年期的公司債　(D)三個月期的國庫券。 【106年第4次普業】

答 **(D)**。

重點 **4** 資本市場工具

一、股票

(一) **普通股**：普通股為股份有限公司成立之初原始發行之股票，其每股面額為10元，以1000股為一張，故每張股票之面額均為新台幣10000元（＝10×1,000）。普通股股東有下列四種基本權利：

1. 選舉權和被選舉權。　　　　　2. 盈餘分配權。
3. 優先認股權。　　　　　　　　4. 剩餘於財產分配權。

(二) **特別股**：特別股又稱為優先股，它享有特別的權利或其權利受到限制的股份。特別股的種類如下：

1. 累積特別股與非累積特別股：累積特別股是指公司未支付股息時，可以累積起來，待公司經營好轉，可以將未支付的累積股息與予全部付清。非累積特別股則是未支付的股息不予累積。

2. 參加特別股與非參加特別股：參加特別股是指當公司獲利甚佳時，特別股股東除了收到固定的股息以外，還可以和普通股股東分享公司剩餘盈餘，獲得的額外股利。非參加特別股對剩餘盈餘的分配是以約定利率為限超出約定利率的盈餘則全歸普通股所有。

3. 可轉換特別股與不可轉換特別股：可轉換特別股是約定一定期限以後，特別股股東有權將其股票按事先約定比率轉換為公司的普通股。不可轉換特別股純為領取固定利率之特別股，沒有轉換成普通股的權利。

4. 可贖回特別股與不可贖回特別股：可贖回特別股是約定特別股發行一段期間後，特別股有權利依照事先約定的價格及方式收回。不可贖回特別股發行公司不能在某一期間，以某一價格或某種方式收回的權利。

5. 可賣回特別股與不可賣回特別股：可賣回特別股是指特別股股東在某些特定條件下，可要求發行公司以特定價格買回所發行的特別股。反之，不可賣回特別股則無法要求發行公司以特定價格買回所發行的特別股。

6. 有表決權特別股與無表決權特別股：有表決權特別股是指特別股股東可以參加股東會，行使表決權。無表決權特別股則對於公司的董事監察人之選舉及重大事項的決定，均由普通股股東表決，特別股股東沒有此項權利。

二、債券

(一) 定義：政府、企業或金融機構為籌措中長期資金或支應其赤字所發行的中長期債務憑證。

(二) 債券發行相關機構：指長期資金需求者，政府機關發行<u>政府公債</u>，一般的公司發行<u>公司債</u>，金融機構發行<u>金融債券</u>。

(三) **債券信用評等：**

　1. 信用評等：或稱為債信評等，是以企業或政府償債的能力作評比，主要是針對受評等單位發生<u>違約風險</u>的大小。

　2. 信用評等公司：計算企業之信用評等並提供該資訊服務的公司。目前主要的信用評等公司有Standard&Poors（標準普爾）、Fitch（英商惠譽）、Moodys（穆迪）與Tw（中華信評）等。

(四) **可轉換公司債：**是一種股權與債權的混合債券，它允許公司債持有人一定期間內，可依一定<u>轉換比例</u>，將公司債轉換成公司的普通股股票。可轉換公司債如同一般的公司債在加上轉換的選擇權。由於可轉換公司債具有轉換成普通股股票的權利，因此它的<u>票面利率</u>均遠低於一般公司債。

(五) **次級債券：**係指在清償順序上排在存款和一般債券之後，但仍優先於普通股與特別股的債券。此種債券持有者只能獲得發行條件載明的固定利息和本金，即不能分享超額的收益但承擔了<u>較大</u>的違約風險。

三、海外存託憑證

(一) 存託憑證的定義：存託憑證（depository receipts, DR）是國內上市公司把原本要拿到國外發行的股票先存在國內的銀行（稱為「保管機構」），國內的銀行再和國外的銀行（稱為「存託機構」）簽訂合約，表示股票確實已經存入國內的銀行，則國外的銀行可以根據存在國內銀行的股票數額，直接在國外的證券市場發行相對數量的證券，這種證券稱為「存託憑證」。

(二) 海外存託憑證的定義：存託機構在<u>中華民國境外</u>，依當地國之證券有關法令發行表彰存放於保管機構之有價證券稱為「海外存託憑證」。外國公司暨受其委託之存託銀行在台灣發行之存託憑證，稱為「台灣存託憑證（Taiwan Depository Receipts）」，簡稱TDR，在全球發行的存託憑證（Global Depository Receipts），簡稱GDR，在美國發行的存託憑證（American Depository Receipts），簡稱ADR，在歐洲發行的存託憑證（European Depository Receipts, EDR），簡稱EDR。

(三) 國內投資人購買存託憑證時,則<u>相當</u>於購買外國公司所發行的有價證券。

(四) 海外存託憑證大多以「憑證發行所在地之<u>幣別計價</u>」,故對於購買存託憑證的投資人而言,具有減少<u>匯率風險</u>的好處。

小試身手

(　　) 有關TDR與ADR的比較何者有誤?　甲.TDR所表彰的是台灣企業的股票、ADR係表彰外國企業的股票;乙.TDR台灣掛牌、ADR在美國掛牌;丙.TDR與ADR皆屬於權益證券;丁.TDR與ADR交易的幣別不同;戊.目前在台灣掛牌之泰金寶屬於ADR
(A)僅甲、丙　　(B)僅乙、丁
(C)僅甲、戊　　(D)僅甲、丙、戊。　　　　【106年第3次普業】
答 (C)。

四、共同基金:證券投資信託公司以發行受益憑證的方式,<u>募集社會大眾的資金</u>,累積成為一筆龐大資金後,委由<u>專業</u>的基金經理人管理並運用其資金於適當之管道,如:股票,債券等,當其投資獲利時則由投資大眾分享,賠錢時由投資大眾分攤,證券信託投資公司則賺取基金的<u>手續費</u>與<u>管理費</u>。

小試身手

(　　) 資本市場可分為:
(A)匯率市場與股票市場　　(B)股票市場和債券市場　　(C)外匯市場和債券市場　　(D)金融市場和不動產市場。　　【106年第1次普業】
答 (B)。

五、衍生性金融商品

(一) 衍生性金融商品定義:係指其價值由利率、匯率、股權、指數、商品、信用事件或其他利益及其組合等所衍生之交易契約及結構型商品。目前較常見的衍生性金融商品有<u>遠期契約</u>、<u>期貨</u>、<u>選擇權</u>、<u>金融交換</u>等。

(二) 衍生性金融商品功能：
　1. 風險管理工具。
　2. 價格發現功能。
　3. 促進市場效率性及完整性。

六、期貨

(一) 定義：為一標準化遠期契約，指當事人約定於未來特定期間，一特定價格及數量等交易條件買賣約定標的物，或於到期前或到期時結算價差之契約。

(二) 特性：
　1. 標準化契約。
　2. 固定的交易場所。
　3. 大部分採現金交割。
　4. 每日結算保證金，不足維持保證金金額須補足至原始保證金。

(三) 功能：
　1. 避險：規避現貨價格波動的風險。
　2. 投機：預測現貨價格變動的方向。
　3. 套利：賺取期貨價格與現貨價格間失衡所產生的利益。

七、選擇權

(一) 定義：選擇權是一種權利契約，選擇權的買方支付權利金後便有權利在未來約定的特定日期依約定的履約價格，買入或賣出一定數量的約定標的物。

(二) 分類：可分成買權（Call Option）與賣權（Put Option）。

八、金融交換：係指買賣雙方約定在某一段期間內，交換不同的現金流量的特定協議契約。雙方的債信評等不同時對於資金的需求，可透過交換相同期限且相同金額債務之利息費用，雙方可以達到節省利息（若未經由交換）並選擇自己的利息支付方式。

九、遠期

(一) 定義：買賣雙方同意在未來某一時點，以特定價格買賣標的物得交易契約，協議的內容包括標的物定義、品質、數量、交割日、交割地點、交割方式等。

(二) 遠期合約與期貨合約的差異：期貨合約是「標準化」的契約，遠期合約是非標準化契約。此外，期貨契約在交易所交易，遠期合約則不在交易所交易。

高手過招

重點 1　投資的概念

解答

(　) **1** 利用市場之非效率，買賣各證券而可得到無風險超額報酬之交易行為稱為：

(A)投資　(B)套利　(C)投機　(D)避險。　【109年第4次】

名師攻略：套利，是一種投資策略，通常指在某種實物資產或金融資產擁有兩個價格的情況下，以較低的價格買進，較高的價格賣出，從而獲取低風險的收益。

(B)

(　) **2** 影響投資之要素包括：　甲、時間；乙、報酬；丙、風險

(A)僅甲、乙　(B)僅甲、丙　(C)僅乙、丙　(D)甲、乙、丙皆是。　【108年第4次】

名師攻略：影響投資決策之因素：1.報酬、2.時間、3.風險。

(D)

重點 2　金融市場分類

解答

(　) 何者可以從事貨幣市場工具之發行業務？

(A)證券金融公司　(B)綜合證券商　(C)票券金融公司(D)證券投資信託公司。　【108年第3次】

名師攻略：票券金融公司可發行短期票券。

(C)

重點 3　貨幣市場工具

解答

(　) **1** 投資人購買180天商業本票，面額1,000元，成交價980元，則其實質利率約為：　(A)3.88%　(B)4.08%　(C)6.88%(D)8.08%。　【108年第2次】

名師攻略：面額－成交價＝1,000－980＝20，

$$980 \times 利率 \times \frac{180}{365} = 20，利率 = 4.08\%$$

(B)

解答

( ) **2** 商業本票最長期間為： (A)30天 (B)90天 (C)180天 **(D)**
(D)360天。 【108年第2次】

名師攻略：最短1天，最長是1年。

( ) **3** 小慧與某證券商承作公債附賣回交易（RS），交易面額為 **(C)**
5,000,000元，RS利率為3.50%，期間90天，則到期時小慧須
支付給證券商多少金額？（忽略交易成本） (A)5,000,000
元 (B)4,949,452元 (C)5,043,151元 (D)小慧不須支付給
證券商，而是證券商須支付給小慧。 【109年第1次】

名師攻略：$5,000,000\times(1+3.5\%\times\frac{90}{365})=5,043,151$。

( ) **4** 張小姐急需資金，以1,500萬元之公債，用面額與證券公 **(A)**
司承做附賣回（RS）交易，雙方約定利率為8%，並於20
天後向證券公司買回，屆時張小姐應支付價款為何？（一
年以365天計算） (A)15,065,753元 (B)10,023,747元
(C)10,043,836元 (D)15,066,667元。 【109年第2次】

名師攻略：$1,500\times(1+8\%\times\frac{20}{365})=1,506.5753$（萬）

( ) **5** 在國內個人買賣短期票券之利息所得的課稅方式是採： **(C)**
(A)併入綜合所得稅計算 (B)免稅 (C)分離課稅 (D)併入
營利事業所得稅計算。 【109年第2次】

名師攻略：所謂「分離課稅」，係指將某部分所得排除於每年
綜合所得總額之外，單獨以一定稅率，於所得發生時，採所得
來源扣繳方式課稅，納稅義務人在稅額扣繳後，無須再將此筆
所得併入綜合所得總額中申報。

( ) **6** 何者屬於貨幣市場之工具？ **(D)**
甲.可轉讓銀行定期存單；乙.可轉換公司債；丙.國庫券；
丁.商業本票 (A)僅甲、乙 (B)僅丙、丁 (C)僅乙、丙、
丁 (D)僅甲、丙、丁。 【110年第1次】

名師攻略：可轉換公司債是資本市場之工具。

解答

( ) **7** 假設一90天期國庫券的面額為100萬元，報價為95.50，請問 **(B)**
投資人欲買進時，須支付多少金額？（一年以365天計算）
(A)953,000元　(B)988,904元　(C)986,931元　(D)992,274
元。　　　　　　　　　　　　　　　　　【110年第1次】

名師攻略：貼現率＝1－0.955＝0.045

國庫券發行價格＝面額×(1－貼現率×$\dfrac{到期天數}{365}$)

$$=100×(1-0.045×\dfrac{90}{365})=98.8904（萬）$$

( ) **8** 甲銀行以96的價格標得90天期國庫券，面額100萬元，請問 **(D)**
其須支付多少金額來取得此國庫券？（一年以365天計算）
(A)985,205元　(B)987,671元　(C)1,000,000元　(D)990,137
元。　　　　　　　　　　　　　　　　　【110年第2次】

名師攻略：貼現率＝1－0.96＝0.04

國庫券發行價格＝$100×(1-0.04×\dfrac{90}{365})=99.01369（萬）$

( ) **9** 下列何種投資工具之通貨膨脹風險最「高」？　(A)股票 **(B)**
(B)定存單　(C)黃金　(D)房地產。　　　　【109年第1次】

名師攻略：定存單固定利率且期限不得超一年，所以通貨膨脹
的風險最高。

( ) **10** 甲投資者計劃投資期間為1年，則對甲投資者來說，下列哪 **(B)**
一種為無風險證券？
(A)一年到期之公司債　(B)一年到期之國庫券　(C)銀行6個
月定存單　(D)30天到期之商業本票。　　　【109年第1次】

名師攻略：一般投資市場係將國庫券的報酬率稱為無風險利率。

( ) **11** 假設有一券商對公債附條件交易的報價為3.95－4.20，代表 **(A)**
券商願與客戶承作附賣回與附買回交易的利率各為多少？
(A)4.20%、3.95%　(B)4.05%、4.05%　(C)3.95%、4.20%
(D)3.95%、4.15%。　　　　　　　　　　【109年第3次】

名師攻略：附賣回的利率>附買回的利率，故為4.2%，3.95%。

解答

( ) **12** 小林購買90天商業本票，面額1,000萬元，成交價為995萬 **(D)**
元，則其實質利率為何？（一年以365天計算） (A)8.277%
(B)6.176% (C)8.111% (D)2.038%。 【109年第3次】

名師攻略：面額－成交價=(1,000－995)=5

$$995 \times 利率 \times \frac{90}{365} = 5，利率=2.038\%$$

( ) **13** 以附買回方式操作債券時，雙方需約定： 甲.利率；乙.到 **(D)**
期日；丙.金額 (A)僅乙、丙 (B)僅甲、丙 (C)僅甲、乙
(D)甲、乙、丙。 【109年第3次】

名師攻略：由計算RP買回價格的公式

$$RP買回價格=承作金額 \times (1+RP利率 \times \frac{承作天數}{365})$$

雙方需約定：(1)利率；(2)到期日；(3)金額。

( ) **14** 可轉讓定期存單英文簡稱為： **(D)**
(A)T-Bill (B)GDR (C)NDF (D)NCD。 【109年第4次】

名師攻略：可轉讓定期存單（negotiable certificate of deposit,
簡稱NCD）。

( ) **15** 何者不是貨幣市場的證券？ (A)國庫券 (B)銀行承兌匯票 **(C)**
(C)長期債券 (D)商業本票。 【108年第4次】

名師攻略：長期債券是資本市場的工具。

重點 **4** 資本市場工具

解答

( ) **1** 以下哪項新金融商品免徵交易稅？ **(D)**
(A)臺指期貨 (B)臺指選擇權 (C)認購權證 (D)不動產投
資信託（REITs）。 【108年第2次】

名師攻略：依據「不動產證券化條例」，規定REITs的信託利
益要每年分配，而且免徵證券交易稅、投資收益採取6%分離
課稅，不併入綜所稅計算所以免徵證所稅。

( ) **2** 下列哪一種金融商品投資風險最小？ (A)期貨 (B)公債 **(B)**
(C)選擇權 (D)認購權證。 【108年第2次】

名師攻略：政府發行的公債，違約風險最小。

解答

( ) **3** 有關TDR與ADR的比較何者「不正確」？
甲.TDR所表彰的是臺灣企業的股票、ADR係表彰外國企業
的股票；乙.TDR在臺灣掛牌交易、ADR在美國掛牌交易；
丙.TDR與ADR皆屬於權益證券；丁.TDR與ADR的交易幣別
不同；戊.目前在臺灣掛牌之泰金寶屬於ADR
(A)僅甲、乙　(B)僅乙、戊　(C)僅甲、戊　(D)僅甲、乙、
丙。　　　　　　　　　　　　　　　【109年第3次、109年第4次】

(C)

名師攻略：甲.TDR：外國企業到臺灣發行股票。
　　　　　　　　ADR：本國企業到外國發行股票。
　　　　　戊.目前在臺灣掛牌的是TDR。

( ) **4** 發行海外存託憑證（Global Depositary Receipts, GDR）會使
該公司之淨值總額如何變化？　(A)增加　(B)減少　(C)不變
(D)不一定。　　　　　　　　　　　　　　　　【109年第2次】

(C)

名師攻略：原本就要到國外發行的股票，先存在國內銀行，經
由國外銀行直接在當地的證券市場發行相對數量的證券，所以
對該公司之淨值總額不變。

( ) **5** 何者屬資本市場工具？　(A)國庫券　(B)可轉讓定期存單
(C)商業本票　(D)附認股權公司債。　　　　　　【110年第2次】

(D)

名師攻略：附認股權公司債是資本市場工具。

( ) **6** 可參加股東會行使表決權，參與公司決策之特別股為：
(A)可參加特別股　(B)累積特別股　(C)可贖回特別股
(D)有表決權特別股。　　【109年第1次、108年第2次、108年第4次】

(D)

名師攻略：有表決權特別股是指特別股股東可以參加股東會，
行使表決權。

( ) **7** 證券商以持有之轉換公司債承作資產交換與一般附買（賣）
回交易的差異，何者正確？　I.轉換公司債資產交換屬於買
賣斷的交易；II.證券商承作一般附買（賣）回交易仍須承
擔發行公司之信用風險　(A)僅I　(B)僅II　(C)I、II皆正確
(D)I、II皆不正確。　　　　　　　　　　　　　【108年第1次】

(B)

解答

名師攻略：證券商承作一般附買（賣）回交易仍須承擔發行公司之信用風險。

(　) **8** 以下有關附條件交易的敘述，何者不正確？ (A)附賣回利率會大於附買回利率 (B)公司債附買回交易的利率會低於公債附賣回的利率 (C)屬於貨幣市場工具 (D)目前以政府公債為主要標的。　　【108年第3次】

名師攻略：公司債的利率高於公債的利率。因為公司債的違約風險較高。

(B)

NOTE

Chapter 02 普通股分析

重點 1　固定成長股利折現模型（戈登模型）

固定成長股利折現模型或稱「戈登模型（Gordon model）」。
股價等於未來無限期現金流量的折現值，可寫成：

$$p_0 = \frac{D_0(1+g)}{(1+r)^1} + \frac{D_0(1+g)^2}{(1+r)^1} + \cdots + \frac{D_0(1+g)^\infty}{(1+r)^1}$$

整理成

$$p_0 = \frac{D_0(1+g)}{r-g} = \frac{D_1}{r-g}$$

式中：p_0為股價現值，D_0為期初每股股利，D_1為第一期每股股利，g為股利成長率，r為必要報酬率，相當於CAPM的$E(R_i)$。

同理：我們可以找出該公式的規則

$$p_1 = \frac{D_2}{r-g} \qquad p_2 = \frac{D_3}{r-g} \qquad p_3 = \frac{D_4}{r-g}$$

$D_1 = D_0(1+g)$
$D_2 = D_1(1+g) = D_0(1+g)^2$
$D_3 = D_2(1+g) = D_0(1+g)^3$
$D_4 = D_3(1+g) = D_0(1+g)^4$

小試身手

(　) 若預估A股明年每年現金股息為2元，折現率為15%，成長率為10%，則依固定成長率之股息成長模式A股之合理價格為　(A)40元　(B)20元　(C)3.3元　(D)50元。　【證券營業員】

答 (A)。特別注意：題目是給明年每年現金股息D_1不是目前的現金股息D_0。

$$p_0 = \frac{D_1}{r-g} = \frac{2}{15\%-10\%} = 40$$

重點 2 　股票評價模式常用的關係式

一、$d = \dfrac{D_0}{EPS}$，式中d為股利發放率，D_0為期初每股股利，EPS每股盈餘。

二、$b = 1-d$，式中b為盈餘保留率。

三、$ROE = \dfrac{NI}{E} = \dfrac{NI}{A} \times \dfrac{A}{E} = ROA \times \dfrac{A}{E} = ROA \times (\dfrac{L+E}{E}) = ROA \times (1+\dfrac{L}{E})$，式中ROE為股東權益報酬率、ROA總資產報酬率、A總資產、L總負債、E股東權益。

四、$g = ROE \times (1-d) = ROE \times b$，式中g為股利成長率。

小試身手

甲公司的股利為3元，每股盈餘為4元，證券市場的期望報酬率為9%，無風險利率為7%，若β值為1.5，ROE為15%，請計算：

(1)零成長的固定股票現值。

(2)股利成長率。

(3)固定股利成長的股票現值。

答 (1) $E(R_i) = 7\% + 1.5(9\% - 7\%) = 10\%$，$p_0 = \dfrac{D_0(1+g)}{r-g} = \dfrac{3(1+0\%)}{10\%-0\%} = 30$

(2) $d = \dfrac{D_0}{EPS} = \dfrac{3}{4}$，$g = ROE \times (1-d) = 15\% \times \left(1 - \dfrac{3}{4}\right) = 3.75\%$

(3) $p_0 = \dfrac{D_0(1+g)}{r-g} = \dfrac{3(1+3.75\%)}{10\% - 3.75\%} = 49.8$

重點 3　本益比

$$\text{本益比} = \dfrac{\text{每股市價}}{\text{每股盈餘}}$$

本益比與成長率的關係：本益比 $= \dfrac{P_0}{E_1}$，式中 $p_0 = \dfrac{D_1}{r-g} = \dfrac{D_0 \times (1-b)}{r - ROE \times b}$

代入本益比關係式 $\dfrac{P_0}{E_1} = \dfrac{1-b}{r - ROE \times b}$，表示 b、ROE 或 g 上升則本益比提高。

小試身手

(　　) 1 其他條件不變，公司的股利成長率越高，合理本益比倍數：
(A)越低　　　　　(B)不變
(C)越高　　　　　(D)無法直接判斷。　　　　　【108年第1次高業】

答 (C)。$p_0 = \dfrac{D_1}{r-g}$，$g \uparrow \rightarrow p_0 \uparrow \rightarrow \dfrac{P_0}{E_1} \uparrow$

(　　) 2 明光公司最近一年每股稅前盈餘是8元，公司所得稅率是40%，
目前公司股價是48元，則該公司股票本益比是多少倍？　(A)10
(B)6　(C)1/10　(D)1/6。　　　　　【106年第4次高業】

答 (A)。本益比表示成 $\dfrac{P_0}{E_1}$，已知 $p_0 = 48$，$E_1 = 8 \times (1-40\%) = 4.8$，

故 $\dfrac{P_0}{E_1} = \dfrac{48}{4.8} = 10$

一、自由現金流量評價法

處於生命週期初期的公司常不發放現金股利，這些公司如何衡量該公司的價值呢？

FCFF＝EBIT(1－稅率)＋折舊－資本支出－ΔNWC，式中EBIT表稅前息前淨利，NWC為淨營運資金。

$$公司價值 V = \sum_{t=1}^{T} \frac{FCFF_t}{(1+WACC)^t} + \frac{V_T}{(1+WACC)^T}$$

其中 $V_T = \dfrac{FCFF_{T+1}}{WACC-g}$ ，V_T 表示公司在第T期的終值，WACC：加權平均資金成本。

二、市價現金流量比

有些資本密集型企業，因為投資重大，前幾年折舊金額大，無法產生帳上利潤，但仍有現金流入，故不適合用本益比法評價，改用市價現金流量法。

公式：

$$市價現金流量比 = \frac{股價}{每股現金流量}$$

$$每股現金流量 = \frac{營業活動淨現金流量－特別股股利}{流通在外普通股股數}$$

小試身手

( )　市價現金流量比可以用來估計股票的價格，此現金流量一般不包括下列何項定義？　(A)資產負債表上的現金及銀行存款總額　(B)淨利加折舊　(C)來自營業活動的現金流量　(D)自由現金流量。　　　　　　　　　　　　　　　　　　　　　　　　【108年第1次高業】

答 **(A)**。

三、市價營收比

有些新興產業（如2000年前的網通股）因產業初誕生，公司創立開始的前幾年尚無盈餘，因此無法用本益比法評價，所以一般以營收或其它因素（如網路股的每年實際造訪網站次數）來作為評價依據，若市價營收比小於1越值得投資。

$$市價營收比 = \frac{股價}{每股營收}$$

四、市價淨值比

$$市價淨值比 = \frac{股價}{每股帳面價值}$$

式中：$每股帳面價值 = \dfrac{股東權益總額}{流通在外普通股股數}$

重點 4 財務比率分析

一、 會計恆等式：總資產＝負債＋股東權益

二、 $淨利率（純益率）= \dfrac{稅後純益}{銷貨收入}$

三、 $總資產報酬率 = \dfrac{稅後純益＋利息費用(1－稅率)}{平均資產總額}$

四、 $自有資金比率 = \dfrac{股東權益總額}{資產總額}$

五、 $負債比率 = \dfrac{負債總額}{資產總額}$

六、股東權益報酬率 $=\dfrac{稅後純益}{平均股東權益}$

七、市價淨值比 $=\dfrac{每股市價}{每股帳面價值}$

八、流動比率 $=\dfrac{流動資產}{流動負債}$

九、速動比率 $=\dfrac{速動資產}{流動負債}$，式中速動資產＝流動資產－存貨－預付費用

小試身手

(　　)　某公司的流動比率高，但速動比率比流動比率低很多，則下列敘述何者正確？　(A)公司的現金比率相當高　(B)公司有很大的應收帳款部位　(C)公司的短期償債能力不錯　(D)公司的存貨及預付款過高。　【106年第4次高業】

答 **(D)**。流動比率高→流動資產高，但速動比率比流動比率低很多表示速動資產很低，速動資產＝流動資產－存貨－預付費用，所以是存貨與預付費用過高造成的。

本益比 $=\dfrac{每股市價}{每股盈餘}$

十、延伸

杜邦方程式

$$股東權益報酬率=\frac{稅後純益}{股東權益}=\frac{稅後純益}{銷貨收入}\times\frac{銷貨收入}{資產總額}\times\frac{資產總額}{股東權益}$$

$$=純益率\times總資產週轉率\times權益乘數$$

$$=純益率\times總資產週轉率\times\frac{1}{自有資金比率}$$

小試身手

（　　）**1** 假設甲公司之淨利率為4%，資產週轉率為3.6，自有資金比率為40%，請問目前該公司之股東權益報酬率為何？　(A)16%　(B)26%　(C)36%　(D)40%。　　　　　【107年第1次高業】

答 **(C)**。股東權益報酬率＝純益率×總資產週轉率×權益乘數

$$=純益率×總資產週轉率×\frac{1}{自有資金比率}$$

$$=4\%×3.6×\frac{1}{40\%}=36\%$$

（　　）**2** 某公司美股營收的數字若逐年提升，則下列敘述何者一定正確？（假設資產規模不變）

(A)淨利率會提高　(B)股東權益報酬率會提高　(C)淨總資產週轉率會提高　(D)選項(A)、(B)、(C)皆非。　　　【107年第1次高業】

答 **(C)**。股東權益報酬率＝純益率×總資產週轉率×權益乘數

$$=純益率×總資產週轉率×\frac{1}{自有資金比率}$$

當總資產週轉率上升時，股東權益報酬率會提高。

十一、總資產報酬率與股東報酬率間的關係

$$ROE=ROA+[ROA-R_D(1-t)]×\frac{D}{E}$$

式中D為負債總額，E為股東權益總額，R_D為負債的資金成本

當ROA＞$R_D(1-t)$時→ROE＞ROA→財務槓桿有利

當ROA＜$R_D(1-t)$時→ROE＜ROA→財務槓桿不利

小試身手

（　　）**1** 甲公司預期資產報酬率是20%，該公司負債比率提高後，舉債的資金成本是12%，將造成股東權益報酬率：　(A)減少　(B)增加　(C)不變　(D)可能增加或減少。　　　　【107年第2次高業】

答 **(B)**。由$ROE=ROA+[ROA-RD(1-t)]\times\dfrac{D}{E}$

已知$ROA=20\%$，若$D=0$，則$ROE=ROA=20\%$

若$D\neq0$，$RD=12\%$，$t=0$

則$ROE=20\%+[20\%-12\%(1-0)]\times\dfrac{D}{E}=20\%+8\%\times\dfrac{D}{E}$

故ROE增加。

(　　) **2** 對股東權益報酬率的敘述，何者正確？　(A)公式為稅後淨利/保留盈餘　(B)財務槓桿的高低對股東權益報酬率並無影響　(C)總資產報酬率的高低和股東權益報酬率有關　(D)選項(A)(B)(C)皆非。　　　　　　　　　　　　　　　　【107年第4次高業】

答 **(C)**。如公式$ROE=ROA+[ROA-RD(1-t)]\times\dfrac{D}{E}$

$ROA\uparrow\rightarrow ROE\uparrow$，反之，$ROA\downarrow\rightarrow ROE\downarrow$

十二、營運槓桿

用來衡量公司使用固定成本的程度

$$營運槓桿=\frac{\Delta EBIT/EBIT}{\Delta Q/Q}=\frac{EBIT+F}{EBIT}$$

式中，EBIT為稅前息前淨利，Q為銷售量，F為固定成本

十三、財務槓桿

公司利用舉債貨發行特別股的方式，來滿足資金的需求，必須支付利息或特別股股利之程度。

$$財務槓桿=\frac{\Delta EPS/EPS}{\Delta EBIT/EBIT}=\frac{EBIT}{EBIT-I}$$

式中，I為利息費用，EPS為每股盈餘。

```
┌─────────── 小試身手 ───────────┐
```

(　　) 假設其他條件相同，甲公司的營運槓桿程度大於乙公司，請問在
　　　　景氣好轉的的情況下，兩公司的獲利能力將會如何？
　　　　(A)甲公司>乙公司　(B)甲公司<乙公司　(C)甲公司=乙公司
　　　　(D)無法比較。　　　　　　　　　　　　　　【107年第3次高業】

　　　答 (A)。當景氣好轉時銷售量（Q）將會上升，營運槓桿程度越大則
　　　　為稅前息前淨利（EBIT）上升的幅度越大即獲利能力越高。

重點 5　效率市場假說

股價已充分反映所有既有訊息的假設，我們稱為效率市場假說（efficientmarket hypothesis, EMH）。

一、效率市場假說的三個層次

即股價對於過去、現在與未來的資訊的反映。

(一) 弱式效率市場假說（weak-form efficient market hypothesis）認為股價充分反映了過去所有的歷史訊息，包括各種已發生的交易資訊，如過去的成交價或交易量等。

(二) 半強式效率市場假說（semistrong-form efficient market hypothesis）認為股價已反映已公開的即時訊息。

(三) 強式效率市場假說（strong-form efficient market hypothesis）認為股價反映了過去的歷史資訊、已公開的即時資訊，同時也反映了公司的內線消息。

二、檢定效率市場假說

效率市場	假說	檢定
弱式	歷史資訊無法獲利，則弱式效率市場假說是成立的。	1.隨機性檢定：若股價的走勢是隨機的無法由歷史資料來預測未來的走勢，則弱式效率市場假說是成立的。

效率市場	假說	檢定
弱式		2.濾嘴法則之檢定：採取判斷買賣時機的策略，經過一段時間的買賣後所累積的報酬並未高於買入持有者表示該買賣策略無法獲的超額報酬，則弱式效率市場假說是成立的。 3.移動平均線之檢定：不同期間的移動平均線式表示不同期間投資人的持有成本，若採移動平均線法則作為買賣的判斷依據所累積的報酬並未高於買入持有者表示該買賣策略無法獲的超額報酬，則弱式效率市場假說是成立的。
半強式	已公開資訊無法獲利，則半強式效率市場假說是成立的。	1.股票分割之檢定：股票分割後（已公開的資訊）無法為投資人帶來超額報酬，則半強式效率市場假說是成立的。 2.股票初次上市之檢定：票初次上市並未使投資人獲的超額報酬，則半強式效率市場假說是成立的。 3.盈餘宣告的檢定：盈餘宣告的資訊（已公開的資訊）並未完全且立即反映在股價上，則半強式效率市場假說是成立的。
強式	未公開資訊無法獲利，則強式效率市場假說是成立的。	1.公司內部人員的檢定：公司內部人員利用內線消息無法獲取超額報酬，則強式效率市場假說是成立的。 2.共同基金經理人的檢定：基金的投資績效因取得內線消息卻無法勝過市場，則強式效率市場假說是成立的。

三、效率市場假說的特色

效率市場	已反應的資訊	特色
弱式	歷史資訊	技術分析無用
半強式	歷史資訊、已公開資訊	技術分析無用、基本分析無用
強式	歷史資訊、已公開資訊 未公開資訊	技術分析無用、基本分析無用 內線消息無用

四、違反效率市場假說的異常現象

(一) **元月效應**：每年元月份的投資報酬率通常會大於一年中的其他月份。

(二) **本益比效應**：本益比（P/E：每股價格／每股盈餘）越大的股票即買入的股價越大或該股的盈餘越少者，其報酬率越小。

(三) **規模效應**：小型股的漲勢大於大型股的漲勢。

(四) **市價淨值比效應**：市價淨值比（P/B：每股價格／每股帳面價值）越小的股票即買入的股價越小或每股帳面價值越大者，其報酬率越大。

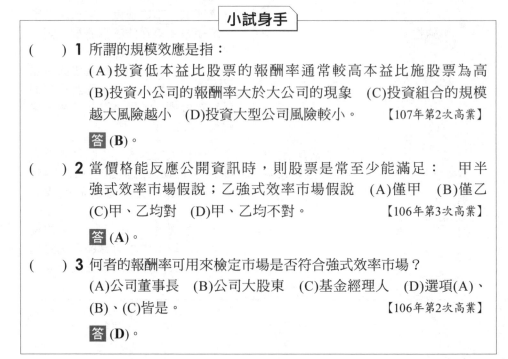

小試身手

(　) **1** 所謂的規模效應是指：
(A)投資低本益比股票的報酬率通常較高本益比施股票為高
(B)投資小公司的報酬率大於大公司的現象　(C)投資組合的規模越大風險越小　(D)投資大型公司風險較小。　【107年第2次高業】
答 (B)。

(　) **2** 當價格能反應公開資訊時，則股票是常至少能滿足：　甲半強式效率市場假說；乙強式效率市場假說　(A)僅甲　(B)僅乙 (C)甲、乙均對　(D)甲、乙均不對。　【106年第3次高業】
答 (A)。

(　) **3** 何者的報酬率可用來檢定市場是否符合強式效率市場？
(A)公司董事長　(B)公司大股東　(C)基金經理人　(D)選項(A)、 (B)、(C)皆是。　【106年第2次高業】
答 (D)。

重點 6 台灣證券市場交易實務

一、股價指數的編製方法如下：

(一) 發行量加權法：

台灣加權股價指數、美國S&P500股價指數與東京證券交易所股價指數均採發行量加權法編製。公式如下：

$$加權股價指數 = \frac{當期總發行市值}{基期總發行市值} \times 100\%$$

例 某股價指數包含甲、乙兩種股票，兩股票之發行股數分別為200股及400股，基期時兩股票之價格分別為30元及10元，目前的兩股票之價格分別為28元及10.5元，如果基期的股價指數為500點，依發行量加權的當期股價指數為何？

解 基期總發行市值＝200×30＋400×10＝10000

當期總發行市值＝28×200（甲公司的市值）＋10.5×400（乙公司的市值）＝9800

$$加權股價指數 = \frac{當期總發行市值}{基期總發行市值} \times 100\% = \frac{9,800}{10,000} \times 100\% = 0.98$$

表示當期的發行市值是基值的0.98倍，如果基期的股價指數為500點

則當期的股價指數為500×098＝490點

甲股票的發行市值佔總發行市值的比重為 $\frac{28 \times 200}{9,800} = 0.5714$

如果甲股票的股價上升1%，則股價指數上升1%×0.5714＝0.5714%

乙股票的發行市值佔總發行市值的比重為 $\frac{10.5 \times 400}{9,800} = 0.4285$

如果乙股票的股價上升1%，則股價指數上升1%×0.4285＝0.4285%

因此，發行公司的市值越大影響加權股價指數越大。

┌─────────────── 小試身手 ───────────────┐

( )　市場價值加權股價指數受那一類的股票價格變動之影響最大？
　　(A)股價高的股票　(B)交易量大的股票　(C)總市值高的股票
　　(D)股本大的股票。　　　　　　　　　　　　【107年第3次高業】

答 (C)。

└──┘

(二) 算術平均法：美國的道瓊（Dow Jones）和日本的日經指數皆採股價算術
　　 平均法編製。

公式如下：

算術平均指數 $= \dfrac{\text{當期股價的平均}}{\text{基期股價的平均}} \times 100\%$

當期股價平均 $= \dfrac{\sum_{i=1}^{n} P_{i,t}}{n}$ ，

基期股價平均 $= \dfrac{\sum_{i=1}^{n} P_{i,0}}{n}$ ，n為公司家數

┌──┐
例 │ 某股價指數包含甲、乙、丙三種股票，三種股票之發行股數分別為100
　 │ 股、200股、300股，基期三股票之收盤價分別為30元、20元、10元，
　 │ 基期股價指數為1200，若當日三股票之收盤價分別為32元、19元、11
　 │ 元，依簡單算術平均方式計算，則當日股價指數為何？
└──┘

解 算術平均 $= \dfrac{\text{當期股價平均}}{\text{基期股價平均}} = \dfrac{\frac{32+19+11}{3}}{\frac{30+20+10}{3}} = \dfrac{20.6667}{20} = 1.0333$

表示當日股價指數是基期股價指數的1.0333倍，如果基期的股價指數為
1200點，則當期的股價指數為1200×1.0333＝1240點。

┌─────────────────────────────────┐
│　　　　　　　小試身手　　　　　　　│
└─────────────────────────────────┘

(　) 　簡單股價評均指數受那一類的股票價格變動之影響最大？　(A)股本大的股票　(B)股價高的股票　(C)交易量大的股票　(D)總市值高的股票。　　　　　　　　　　　　　　　　　　【106年第1次高業】

答 **(B)**。

二、交易規範

(一) 初次上市股票自上市日起5個交易日，其股價升降幅度為無漲跌幅限制。

(二) 現股當沖之規定，(1)買賣是用同一帳戶　(2)買賣是在同一天　(3)買賣同一數量的同檔股票　(4)買賣不同金額的同檔股票。

(三) 公司減資有三種類型，包括有：(1)庫藏股減資、(2)現金減資與(3)虧損減資。

　1. 庫藏股減資：分錄 $\begin{cases} 股本 \\ \quad 庫藏股 \end{cases}$ 。即股本↓→流通在外股數減少。

　2. 現金減資：分錄 $\begin{cases} 股本 \\ \quad 現金 \end{cases}$ 。即股本↓→流通在外股數減少。

　3. 虧損減資：分錄 $\begin{cases} 股本 \\ \quad 保留盈餘 \end{cases}$ 。即股本↓→流通在外股數減少。

三、股價上漲題材

(一) 公司買回自己之股份，稱為庫藏股，將使流通在外股數減少，若配給員工認購形同再發行一般，最後發行的股數不變。

(二) 上市公司董監事改選，為達到掌握經營權會從市場上不斷買進股票以增加股權，此舉有助於公司股價的上漲。

四、現金殖利率

$$現金殖利率 = \frac{現金股利}{股票價格}$$

五、配股、配息

公司將賺的盈餘分配給股東的形式，配息：發放現金股利給股東。配股：配發股票股利，也把錢用來增加公司的股本，將股本的所有權配發給股東。

六、除權、除息

除權除息的概念是認為，如果發放出1000萬元股利，股價就要向下調整，減少1000萬市值。因為這1000萬是從公司內部轉移到股東身上的。市值會用調降股價來減少，就是除權、除息。

(一) 除息：就是配發現金股利，股價扣除相應市值。

除息的計算就是，配發1元的現金股利，股價就減少1元。

計算公式如下：

$$除息後股價＝除息前股價－現金股利（元）$$

例如：甲公司股票股價100元，每股配2元現金股利，除息後股價＝100－2＝98元。

(二) 除權：就是發放股票股利，股價扣除相應市值，除權的概念是，如果股本膨脹1倍，股價就應該減少1倍。

例如：甲公司股票股價100元，甲公司將發放1元的股票股利，而一股是10元所以配股率為0.1（1/10）。

計算公式如下：

$$除權後股價＝\frac{除權前股價}{1＋股票股利配股率}＝\frac{100}{1＋0.1}＝90.90元$$

高手過招

重點 1 固定成長股利折現模式（戈登模型）

( ) **1** 福隆公司每年固定配發現金股利4元，不配發股票股利，其 **(C)**
股票必要報酬率為10%，若其貝它係數為1.22，在零成長
之股利折現模式下，其股價應為：　(A)44.4元　(B)33.3元
(C)40元　(D)48.8元。　　　　　　　　　【108年第4次】

名師攻略：由$P_0=\dfrac{D_1}{r-g}$，已知$D_1=4$，$g=0$，則$P_0=\dfrac{4}{10\%-0}=40$。

( ) **2** 聯華食品公司每年發放一次股利，已知今年已發放現金股 **(D)**
利5,000萬元，股利每年成長率固定為4%，市場對此類股
票的必要報酬率為8%。試問：該公司之股東權益總值應為
多少？　(A)125,000萬元　(B)62,500萬元　(C)45,000萬元
(D)130,000萬元。　　　　　　　【109年第1次、109年第2次】

名師攻略：由$P_0=\dfrac{D_1}{r-g}=\dfrac{D_0(1+g)}{r-g}$，即$P_0=\dfrac{5,000(1+4\%)}{8\%-4\%}=130,000$

( ) **3** 固定成長股利折現模式在何種情況下無法適用？　(A)預估 **(B)**
股利成長率大於歷史平均股利成長率　(B)預估股利成長率
大於要求報酬率　(C)預估股利成長率小於歷史平均股利成
長率　(D)預估股利成長率小於要求報酬率。　【109年第1次】

名師攻略：由公式$P_0=\dfrac{D_1}{r-g}=\dfrac{D_0(1+g)}{r-g}$，需$r>g$，
即要求報酬率>股利成長率，固定成長股利折現模式才適用。

( ) **4** 美克奧公司決定於明年起發放股利，首發股利為每股$0.60， **(D)**
預期每年股利金額成長4%。假設折現率為12%，請問三年
後的今天，美克奧公司股票價格是：　(A)$7.50　(B)$7.72
(C)$8.23　(D)$8.44。　　　　　　　【110年第1次、109年第3次】

名師攻略：由$P_0=\dfrac{D_3}{r-g}=\dfrac{D_0(1+g)^3}{r-g}=\dfrac{0.6\times(1+4\%)^3}{12\%-4\%}=8.43648\approx8.44$

(　) **5** 某公司今年每股發放股利3元，在股利零成長的假設下，已知 **(D)**
投資人的必要報酬率為8%，則每股普通股的預期價值為：
(A)20元　(B)30元　(C)33.3元　(D)37.5元。　【109年第3次】

名師攻略： 由 $P_0 = \dfrac{D_1}{r-g} = \dfrac{D_0(1+g)}{r-g} = \dfrac{3(1+0)}{8\%-0} = 37.5$。

(　) **6** 股利折現模式的股利：　(A)僅包括股票股利　(B)僅包括現 **(B)**
金股利　(C)同時包括現金股利與股票股利　(D)即等於每股
盈餘。　【109年第2次】

名師攻略： 股利折現模式的股利，僅包括現金股利。

(　) **7** 假設某公司合理本益比為16.5倍，其現金股利發放率為 **(C)**
30%，且預期現金股利成長率為10%，若高登模式（Gordon
Model）成立，請問該公司股票之必要報酬率為何？
(A)10%　(B)11%　(C)12%　(D)13%。　【108年第1次】

名師攻略： 本益比＝股價／EPS，令EPS為x，則股價＝16.5x，

股利＝0.3x，由高登模式：股價＝$\dfrac{\text{股利}}{\text{必要報酬率}-10\%}$，

$16.5x = \dfrac{0.3x}{\text{必要報酬率}-10\%}$，得必要報酬率＝12%。

(　) **8** 丙公司剛發放每股現金股利3元，已知該公司股利成長率 **(A)**
很穩定，每年約5%，所有股利都是現金發放，若該股票之
市場折現率為12%，則該公司股票之價格應為：　(A)45元
(B)40元　(C)30元　(D)16.67元。　【110年第2次】

名師攻略： 由 $P_0 = \dfrac{D_1}{r-g} = \dfrac{D_0(1+g)}{r-g}$，已知r＝12%，g＝5%，

故 $P_0 = \dfrac{3(1+5\%)}{12\%-5\%} = 45$。

重點 2 **股票評價模式常用的關係式**   解答

( ) **1** 對股東權益報酬率的敘述，何者「正確」？ (A)公式為稅 **(C)**
後淨利／保留盈餘 (B)財務槓桿的高低對股東權益報酬率
並無影響 (C)總資產報酬率的高低和股東權益報酬率有關
(D)選項 (A)(B)(C)皆非。 【110年第1次】

　　名師攻略：ROE和ROA的關係如下：

$$ROE = ROA + [ROA - R_0(1-t)] \times \frac{D}{E}，$$

　　當ROA↑→ROE↑，反之，ROA↓→ROE↓。

( ) **2** 某公司之預期股東權益報酬率為15%，且其股利發放率 **(C)**
為40%，請問其股利成長率為何？ (A)3% (B)7.50%
(C)9% (D)12%。

　　名師攻略：由g=(1-d)×ROE，已知ROE=15%，d=40%，
　　則g=(1-40%)×15%=9%

( ) **3** 中華公司的盈餘保留比率是75%，歷年之權益報酬率 **(C)**
（ROE）平均是10%，總資產報酬率（ROA）平均是
8%，則該公司股利成長率為多少？ (A)6% (B)2.50%
(C)7.50% (D)2%。 【109年第2次、109年第3次】

　　名師攻略：由g=(1-d)×ROE，已知1-d=75%，ROE=10%，
　　則g=75%×10%=7.5%。

( ) **4** 在哪種情況下，公司總盈餘之成長率愈高，企業價值反而 **(D)**
愈小？ (A)毛利率小於淨利率 (B)速動比率小於流動比率
(C)銷售額大於損益兩平點 (D)資產報酬率小於加權平均資
金成本。 【109年第1次】

　　名師攻略：資產報酬率小於加權平均資金成本，即報酬小於成
　　本企業價值縮水。

( ) **5** 在股東權益報酬率為正的情況下，以下為兩位分析師做股票 **(B)**
分析時，所下的結論：分析師甲：當公司把盈餘保留率提
高，則股價成長率也會上升。分析師乙：當公司把盈餘保留
率提高，將使股票的本益比提升。請問以上述敘的正確性

為： (A)兩位皆正確 (B)只有分析師甲正確 (C)只有分析師乙正確 (D)兩位皆不正確。 【109年第4次】

名師攻略： 甲：g＝ROE(1−d)↑，當(1−d)↑且ROE＞0，則g↑，

乙：當(1−d)↑，即d↓，d＝$\dfrac{股利}{每股盈餘}$，表示每股盈餘↑，

本益比＝$\dfrac{股價}{每股盈餘}$，即本益比↓。

重點 3 本益比

( ) **1** 有一公司流通在外的普通股有100,000股，每股市價為40元，每股股利為2元，公司股利發放率為40%，則此公司本益比為多少？ (A)2.5 (B)4 (C)6 (D)8。 【110年第1次】 **(D)**

名師攻略： 本益比＝$\dfrac{股價}{每股盈餘}=\dfrac{40}{5}=8$，

股利發放率＝$\dfrac{股利}{每股盈餘}$，40%＝$\dfrac{2}{每股盈餘}$，得每股盈餘＝5。

( ) **2** 何者為「本益比效應」？ (A)低本益比股票的報酬率通常較高本益比之股票為高 (B)高本益比股票的報酬率通常較低本益比之股票為高 (C)股票之報酬率與其本益比無關 (D)股票之本益比與市場效率呈正相關。 【110年第1次】 **(A)**

名師攻略： 本益比越高的股票，即買入的股價越大或該股的盈餘越少者，其報酬率越小。

( ) **3** 保守的投資人應該投資下列哪一種股票？ (A)高本益比股票 (B)低本益比股票 (C)低淨值市價比股票 (D)高市價現金流量比股票。 【109年第1次】 **(B)**

名師攻略： 本益比＝$\dfrac{股票價格}{每股盈餘}$，本益比低可能的原因是每股盈餘高或股票價格較低，所以較保守的投資人可投資低本益比股票。

( ) **4** 其它因素不變下，下列哪種事件，最可能降低股票的本益比？ (A)投資人的風險規避傾向降低 (B)負債比率下降 (C)通貨膨脹預期下跌 (D)國庫券殖利率增加。 【109年第2次】 **(D)**

解答

名師攻略：本益比 $= \dfrac{\text{股票價格}}{\text{每股盈餘}}$ ，當無風險的國庫券殖利率增加，將使股市資金流出，進而使股票價格下降，即本益比降低。

( ) **5** 一般而言，P/E Ratio（本益比）是指： (A)股價對每股稅後盈餘比 (B)股價對每股營收比 (C)股價對每股權益比 (D)股價對每股支出比。　　　　　　　【110年第2次】

(A)

名師攻略：本益比 $= \dfrac{\text{股價}}{\text{每股盈餘}}$ 。

( ) **6** 在預估未來股市時，下列哪項指標的增加最可能造成整體股市預估本益比的增加？ (A)實質無風險利率 (B)財務槓桿 (C)預期股利成長率 (D)要求報酬率。　　　【108年第3次】

(C)

名師攻略：本益比 $= \dfrac{\text{股價}}{\text{每股盈餘}}$ ，$P_0 = \dfrac{D_1}{r-g}$

若g（預期股利成長率）↑則P_0（股價）↑，即本益比↑。

重點 **4** 財務比率分析

解答

( ) **1** 乙公司在今年會計年度結束時，股東權益總額為1,000萬元，流通在外股數為50萬股。若目前該公司股價為50元，請問該公司之市價淨值比為何？
(A)20 (B)10 (C)2.5 (D)3。　　　　　　　【108年第2次】

(C)

名師攻略：市價淨值比 $= \dfrac{\text{市價}}{\text{每股帳面價值}}$ 。

市價淨值比 $= \dfrac{50}{20} = 2.5$ ，每股帳面價值 $= \dfrac{1{,}000\text{萬元}}{50\text{萬元}} = 20$（元）

( ) **2** 速動比率的公式為：
(A)流動資產／流動負債 (B)流動資產／負債總額 (C)（流動資產－存貨－預付費用）／流動負債 (D)（流動資產－存貨－預付費用）／負債總額。　　　【108年第2次】

(C)

名師攻略：速動比率 $= \dfrac{\text{速動資產}}{\text{流動負債}}$ ，
速動資產＝流動資產－存貨－預付費用。

(　) **3** 某公司的流動比率為1，若以現金付掉應付帳款後，請問流動比率的變化為？　(A)增加　(B)減少　(C)不變　(D)無法比較。　　　　　　　　　　　　　　　　　　　【108年第2次】 　**(C)**

> **名師攻略**：流動比率 $= \dfrac{流動資產}{流動負債} = 1 = \dfrac{25}{25}$，以現金5元償還應付帳款5元，則流動比率 $= \dfrac{25-5}{25-5} = \dfrac{20}{20} = 1$，即流動比率不變。

(　) **4** 下列何者「非」衡量公司運用資產效率的指標？　(A)應收帳款週轉率　(B)存貨週轉率　(C)總資產週轉率　(D)利息保障倍數。　　　　　　　　　　　　　　　　　　　【109年第4次】 　**(D)**

> **名師攻略**：利息保障倍數 $= \dfrac{稅前息前淨利}{利息費用}$，乃衡量企業的償債能力。

(　) **5** 假設甲公司之淨利率為4%，資產週轉率為3.6，自有資金比率為60%，請問目前該公司之股東權益報酬率為何？ 　**(B)**

(A)16%　(B)24%

(C)36%　(D)40%。　　【108年第1次、108年第3次、108年第4次】

> **名師攻略**：由杜邦方程式，
>
> 股東權益報酬率 $= 4\% \times 3.6 \times \dfrac{1}{60\%} = 24\%$

(　) **6** 乙公司在今年會計年度結束時，股東權益總額為1,000萬元，流通在外股數為50萬股。若目前該公司股價為50元，請問該公司之市價淨值比為何？ 　**(C)**

(A)20　(B)10　(C)2.5　(D)3。　　　　　　　　【110年第1次】

> **名師攻略**：每股帳面價值 $= \dfrac{股東權益總額}{流通在外股數} = \dfrac{1,000}{50} = 20$，
>
> 市價淨值比 $= \dfrac{市價}{每股帳面價值} = \dfrac{50}{20} = 2.5$。

( ) **7** S公司每股營收的數字若逐年提升，則下列敘述何者一定正確？（假設資產規模不變） (A)淨利率會提高 (B)股東權益報酬率會提高 (C)淨資產週轉率會提高 (D)選項(A)(B)(C)皆非。 【110年第1次】

(C)

名師攻略：由杜邦方程式，股東權益報酬率＝純益率×總資產週轉率×權益乘數，總資產週轉率＝$\dfrac{銷貨收入}{資產總額}$，當營收（銷貨收入）提升，則總資產週轉率會提高。

( ) **8** 甲公司之股利殖利率3%，股利支付率為25%，若甲公司目前股價為50元，則其每股盈餘為： (A)6元 (B)8元 (C)11.25元 (D)12.8元。 【108年第3次】

(A)

名師攻略：股利殖利率＝$\dfrac{現金股利}{股價}$，$3\%=\dfrac{現金股利}{50}$，

得現金股利＝1.5，股利支付率＝$\dfrac{現金股利}{每股盈餘}$，$25\%=\dfrac{1.5}{每股盈餘}$，

得每股盈餘＝6。

( ) **9** 已知甲公司之總流動負債為200萬元，總流動資產為700萬元，存貨為100萬元，則速動比率為： (A)5 (B)4 (C)3 (D)2。 【109年第4次】

(C)

名師攻略：速動比率＝$\dfrac{速動資產}{流動負債}=\dfrac{速動資產－存貨－預付費用}{流動負債}$

$=\dfrac{700-100}{200}=3$。

( ) **10** 在其它條件相同下，股東權益報酬率愈大的公司，通常其市價淨值比（Market-to-Book Value，簡稱P／B）： (A)較大 (B)不一定，視總體環境而定 (C)較小 (D)不一定，視投資人風險偏好而定。 【110年第1次】

(A)

名師攻略：市價淨值比＝$\dfrac{市價}{每股帳面價值}$，

股東權益報酬率＝$\dfrac{稅後純益}{平均股東價值}$，

若股東權益報酬率愈大則平均股東權益下降，即每股帳面價值下降，則市價淨值比上升。

( ) **11** 一家公司的股東權益報酬率過低，以下何者「不是」其主要原因？　(A)淨利率過低　(B)資產週轉率太低　(C)自有資金比率太高　(D)股權過度集中。　　　　【109年第2次、108年第3次】　**(D)**

名師攻略：由杜邦方程式，

股東權益報酬率＝純益率×總資產週轉率×$\dfrac{1}{\text{自有資金比率}}$，

故純益率↓或總資產週轉率↓或自有資金比率↑，將使股東權益報酬率↓。

( ) **12** 某公司的流動比率高，但速動比率比流動比率低很多，則下列敘述何者「正確」？　(A)公司的現金比率相當高　(B)公司有很大的應收帳款部位　(C)公司的短期償債能力不錯　(D)公司的存貨及預付款過高。　　　　【109年第3次】　**(D)**

名師攻略：流動比率＝$\dfrac{\text{流動資產}}{\text{流動負債}}$，

速動比率＝$\dfrac{\text{流動資產}-\text{存貨}-\text{預付費用}}{\text{流動負債}}$，

若存貨和預付費用過高，將使速動資產減少，導致速動比率下降。

( ) **13** K公司的流動比率為1，若以現金付掉應付帳款後，請問流動比率的變化為？　(A)增加　(B)減少　(C)不變　(D)無法比較。　　　　【110年第1次】　**(C)**

名師攻略：流動比率＝$\dfrac{\text{流動資產}}{\text{流動負債}}=1=\dfrac{25}{25}$，以現金5元償還應付

帳款5元，則流動比率＝$\dfrac{25-5}{25-5}=\dfrac{20}{20}=1$，即流動比率不變。

( ) **14** 市價現金流量比可以用來估計股票的價格，此現金流量一般不包括下列何項定義？　(A)資產負債表上的現金及銀行存款總額　(B)淨利加上折舊　(C)來自營運活動的現金流量　(D)自由現金流量。　　　　【108年第3次】　**(A)**

名師攻略：市價現金流量比＝$\dfrac{股價}{每股現金流量}$ ，

每股現金流量＝$\dfrac{營業活動淨現金流量－特別股股利}{流通在外普通股股數}$

( ) **15** 假設A公司之淨利率為5%、資產週轉率2.2、自有資金比率 50%，請問目前該公司之股東權益報酬率為何？　(A)4.50% (B)18%　(C)12%　(D)22%。　【109年第4次】 **(D)**

名師攻略：由杜邦方程式，

股東權益報酬率＝$5\% \times 2.2 \times \dfrac{1}{50\%} = 22\%$

( ) **16** 某公司資產負債表中，有650萬元之資產，350萬元之負債， 假設該公司股票流通在外股數為10萬股，且目前股票市價 為90元，請問該公司股票之市價淨值比為：　(A)2　(B)2.5 (C)3　(D)1.5。　【109年第4次】 **(C)**

名師攻略：每股帳面價值＝$\dfrac{股東權益}{流通在外股數} = \dfrac{650-350}{10} = 30$ ，

市價淨值比＝$\dfrac{市價}{每股帳面價值} = \dfrac{90}{30} = 3$

( ) **17** 市價現金流量比可以用來估計股票的價格，此現金流量一 般不包括下列何項定義？　(A)資產負債表上的現金及銀行 存款總額　(B)淨利加上折舊　(C)來自營運活動的現金流量 (D)自由現金流量。　【108年第2次】 **(A)**

名師攻略：市價現金流量比＝$\dfrac{股價}{每股現金流量}$

每股現金流量＝$\dfrac{營業活動淨現金流量－特別股股利}{流通在外普通股股數}$

( ) **18** 市價現金流量比可以用來估計股票的價格，此現金流量一 般不包括下列何項定義？　(A)資產負債表上的現金及銀行 存款總額　(B)淨利加上折舊　(C)來自營運活動的現金流量 (D)自由現金流量。　【108年第1次】 **(A)**

名師攻略：市價現金流量比＝$\dfrac{股價}{每股現金流量}$

每股現金流量＝$\dfrac{營業活動淨現金流量-特別股股利}{流通在外普通股股數}$

(　) **19** 估計股票之盈餘成長率，較不可能用到下列哪一比率？　(A)流動性比率　(B)財務槓桿比率　(C)資產營運能力比率　(D)獲利能力比率。　　　　　　　　　　　　　　　　　【108年第1次】

(A)

名師攻略：流動比率＝$\dfrac{流動資產}{流動負債}$

(　) **20** 將股東權益報酬率（ROE）公式分解，藉以分析公司經營問題與改進之道的方法，稱為：　(A)杜邦分析　(B)垂直分析　(C)水平分析　(D)道氏分析。　　　　　　　　　【108年第1次】

(A)

名師攻略：杜邦方程式，
股東權益報酬率＝純益率×總資產週轉率×權益乘數。

(　) **21** 其他條件不變，公司的股利成長率越高，合理本益比倍數：
(A)越低　　　　(B)不變
(C)越高　　　　(D)無法直接判斷。　　　　　　【108年第1次】

(C)

名師攻略：由$P_0=\dfrac{D_1}{r-g}$，若g↑則P_0↑，本益比＝$\dfrac{P_0}{E_1}$，當P_0↑則本益比提高。

重點 **5** 效率市場假說

(　) **1** 若一市場為半強式效率市場，則：　(A)此一市場必可以讓技術分析專家賺取超額利潤　(B)股價未來之走勢可以預測　(C)投資小型股的獲利通常比大型股為佳　(D)此市場僅能使內部人可能賺取超額利潤。　　　　　　　【109年第3次】

(D)

名師攻略：半強式效率市場假說：認為股價之反映已公開的即時訊息。所以除了未公開資訊的取得才可能賺取超額利潤。

(　) **2** 股票報酬在元月的表現優於其他各月的現象，稱為：
(A)規模效應　　(B)濾嘴法則
(C)完全市場　　(D)元月效應。　　　　　　　【108年第2次】

(D)

名師攻略：每年元月份的投資報酬率通常會大於一年中的其他月份，稱為「元月效應」。

( ) **3** 何者的報酬率可用來檢定市場是否符合強式效率市場？　(A)公司董事長　(B)公司大股東　(C)基金經理人　(D)選項(A)(B)(C)皆是。　　　　　　　　　　　　　　　【108年第3次】 　　**(D)**

名師攻略：公司內部人員的檢定與共同基金經理人的檢定，可用來檢定是否符合強式效率市場。

重點 **6** **台灣證券市場交易實務** 　　　　　　　　　　　　　　解答

( ) **1** 甲股票占臺灣證券交易所編製之股價指數比重較大，是因為甲股票之：　(A)股價較高　(B)股本較大　(C)盈餘較多(D)市值較大。　　　　　　　　　　　　　　【108年第2次】 　　**(D)**

名師攻略：加權股價指數 $= \dfrac{\text{當期總發行市值}}{\text{基期總發行市值}} \times 100\%$，

甲公司的市值愈大，影響加權股價指數愈大。

( ) **2** 下列何種股價指數最能模擬市場投資組合？　(A)股價簡單平均　(B)交易量加權股價指數　(C)市場價值加權股價指數(D)股價幾何平均。　　　　　　　　　　　　【108年第4次】 　　**(C)**

名師攻略：加權股價指數 $= \dfrac{\text{當期總發行市值}}{\text{基期總發行市值}} \times 100\%$，公司的市

值是以流通在外股數乘上股票價格，所形成的股價指數最能模擬市場投資組合。

( ) **3** 初次上市股票自上市日起多少個交易日，其股價升降幅度為無漲跌幅限制？ 　　**(B)**
(A)3日　(B)5日　(C)7日　(D)10日。【109年第1次、109年第3次】

名師攻略：初次上市股票自上市日起5個交易日，其股價升降幅度為無漲跌幅限制。

( ) **4** 上市公司買回自己之股份配給員工認購時，一定會使公司之：　(A)每股淨值減少　(B)淨值總額增加　(C)發行股數不變　(D)每股淨值增加。　　　　　　【110年第1次、108年第4次】 　　**(C)**

名師攻略：公司買回自己之股份，稱為庫藏股，將使流通在外股數減少，若配給員工認購形同再發行一般，最後發行的股數不變。

(　) **5** 一般狀況，上市公司董監事改選，對該公司選前的股價有何影響？　(A)沒有影響　(B)助跌作用　(C)助漲作用　(D)選項(A)(B)(C)皆非。　　　　　　　【109年第4次、108年第3次】

(C)

名師攻略：上市公司董監事改選，為達到掌握經營權會從市場上不斷買進股票以增加股權，此舉有助於公司股價的上漲。

(　) **6** 在臺灣，下列哪些標的「不能」以融券方式賣出？　甲.可轉換公司債；乙.普通股；丙.認購權證　(A)僅乙　(B)僅甲、乙　(C)僅甲、丙　(D)僅乙、丙。　　【110年第1次、108年第3次】

(C)

名師攻略：只有普通股可以採融券方式賣出。

(　) **7** 所謂現股當沖之規定，下列敘述何者為「非」？　(A)買賣是用同一帳戶　(B)買賣是在同一天　(C)買賣同一數量的同檔股票　(D)買賣同一金額的同檔股票。　　　　【109年第3次】

(D)

名師攻略：買賣同檔股票但不是同一金額，即高價賣出低價買回。

(　) **8** 公司減資有三種類型，包括有庫藏股減資、現金減資與虧損減資，試問在公司沒有虧損的情況之下，三種減資對公司影響的效果何者「正確」：I、均會使公司流通在外股數減少；II、均會使公司每股淨值增加；III、均會使公司股票價格上漲；IV、均會使公司每股盈餘上升　(A)I、II、III、IV　(B)僅I、II、IV　(C)僅II、III　(D)僅I、IV。　【109年第4次】

(D)

名師攻略：三種減資方式的會計分錄分別如下，庫藏股減資：

$$\begin{cases} \text{股本} \\ \quad \text{庫藏股} \end{cases} \text{、現金減資：} \begin{cases} \text{股本} \\ \quad \text{現金} \end{cases} \text{、}$$

$$\text{虧損減資：} \begin{cases} \text{股本} \\ \quad \text{保留盈餘} \end{cases} \text{，}$$

三種方式皆使股本↓，即流通在外股數減少，

而每股盈餘 $= \dfrac{\text{稅後淨利}}{\text{加權平均流通在外股數}}$ ，

將因流通在外股數↓，使得每股盈餘↑。

( )　**9** 股票在除權交易日前一天收盤價為60元，若盈餘轉增資配　**(A)**
　　股率35%，資本公積轉增資配股率15%，則除權參考價為：
　　(A)40元　(B)62.5元　(C)41.7元　(D)36元。　【108年第3次】

(A)

名師攻略：除權後股價 $= \dfrac{\text{除權前股價}}{1+\text{配股率}}$ ，

　　　　除權後股價 $= \dfrac{60}{1+35\%+15\%} = 40$ 。

NOTE

Chapter 03 固定收益證券分析

重點 1　固定收益證券

固定收益證券又稱為債務證券，是指持有者可以在特定的時間內取得固定的收益並預先知道取得收益的數量和時間，如債券、特別股等。

一、債券的意義

債券是發行公司依公司法之規定，約定於一定日期或分期支付一定之本金，及定期支付一定利息給投資人的書面承諾憑證。

二、公司債的特性

(一) 面額（Par Value）：發行人再到期日償還持有人的金額。

(二) 發行日（Issue Date）：發行債券的日期。

(三) 到期日（Maturity Date）：發行人償還持有人債券面額的日期。

(四) 票面利率（Coupon Interest Rate）：一般債券的票面利率為固定。

(五) 殖利率（Yield to Maturity, YTM）：債權人持有債券開始至到期日所賺到的利率。

重點 2　債券的收益率衡量

債券的收益是債券投資人所關心的，如何衡量計算有下列幾種方式：

一、票面收益率

債券的每期債息除以債券面額的報酬率

$$票面收益率 = \frac{票面利息}{債券面額}$$

二、當期收益率

當期收益率是假設公司債的投資者僅持有一期的投資報酬率。公式如下：

$$當期收益率 = \frac{票面利息}{債券價格}$$

三、到期收益率

到期收益率或稱為到期殖利率（簡稱YTM），是指投資人購買債券後一直持有至到期日，所取的投資報酬率，它的計算是在已知的債券價格P、每一期可收到的票面利息C、到期的債券面額M與期數n，由公式可以看出到期殖利率y是使債券的價格等於未來的利息收入加上面額的現值總合，所以又稱為折現率。

$$P = \frac{C}{(1+y)} + \frac{C}{(1+y)^2} + \frac{C}{(1+y)^3} + \cdots + \frac{C}{(1+y)^n} + \frac{M}{(1+y)^n}$$

由上式在已知P, C, M, n的情況下，求出y。

重點 3　債券的評價模式

所謂的債券的評價是指如何衡量債券的價格，債券價格的衡量隨著債券的特性，而有不同的衡量方式。

一、基本的模式

典型的債券是一種固定收益證券，在債券到期日前，由發行者按票面利率支付利息給投資者，並且在到期時償還本金，所以投資人認為這一張債券價值為何？投資人會把未來每期可領取的利息加上到期本金，配合他所要求的報酬率，衡量這一張債券的價格「現在」應該是多少。未來的利息加上到期本金現在到底是多少價值這就是折現的概念。

債券的價格（現值）等於未來各期利息及到期本金折現值的總合，可以下列關係式表示：

$$P = \frac{C}{(1+y)} + \frac{C}{(1+y)^2} + \frac{C}{(1+y)^3} + \cdots + \frac{C}{(1+y)^n} + \frac{M}{(1+y)^n} = \sum_{t=1}^{n} \frac{C}{(1+y)^t} + \frac{M}{(1+y)^n}$$

式中：C為每年債券利息，M為債券面值，y為到期殖利率，n為期間。

(一) 債券的價格與殖利率的關係：

由債券評價模式可以得知債券的價格與殖利率成反向關係。

(二) 債券的價格與債券的面值：

我們可以比較票面利率與殖利率的三種情況來討論債券價格與債券面值的關係：

1. 票面利率>殖利率：表示公司債發行公司較市場提供較優厚的利率條件，故發行公司可以借得比票面金額更多的資金，也就是公司債的發行價格會比票面金額高→債券的價格>債券的面值，稱為溢價發行。

2. 票面利率=殖利率：表示公司債發行公司較市場提供的利率條件和市場上一般人相同，故發行公司可以借得與票面金額相同的資金，也就是公司債的發行價格等於票面金額→債券的價格=債券的面值，稱為平價發行。

3. 票面利率<殖利率：表示公司債發行公司較市場上一般人提供較差的利率條件，故發行公司可以借得比票面金額更少的資金，也就是公司債的發行價格會比票面金額低→債券的價格<債券的面值，稱為折價發行。

二、零息債券的評價

所謂零息債券是指投資人購入債券時先計算出利息的折現值，然後直接從債券之面值裡扣除，因此投資人只需負擔面值減到利息折現值後部分金額，而在投資期間，發行者不另行支付利息，等到到期日時，發行債券的公司再以面值贖回公司債。所以投資人持有到期將賺到利息收益。茲舉一例說明如下：

假設某零息債券年期是30年，在市場利率是10%的情況下，發行的面額為1000則發行的價格（現在的價格）是 $\frac{1000}{(1+10\%)^{30}} = 57.31$，那發行公司就以57.31出售給投資人，將來到期時以面額1000將債券贖回，所以投資這種零息債券表面上沒有每一期收到利息，其實是賺到期收益即 $1000 - 57.31 = 942.69$。

三、可贖回公司債的評價

發行公司能提早把債券贖回，我們可以把債券基本模式的到期日改成贖回日，面額改成贖回價格，所計算的價格稱為可贖回公司債的價格。

$$P = \frac{C}{(1+y)} + \frac{C}{(1+y)^2} + \frac{C}{(1+y)^3} + \cdots + \frac{p_C}{(1+y)^{n_C}}$$

式中：C為每年債券利息，p_C為贖回價格，y為投資人要求的贖回收益率，n_C為距贖回日的期數。

四、永久公司債的評價

是指每期皆領取固定的利息，但永遠沒有到期日及不需還本金，我們可以把債券基本模式的到期日改成無限，所計算的價格稱為永久公司債的價格。

$$P = \frac{C}{(1+y)} + \frac{C}{(1+y)^2} + \frac{C}{(1+y)^3} + \cdots + \frac{C}{(1+y)^n} = \frac{C}{y}$$

式中：C為每年債券利息，y為投資人要求的收益率。

五、可轉換公司債的評價

(一) 可轉換公司債是指持有人可在公司債發行若干時日後，有權利要求發行公司依契約規定，將公司債轉換為普通股。轉換公司債與普通股交換的比例，稱為「轉換比例」它是在已設定的轉換價格和債券面額下所計算出來的，即

$$轉換比例 = \frac{債券面額}{轉換價格}$$

公司債的轉換價值=轉換比例×股價。

1. 當轉換公司債的轉換價值>一般公司債的價值，持有可轉換公司債的投資人會選擇轉換。
2. 當轉換公司債的轉換價值<一般公司債的價值，持有可轉換公司債的投資人不會選擇轉換，仍持有轉換公司債。

(二) **可轉換公司債的套利機會**：當可轉換公司債的市場價格與轉換價值出現明顯價差時，即存有套利的機會。

例如：甲公司發行一檔可轉換公司債面額是100,000元它可以轉換成甲公司發行的股票，甲公司所設定的「轉換價格」是50元，因此它的「轉換比例」為2,000股（$\frac{100,000}{50}$），假設目前甲公司可轉換公司債的市場價格為110,000元，甲公司的股票價格為60元，則我們可計算它的「轉換價值」等於轉換比例乘上甲公司股價，即2,000×60＝120,000（元）可轉換公司債的轉換價值大於市場價格，若買進市場價格為110,000元同時出售轉換價值120,000元，則獲利為120,000－110,000＝10,000（元）。

小試身手

(　　) **1** 假設甲可轉換公司債面額為100,000元，轉換價格是40元，可轉換公司債的市場價格為120,000元，請問在不考慮任何其它因素下，標的股票的價格高於多少時，開始存在套利的機會？
(A)40　(B)42.5　(C)48　(D)48.4。　　　　　【106年第4次高業】

答 (C)。當可轉換公司債的轉換價值大於市場價格時，即存有套利的機會。轉換比例＝$\frac{公司債面額}{轉換價格}$

已知公司債面額為100,000元，轉換價格是40元，得轉換比例為2,500股，轉換價值＝轉換比例×股價，已知轉換價值為120,000元，帶入左式得股價為48元，即股價高於48元開始存有套利的機會。

(　　) **2** 可轉換公司債每張可轉換2,500股普通股，則普通股市價為25元時，每張轉換價值為：　(A)62,500元　(B)75,000元　(C)100,000元　(D)110,000元。　　　　　【107年第1次高業】

答 (A)。已知轉換比例＝2,500，股價＝25，
轉換價值＝轉換比例×股價＝2,500×25＝62,500

重點 **4** 馬凱爾（Macaulay）債券價格五大定理

馬凱爾債券價格五大定理主要說明債券的價格與殖利率的關係，茲列舉如下：

第1定理：債券的價格與殖利率成反向關係。

   →由債券的價格與殖利率的關係圖可看出兩者成反向關係。

第2定理：到期期間越長，債券的價格對殖利率的敏感度越大。

   →到期期間越長則存續期間D越長，$D = - \dfrac{\Delta p \ / \ p}{\Delta(1+y) \ / \ (1+y)}$。

   故債券的價格對殖利率的敏感度越大。

第3定理：債券的價格對殖利率的敏感性增加程度隨著到期期間的增加而遞減。

第4定理：殖利率下降使債券價格上升的幅度大於殖利率上升使債券價格下降的幅度。

   →由債券的凸性可以看出殖利率下降使債券價格上升的幅度>殖利率上升使債券價格下降的幅度。

第5定理：低票面利率的債券的價格對殖利率的敏感度高於高票面利率的債券價格對殖利率的敏感度。

   →低票面利率有較高的存續期間，債券的價格對殖利率的敏感度較高。

   →高票面利率有較低的存續期間，債券的價格對殖利率的敏感度較低。

重點 **5** 債券的種類

一、信用公司債：當公司發行公司債時並沒有以公司的特定資產做抵押，而完全是依賴公司的信用作保證，稱為信用公司債。

二、可贖回公司債：公司債發行時附有贖回條款，允許發行公司在到期日前，以事先約定的贖回價格購回債券，稱為可贖回公司債。

三、**可轉換公司債**：可轉換公司債是指持有人可在公司債發行若干時日後，有權利要求發行公司依契約規定，將公司債轉換為普通股。

四、**可賣回公司債**：持有人可選擇要求發行公司提前贖回債券以換取本金或延長該債券到期期限的債券。

五、**浮動利率債券**：票面利率會隨著市場某個利率指標的變動而改變，通常以國庫券利率為基準加碼調整，這種設計能使債券的票面利率接近市場利率。

六、**反向浮動利率債券**：公司債的票面利率＝某一固定利率−指標利率，當指標利率上升時，公司債的票面利率反而下降。若預期指標利率會上升時即可發行此種債券因為它的票面利率將會因指標利率上升而下降。

七、**抵押公司債**：發行抵押公司債時，公司必須提供特定之固定資產作為發行之擔保抵押。若公司違約而無法清償公司債之債款時，即可處分抵押之擔保品以清償債務。

八、**指數連動債券**：物價指數連動債券的面額是依照物價指數調整，票面利率為固定，債券支付的利息等於經物價指數調整後的債券面額乘上固定的票面利率。

重點 6　公司債的風險

一、**利率風險**：公司債價格和市場利率呈反向關係，若市場利率下降則公司債價格上升，若市場利率上升則公司債價格下跌，因市場利率的變動引起公司債價格的變動，稱為「利率風險」。

二、**再投資風險**：公司債的投資者在到期期間所領的利息，再投資於其他資產的報酬率，因為市場利率的變動引起增減，稱為「再投資風險」。

三、**信用風險**：又稱為違約風險，債券發行者違背付款承諾的行為稱違約 (default)，發行者可能違約的風險稱為「違約風險」。

四、**流動性風險**：在交易不活絡的債券市場，要隨時出售取得現金是困難 的，稱為「流動性風險」。

五、**強制贖回風險**：可贖回公司債可讓發行者在特定的期間以贖回價格向投 資人強制贖回公司債，對投資人而言投資在公司債的利息收益就處於不確 定的情況，稱為「強制贖回風險」。

重點 **7**　債券存續期間

一、**債券的存續期間（Duration）**：衡量債券的未來所有現金流入的平 均到期期間。它可作為風險衡量的指標，代表債券的價格對利率變動的敏 感程度，可利用存續期間分析來從事利率風險的管理。

它的計算如下：

$D = \sum_{t=1}^{T} t \times w_t$，D表示存續期間，t表示第t期的時間，$w_t$表示第t期的權重

$w_t = \dfrac{CF_t / (1+y)^t}{P}$，$CF_t$表示第t期的現金流量，y表示到期收益率，P表示 債券的價格。

> **例**　有一張3年期面額1,000元，票面利率8%的債券，目前市場利率為 10%，求該債券的存續期間？
>
> **解**　$CF_t = 1,000 \times 8\% = 80$，$y = 10\%$，
>
> $P = \dfrac{80}{(1+10\%)} = \dfrac{80}{(1+10\%)^2} = \dfrac{80+1000}{(1+10\%)^3} = 950.263$
>
> 由$D = \sum_{t=1}^{3} t \times \dfrac{CF_t / (1+y)^t}{P}$
>
> $= 1 \times \dfrac{80 / (1+10\%)^1}{950.263} + 2 \times \dfrac{80 / (1+10\%)^2}{950.263} + 3 \times \dfrac{80 / (1+10\%)^3}{950.263} = 2.7774$

債券的存續期間也可以表示成債券的價格對利率變動的敏感程度。

$$D = -\frac{\Delta p / p}{\Delta(1+y) / (1+y)}$$

式中：$\Delta p / p$表示債券價格變動百分比，$\Delta(1+y) / (1+y)$，表示(1＋債券收益率)變動百分比。

二、修正的存續期間（Modified Duration）

實務界常定義$D_M = -\frac{D}{1+y}$，則代入上式可以改寫成：

$$D_M = -\frac{\Delta p / p}{\Delta y}$$

例　國票持有債券部位700億元，修正存續期間為5年，請問當利率下降1個基本點（1bp=0.01%）時，國票債券部位的價格變動為何？

解　已知$D^* = 5$，$\Delta y = -0.01\%$，p＝700代入

$D_M = -\frac{\Delta p / p}{\Delta y}$，得$\Delta p = 0.35$（億元）

小試身手

（　　）　債券之價格（P）與殖利率的函數為P＝f(Y)，在價格敏感性衡量上，債券（面額100元）價格對殖利率的第一階導函數$\frac{dp}{dy} = -49$，

當利率上升100bp（1bp=0.01%），可以解釋為債券價格將：

(A)下跌0.49元　(B)下跌4.9元

(C)上漲0.49元　(D)上漲4.9元。　　　　　　　【107年第1次高業】

答 (A)。已知$\frac{dp}{dy} = -49$，

dy＝100×0.01%＝0.01dp＝－49×dy＝－49×0.01＝－0.49，

下跌0.49元。

三、影響存續期間的因素

(一) 零息債券的存續期間等於它的到期期間。

(二) 其他條件不變，票面利率越低，債券存續期間越長。

(三) 其他條件不變，折價發行的債券比平價或溢價發行的債券，債券存續期間較長。

(四) 其他條件不變，到期收益率越低，附息債券存續期間越長。

(五) 永續債券的存續期間等於 $\dfrac{1+y}{y}$，y表示到期收益率。

→ 例如，當到期收益率為10%時，無限期的每年都支付200元的永續債券，該存續期間為 $\dfrac{1+10\%}{10\%}=11(年)$。

重點 **8** 債券的評等

美國的投資公司在評估債券等級，常依債券發生違約的機率來決定，等級越高的債券，債券產生違約的可能性越小；反之，等級越差的債券，債券產生違約的可能性越大，債券產生違約的可能性越小。下表是Moody和S&P兩家公司的公司債分級表，其分類的等級和說明可供投資人參考。

表3-1　Moody公司及S&P公司之公司債分級表

Moody公司	S&P公司	說明
Aaa	AAA	最高級品質，本息具有最大保障。
Aa	AA	高級品質，常與以上公司債構成高級公司債，對本息保障之程度，略遜於最高級品質公司債。
A	A	中上品質，對本息的保障條件尚稱適當，但仍不及上述兩種。
Baa	BBB	中級品質，對目前本息的保障條件尚稱適當，但未來經濟情況發生變動時，約定的條件可能不足以保障本息的安全，此等級的公司債雖具有投資性但也有投機的成份。
Ba	BB	中下品質，具有投機性保障條件屬中等，未來經濟遠景不論好或壞，均不足以保障本息的安全。

Moody公司	S&P公司	說明
B	B	具投機性而缺乏投資性，未來本息缺乏保障。
	CCC～CC	兩者皆屬投機性，而CC級又比CCC級更差，債息尚能支付，但景氣不佳時，債息可能停付。CC級通常屬於有盈餘才可支付債息的公司債。
Caa		債信不佳，本息可能已違約停付。
	C	指無力支付本息的公司債。
Ca		本息已違約停付。
	DDD～D	已經停付本息，DDD級表示公司債的殘值略高，DD級次之，D級最低。
C		品質最差，前景極不樂觀。

※凡是沒有「A或a」且沒有「3個B」的都是非投資等級的債券，稱之為「垃圾債券」。如紅色字標示的等級。

重點 9　利率的期限結構

利率的期限結構乃說明金融工具的收益率與到期日之間的關係。即表示債券收益率與到期日之關係的曲線，故稱為收益率曲線（yield curve），或稱為殖利率曲線。一般而言，收益率曲線之型態可分為四種，如圖3-1所示：

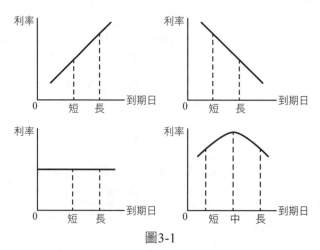

圖3-1

上述之收益率曲線之型態並非一成不變，它可能因經濟活動或總體因素之變化而產生變動。至於解釋收益率曲線為何有不同形式的理論有三：預期理論、流動性偏好理論、市場區隔理論。

一、預期理論

　　預期理論主要觀點是認為；決定利率結構的走勢，主要是是常對未來短期利率之預期，因此場期利率乃是由目前以知的短期利率與預期未來各期之短期利率來決定。在此理論下，必須根據下列假設：

(一) 投資者認為場期證券與短期證券無差異，亦即兩者可以完全替代。

(二) 投資者可以正確地預測未來的利率。

(三) 投資者以追求最大利潤為目的。

(四) 市場上不同到期日之證券，沒有倒帳風險與交易成本。

R_n若代表n年期長期利率

r_1代表1年期的短期實際利率

$r_2^e, r_3^e, \cdots r_n^e$分別代表第2年第3年至第n年之預期短期利率

第n年期的長期利率表示如下：

$$
\begin{aligned}
(1+R_n)^n &= (1+r_1)(1+r_2^e)(1+r_3^e)\cdots(1+r_n^e) \\
\rightarrow (1+R_n) &= \sqrt[n]{(1+r_1)(1+r_2^e)(1+r_3^e)\cdots(1+r_n^e)} \\
\rightarrow R_n &= \sqrt[n]{(1+r_1)(1+r_2^e)(1+r_3^e)\cdots(1+r_n^e)} - 1
\end{aligned}
$$

當投資人預期短期利率會上升時，長期利率也會跟著上升，則收益曲線程上升型態如圖3-2；當投資人預期短期利率會下跌時，長期利率也會跟著下跌則收益曲線程下降型態如圖3-3。

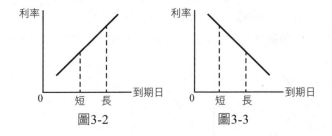

圖3-2　　　　　　　圖3-3

二、流動性貼水理論

　　流動性貼水（偏好）理論強調；投資人大多數是風險規避者，當他們購買證券時，認為長期證券比短期證券的風險大，故不願意投資於長期證券，除非證券發行者願意補償其風險承擔，即支付流動性貼水，對證券發行者而言，為了使長期證券順利發行，也願意支付給投資者流動性貼水，且證券期限越長流動性越低，因而支付的貼水也越高，即利率越高，故形成上升型態的收益率曲線。反之，短期證券流動性貼水乃隨著期限之增加而下降，故收益率曲線即可能形成下降型態。

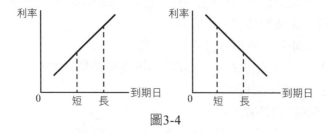

圖3-4

三、市場分割理論

　　在市場分割理論下，則是將長、短期證券市場完全區隔開，在短期證券市場中，由短期的資金供給與需求來決定短期利率，而在長期證券市場中，由長期的資金供給與需求來決定長期利率。

　　資金的供給與需求者皆會在期資金可以運用之期限範圍內，投資資金與尋求資金。如圖3-5所示，S代表短期證券市場之資金供給，D代表資金需求，短期利率乃是由短期證券市場之資金供需決定，假設決定的短期均衡利率為1%。而圖3-6，S'代表長期證券市場之資金供給，D'代表資金需求，長期利率乃是由長期證券市場之資金供需決定，假設決定的長期均衡利率為3%，如此在繪製收益率曲線時，短期均衡利率為1%與長期均衡利率為3%將形成上升型態的收益率曲線，如圖3-7；反之，若根據個別資金市場決定出來的利率是短期均衡利率大於長期均衡利率，則收益率曲線將形成下降型態。

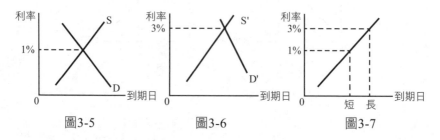

圖3-5　　　　　　　圖3-6　　　　　　　圖3-7

高手過招

重點 **1** 固定收益證券

解答

(　) **1** 所謂固定收益證券是指證券之：
(A)到期日固定　　(B)到期償還金額固定　　(C)債權人固定
(D)每期債息或股息固定。　　　　　　　　　　【108年第3次】

(D)

名師攻略：固定收益證券是指證券的每期債息（例如：公司
債）或股利（例如：特別股）是固定的。

(　) **2** 債券條款可能包含下列哪些？
甲、到期日；乙、提撥償債基金；丙、保護性約定；丁、擔
保品　(A)僅乙、丙　　(B)僅甲、丙、丁　　(C)僅乙、丙、丁
(D)甲、乙、丙、丁均有。　　　　　　　　　　【108年第3次】

(D)

名師攻略：債券條款可能包含：1.債券到期日、2.發行公司提
撥償債基金、3.保護性約定、4.發行公司提列擔保品。

(　) **3** 在國內買賣公債之資本利得需繳交哪種稅率？
(A)免稅　　　　　　(B)分離課稅，稅率百分之二十
(C)千分之三　　　　(D)百分之十。　　　　　　【108年第2次】

(A)

名師攻略：為活絡債券市場，協助企業籌資及促進資本市場之
發展，自中華民國99年1月1日起至115年12月31日止7年內暫停
徵公司債及金融債券之證券交易稅。

(　) **4** 對投資人而言，做多之公債保證金交易由下列何種交易組
成？　(A)買斷（OB）與附賣回（RS）　　(B)賣斷（OS）與
附賣回（RS）　　(C)買斷（OB）與附買回（RP）　　(D)賣斷
（OS）與附買回（RP）。　　　　　【110年第1次、110年第2次】

(C)

名師攻略：公債保證金交易係先由公債自營商賣斷政府公債給
投資人，即賣斷交易，投資人再與公債自營商承做RS，即附賣
回交易。RS承作金額則是公債賣斷的價格減掉投資人所繳的保
證金。

(　) **5** 一般而言，下列有關發行公司債與特別股之比較何者正確？
甲.債息可節稅，股利則無法節稅；乙.二者均可改善財務結

(B)

構；丙.公司債求償權利優於特別股　(A)僅甲、乙　(B)僅甲、丙　(C)僅乙、丙　(D)甲、乙、丙。　【109年第2次】

名師攻略：

甲.自99/1/1起，一般民眾以個人名義持有公債、公司債及金融債券的利息所得採分離課稅，按10%扣繳稅款後，不再與個人綜合所得稅合併計算，同時也不再適用儲蓄特別扣除額。

丙.公司債求償權利優於特別股。

重點2　債券的收益率衡量

解答

( )　**1** 一般俗稱的債券殖利率是指下列何者？
(A)到期收益率　(B)當期收益率　(C)贖回收益率　(D)票面利率。　【109年第3次】

(A)

　　名師攻略：殖利率是指到期收益率或稱折現率。

( )　**2** 債券到期收益率在使用上之假設為：須持有至到期日，且收到的利息之再投資報酬率：　(A)無須考慮　(B)要小於0　(C)要等於0　(D)要等於到期收益率。　【108年第3次】

(D)

　　名師攻略：到期收益率又稱為折現率。

( )　**3** 如何計算債券當期收益率？　(A)債券年息／債券面額　(B)資本利得／債券面額　(C)債券年息／債券市價　(D)資本利得／債券市價。　【108年第2次、108年第4次】

(C)

　　名師攻略：當期收益率＝$\dfrac{票面利息}{債券價格}$。

( )　**4** 假設兩年期零息債券之面額為$1,000，發行時價格為$914，每年複利一次，試計算該債券發行時之殖利率約為多少？
(A)4.60%　(B)4.71%　(C)5%　(D)5.12%。　【110年第2次】

(A)

　　名師攻略：$\dfrac{1,000}{(1+r)^2}=914$，得r=4.6%。

( )　**5** 一債券票面利率為4%，面額2,000元，目前債券為1,600元，15年後到期，每年付息一次，則其當期收益率（Current Yield）約為：
(A)5%　(B)9%　(C)10%　(D)12%。　【110年第2次】

(A)

名師攻略：當期收益率 $= \dfrac{票面利息}{債券價格} = \dfrac{2,000 \times 4\%}{1,600} = \dfrac{80}{1,600} = 5\%$。

( ) **6** 甲公司發行一永續債券，票面利率為6%，每張面額10萬元，若目前同類型債券可提供7%，請問其發行價格應為：

(A)85,714元　　(B)70,000元

(C)80,000元　　(D)75,000元。　　　　　　　【108年第1次】

(A)

名師攻略：債券價格 $= \dfrac{面額 \times 票面利率}{殖利率} = \dfrac{10萬 \times 6\%}{7\%} = 85,714$。

( ) **7** 4年期面額10,000元之零息債券（Zero-Coupon Bonds），其價格為6,830元，該債券之年報酬率為：　(A)10%　(B)15% (C)18.10%　(D)19.50%。　　　　　　　【108年第4次】

(A)

名師攻略：$6,830 = \dfrac{10,000}{(1+r)^4}$，得r＝10%

重點 **3** 債券的評價模式

( ) **1** 在一般情形下，愈接近到期日，可轉換公司債的價格會如何？ (A)愈低　(B)愈高　(C)不變　(D)不一定。　【109年第3次】

(A)

名師攻略：可轉換公司債越接近到期日，期間短可獲利空間少，債券價格愈低。

( ) **2** 折價債券在趨近到期日時，其價格會：　(A)上漲　(B)下跌 (C)不變　(D)以上皆有可能。

(A)

名師攻略：折價發行的債券在趨近到期日時，其價格會上升，到期日的價格即是面額。

( ) **3** 孫先生以面額購買債券1,000萬元，孫先生在市場利率低於票面利率時賣出該筆債券，則其資本利得為：　(A)零　(B)負數　(C)正數　(D)無法判定。　　　　　　　【108年第2次】

(C)

名師攻略：市場利率＜票面利率，即發行價格＞債券面額，發行價格－債券面額＞0，稱為溢價發行。

( ) **4** 假設期望殖利率固定不變，債券愈趨近到期日時，下列敘述何者正確？　甲、折價債券價格會趨近債券面額；乙、溢價

(A)

債券價格會趨近債券面額；丙、溢價債券價格會遠離債券
面額　(A)僅甲、乙　(B)僅甲、丙　(C)僅乙、丙　(D)甲、
乙、丙。　　　　　　　　　　　　　　【109年第1次、110年第1次】

名師攻略：無論是折價債券的價格或是溢價債券的價格，債券
愈趨近到期日時，都會趨近債券面額。

(　) **5** 小魚以95,000元買進一張面額100,000元的零息債券，到期期　**(A)**
間為一年，請問該投資的預期報酬率為何？（忽略交易成本）
(A)5.3%　(B)5.5%　(C)5.7%　(D)5.9%。　　【110年第2次】

名師攻略：$\dfrac{100,000}{(1+r)^1}=95,000$，得r=0.0526≈5.3%。

(　) **6** 某企業可用以支付債息之盈餘為800萬元，其目前流通在外　**(D)**
之負債計有抵押公司債1,500萬元，票面利率6%，無抵押
公司債500萬元，票面利率8%，其全體債息保障係數為：
(A)3.346　(B)3.846　(C)4.426　(D)6.154。　　【110年第1次】

名師攻略：利息保障係數 = $\dfrac{稅前淨利}{利息費用}$

$$= \dfrac{800(萬)}{1,500(萬)\times 6\% + 500(萬)\times 8\%} = 6.1538$$

(　) **7** 甲債券3年後到期，其面額為100,000元，每年付息一次8,000　**(A)**
元，若該債券以95,000元賣出，則其到期殖利率為：
(A)大於8%　　　　(B)等於8%
(C)小於8%　　　　(D)等於5%。　　【109年第4次、110年第1次】

名師攻略：票面利率 = $\dfrac{票面利息}{債券面額} = \dfrac{8,000}{100,000} = 8\%$，

發行價格<公司債面額，故為折價發行，則到期殖利率>票面
利率。

(　) **8** 一般而言，債券到期殖利率（Yield To Maturity）小於票面利　**(A)**
率，則該債券將有：　(A)溢價　(B)折價　(C)無折價也無溢
價　(D)選項(A)(B)(C)皆是。　　　　　　【110年第2次】

名師攻略：到期殖利率（或市場利率或折現率）<票面利率，
即發行價格>債券面額，稱為溢價發行。

解答

( ) **9** 殖利率小於票面利率的債券稱為： (A)溢價債券 (B)平價債券 (C)折價債券 (D)選項(A)、(B)、(C)皆非。 【109年第2次】
(A)

> **名師攻略**：殖利率（市場利率）＜票面利率即發行價格＞債券面額，稱為溢價發行。

( ) **10** 債券的報價若採以價格報價，則其報價的指數等於： (A)債券價格／殖利率 (B)債券價格／票面利率 (C)債券價格／債券面額 (D)債券價格／到期期間。 【109年第4次】
(C)

> **名師攻略**：報價指數＝$\dfrac{\text{發行價格}}{\text{面額}}$。

( ) **11** 何者不是公司發行債券之適當時機？ (A)預期物價水準將大幅上升 (B)公司管理者不想降低持股比率 (C)公司股價處於低水準時 (D)負債比率很高時。 【108年第4次】
(D)

> **名師攻略**：負債比率很高時，再發行公司債籌措資金那麼未來是否有能力定期支付利息與還本金這些都要考量的。

( ) **12** 何種情況下有利債券投資？
(A)市場利率上升 (B)貨幣供給寬鬆
(C)物價水準上漲 (D)存款準備率調高。 【109年第2次】
(B)

> **名師攻略**：貨幣供給寬鬆，利率下降，而債券價格和利率呈反向，即未來的債券價格會上漲。

( ) **13** I債券6個月的折現因子（Discount Factor）為0.97，在6個月後該債券之價格為15,000元，目前該債券之價格為多少？ (A)14,700元 (B)14,550元 (C)−15,000元 (D)−14,500元。 【108年第1次】
(B)

> **名師攻略**：債券價格（現值）＝$\dfrac{15,000}{0.97}=14,550$

重點4 馬凱爾（Macaulay）債券價格五大定理

解答

( ) **1** 下列敘述何者「不正確」？
(A)短期利率波動幅度會大於長期利率 (B)當市場利率高於債券票面利率時，債券將折價發行 (C)當市場利率高於票
(D)

面利率時，公司較不可能將債券贖回　(D)短期債券對利率變動之敏感度高於長期債券。　【109年第4次】

名師攻略：依馬凱爾的第二定理：到期期間越長，債券的價格對殖利率的敏感度越大。所以短期債券對利率變動之敏感度低於長期債券。

(　) **2** 對於債券的評價，若使用存續期間來計算債券價格的變化，下列敘述何者正確？

(A)當殖利率大幅上升時，以存續期間所計算之價格變化將低於債券實際的價格變化　(B)隨著債券到期時間的接近，同樣幅度殖利率的變動，將導致存續期間的變動越來越大　(C)不論殖利率大幅上升或下降時，以存續期間所計算之價格變化將低於債券實際的價格變化　(D)當殖利率同樣上漲與下降1%時，債券價格的變動幅度是相同的。【109年第1次】

(A)

名師攻略：依馬凱爾債券價格五大定理：殖利率下降造成價格上升的幅度，高於殖利率上升使債券價格下降的幅度。

(　) **3** 在其他條件相同下，債券價格對殖利率敏感性之變化幅度會因到期期間愈長而：　(A)遞增　(B)不變　(C)遞減　(D)無從得知。　【109年第3次】

(C)

名師攻略：依馬凱爾的第三定理：債券價格對殖利率敏感性之變化幅度會因到期期間愈長而遞減。

(　) **4** 關於馬凱爾（Malkiel）債券五大定理的敘述，何者不正確？

(A)債券價格與殖利率呈反向關係　(B)到期期間愈長，債券價格對殖利率之敏感性愈小　(C)債券價格對利率敏感性之增加程度隨到期時間延長而遞減　(D)低票面利率債券之利率敏感性高於高票面利率債券。　【108年第1次】

(B)

名師攻略：依馬凱爾的第二定理：到期期間愈長，債券價格對殖利率之敏感性愈大。

(　) **5** 有甲、乙和丙三種債券，其票面利率依序為10%、8%、6%且其他條件相同時，則當殖利率上漲1%時，何種債券價格波動幅度最大？　(A)甲債券　(B)乙債券　(C)丙債券　(D)無從得知。　【109年第3次】

(C)

解答

名師攻略：依馬凱爾的第五定理：低票面利率的債券價格對殖利率的敏感度高於高票面利率的債券價格對殖利率的敏感度。丙債券的票面利率最低，故丙債券價格波動幅度最大。

( ) **6** 其它條件不變，當市場利率下降時，持有存續期間（Duration）長的債券較存續期間短的債券： (A)獲利多 (B)損失多 (C)獲利少 (D)損失少。 【108年第1次】 **(A)**

名師攻略：依馬凱爾的第二定理：到期期間越長，債券的價格對殖利率的敏感度越大。故市場利率下降時，存續期間愈長的債券其價格上升幅度愈大。

重點 **5** 債券的種類

解答

( ) **1** 有關公司債的敘述何者不正確？ **(C)**
(A)收益債券是指發行公司有盈餘才會支付利息給投資人 (B)指數債券是指其債券利率依通貨膨脹指數而定 (C)可轉換債券是指投資人可依轉換價格，將其轉換為其他債券 (D)信用債券是一種無擔保的債券。 【108年第2次】

名師攻略：可轉換債券是指投資人可依轉換價格，將其轉換為該發行公司的股票。

( ) **2** 在我國10年期公債期貨中，當可交割債券之票面利率愈高，則其轉換因子大小變動為： (A)愈大 (B)愈小 (C)無關 (D)不一定。 【109年第3次】 **(A)**

名師攻略：轉換因子即為面額一元的債券在基準日時，殖利率等於票面利率的情形下不含應計利息價格，若票面利率大於期貨契約利率，則轉換因子大於1;反之若票面利率小於期貨契約利率，則轉換因子小於1。

( ) **3** B公司於其可轉換公司債的條款中訂定轉換比率為20，當時之股價為70元，請問轉換價值為何？ (A)500元 (B)1,000元 (C)1,400元 (D)2,000元。 【110年第2次】 **(C)**

名師攻略：公司債的轉換價值＝轉換比例×股價＝20×70＝1,400。

（　）**4** 在其他條件相同下，以下何者的票面利率會「最高」？　**(B)**
(A)可轉換公司債　(B)可贖回公司債　(C)可賣回公司債
(D)附認股權證公司債。　　　　　　　　　【108年第2次、110年第2次】

名師攻略：可贖回公司債的權利是在發行公司為吸引投資人購
買它的票面利率會高於一般公司債。

（　）**5** 小魚向證券商承作（買進）債券保證金交易，標的債券之存續　**(D)**
期間為3.2年，保證金點數為50點（bp），若其承作之面額為
5,000萬元，則其保證金為：　(A)550,000元　(B)650,000元
(C)750,000元　(D)800,000元。　　　　　　　　【110年第2次】

名師攻略：期初保證金＝債券市值×存續期間×保證金點數
×0.01%＝5,000（萬）×3.2×50×0.01%＝800,000（元）。

（　）**6** 有關次級信用債券（Subordinated Debentures）之敘述，何　**(C)**
者正確？
甲、有資產作擔保品；乙、清算時，清償順序在高級債券
之後；丙、通常不可以轉換為公司之普通股　(A)僅甲、乙
(B)僅乙　(C)僅乙、丙　(D)甲、乙、丙。　　　【108年第2次】

名師攻略：甲.次級信用債券沒有資產作擔保品。

（　）**7** 可轉換公司債的轉換價值等於：　**(C)**
(A)轉換比率乘以轉換價格　(B)轉換比率乘以轉換價格＋現
金股利　(C)股票市價乘以轉換比率　(D)股票市價乘以轉換
比率＋現金股利。　　　　　　　　　　　　　【109年第1次】

名師攻略：可轉換公司債的轉換價值＝轉換比率×股票價格。

（　）**8** 當發行公司預期市場呈下列何種趨勢時，將發行浮動利率債　**(D)**
券來籌措資金？　(A)利率上升　(B)股價上漲　(C)股價下跌
(D)利率下跌。　　　　　　　　　　　　　　【109年第1次】

名師攻略：利率下跌，則債券的價格上升，故有利於採債券發
行來籌措資金。

（　）**9** 當甲公司可轉債之轉換價值高於其市場價格時，投資人應如　**(B)**
何套利？　(A)放空甲公司可轉債、買進其股票　(B)買進甲

公司可轉債、放空其股票　(C)同時買進甲公司可轉債與股
票　(D)同時放空甲公司可轉債與股票。　　　【108年第1次】

名師攻略：當可轉換公司債的轉換價格＞公司債的市場價格，
表示目前的股價是上升的，而可轉換公司債因被轉換，使得價格
下跌，所以應買目前下跌的可轉債，同時出售目前上漲的股票。

(　) **10** 可轉換公司債具有何種特性？　　　　　　　　　　　　　**(D)**
甲.票面利率通常高於同條件之公司債；乙.具有轉換凍結期
間；丙.隨標的股價上漲而上漲　(A)僅甲　(B)僅乙　(C)僅
甲、丙　(D)僅乙、丙。　　　　　　　　　　【109年第2次】

名師攻略：甲.可轉換公司債的票面利率通常低於同條件之公司債。

(　) **11** 在轉換公司債資產交換的交易流程中，證券商與債券投資人　**(C)**
於契約生效日所需交換之資產，下列何者不正確？
(A)證券商將轉換公司債交付給債券投資人　(B)債券投資人
將契約名目本金交付證券商　(C)證券商將轉換公司債轉換
權交給債券投資人　(D)債券投資人需承擔發行公司之信用
風險。　　　　　　　　　　　　　　　　　　【109年第1次】

名師攻略：可轉換公司債是由公司債與選擇權組成的，證券商
可將公司債賣給債券投資人而選擇權可賣給選擇權投資人。

(　) **12** 有關浮動利率債券之敘述，何者「正確」？　　　　　　　**(D)**
甲.票面利率與指標利率有關；乙.指標利率水準為固定；
丙.指標利率水準每期可能不同；丁.每期債息可能不同
(A)僅甲、乙　(B)僅甲、丙　(C)僅甲、乙、丁　(D)僅甲、
丙、丁。　　　　　　　　　　　　　　　　　【109年第4次】

名師攻略：乙.浮動利率債券它的指標利率水準為變動的。

(　) **13** 國內轉換公司債資產交換約定之到期日通常為標的轉換公司　**(C)**
債之：　(A)贖回日　(B)到期日　(C)賣回日　(D)發行公司
除權除息日。　　　　　　　　　　　　　　　【109年第4次】

名師攻略：投資人可將可轉債賣回給發行公司，於發行契約中
訂有賣回之日期及價格，而轉換公司債資產交換約定之到期日
通常是賣回日。

解答

( ) **14** 下列何者為公司債的贖回條款（Call Provisions）特性？甲、延後該公司債的到期；乙、在利率下降時，公司可轉換為較便宜的低利率負債；丙、可降低公司的負債
(A)僅甲、丙　　(B)僅甲、乙
(C)僅乙、丙　　(D)甲、乙、丙。　　【108年第3次】

(C)

名師攻略： 公司債的贖回條款是指公司債的發行公司可在到期日前提前贖回的規定。

( ) **15** 物價指數連動債券可有效降低何種風險？
(A)利率風險　(B)通貨膨脹風險　(C)非系統風險　(D)流動性風險。　　【109年第3次】

(B)

名師攻略： 一般的債券它的票面利率是固定的，而物價指數連動債券它的票面利率會隨著市場某個利率指標的變動而改變，這種設計能使債券的票面利率接近市場利率，避免通貨膨脹的風險。

( ) **16** 假設可轉換公司債的面額為100,000，轉換價格為40，市場價格為120,000，請問在不考慮其他因素下，標的股票的價格高於多少時，開始存在套利的機會？　(A)40　(B)42.5　(C)48　(D)48.4。　　【108年第1次】

(C)

名師攻略： 當公司債的轉換價值＞一般公司債的價值，持有可轉換公司債的投資人會選擇轉換。

轉換比例 $= \dfrac{\text{面額}}{\text{轉換價格}} = \dfrac{100,000}{40} = 2,500$ ，

轉換價值＝轉換比例×股價＝2,500×股價，

2,500×股價＝120,000，股價＝48。

重點 6 公司債的風險

解答

( ) **1** 一個兩年期零息公司債目前的殖利率為2.1%，而相同期限零息公債的殖利率為1.8%。在違約損失率為65%的情況下，請估計該公司債兩年內預期違約損失（Expected Loss from Default）金額約為多少（假設債券面額為$1,000）？
(A)$2.89　(B)$3.68　(C)$5.66　(D)$7.02。　　【110年第1次】

(C)

解答

名師攻略：零息公債兩年後的現值－零息公司債兩年後現值

$$= \frac{1,000}{(1+1.8\%)^2} - \frac{1,000}{(1+2.1\%)^2} = 964.949 - 959.287 = 5.662 \text{。}$$

( ) **2** 何者「不是」持有某公司債券的系統風險？ (A)央行調高 **(C)**
存款準備率 (B)央行調升利率 (C)發行公司的財務風險
(D)能源危機導致通貨膨脹。 【109年第2次】

名師攻略：發行公司的財務風險（又稱為違約風險）乃非系統
風險。

( ) **3** 一般而言，購買公司債除與購買政府公債承擔相同風險外， **(D)**
尚可能有：甲.信用風險；乙.流動性風險；丙.強制贖回風險
(A)僅甲、乙 (B)僅甲、丙 (C)僅乙、丙 (D)甲、乙、
丙。 【109年第2次】

名師攻略：(1)利率風險；(2)再投資風險；(3)信用風險；(4)流
動性風險；(5)強制贖回風險。

( ) **4** 投資公司債必須承擔的非系統性風險為何？ **(A)**
(A)倒帳風險 (B)通貨膨脹風險
(C)利率風險 (D)選項(A)與(C)都是。 【108年第3次】

名師攻略：倒帳的發生是個別風險，例如，甲公司發生財務危
機，不代表其它公司也會發生，所以倒帳風險是非系統風險。

( ) **5** 公司債與公債之間的利差，主要是受到何種風險所影響？ **(B)**
（假設公司債與公債的存續期間相同） (A)購買力風險
(B)違約風險 (C)利率風險 (D)再投資風險。 【109年第1次】

名師攻略：公債是由政府所發行的相較由私人所發行的公司債
有較低的違約風險。

重點 7 債券存續期間

解答

( ) **1** 若有一張零息債券，5年後到期，面額為10萬元，殖利率為 **(D)**
6%，則此債券的存續期間為幾年？
(A)3 (B)4.5 (C)4.7 (D)5。 【108年第3次、109年第4次】

名師攻略：零息債券的存續期間與到期期間相等。即5年後到
期，則債券的存續期間為5年。

(　　) **2** 一個三年期,每年付息一次並重設票息的浮動利率債券,在 **(B)**
發行時的票面利率為Index+5.5%。假設在發行三個月後,
市場指標利率下跌為4.5%,債券信用風險維持不變,則此債
券的存續期間約為多少?　(A)0.68年　(B)0.75年　(C)1.50
年　(D)2.75年。　　　　　　　　　　　　　【110年第1次】

名師攻略: 每年付息一次並重設票息的浮動利率債券,該債券
在期初的票面利率將進行重置,所以其利率風險應該是重置
後,依題意發行三個月後,一年12個月減3個月則剩餘的月份為
9個月,即$\frac{9}{12}$=0.75(年)。

(　　) **3** 假設有一債券的存續期間為10,當時的殖利率(YTM)為 **(D)**
5%,請問當其YTM變動1bp時,該債券價格變動的百分比約
為何?

(A)10%　(B)200%　(C)0.07%　(D)0.10%。　【108年第2次】

名師攻略: 由修正的存續期間,

$$D_M = \frac{-\frac{\Delta P}{P}}{\Delta y} \text{,已知}D_M=10\text{,}\Delta y=0.01\%\text{代入得}-\frac{\Delta P}{P}=0.10\%\text{。}$$

(　　) **4** 在債券投資時,利用存續期間(Duration)之觀念,可 **(D)**
規避:　(A)匯率風險　(B)通貨膨脹風險　(C)贖回風險
(D)利率風險。　　　　　　　　　　　　　　【110年第1次】

名師攻略: 存續期間代表債券的價格對利率變動的敏感程度,
可利用存續期間分析來從事利率風險的管理。

(　　) **5** 關於債券的存續期間的意涵,下列描述何者為「非」? **(A)**
(A)表示債券的到期期間
(B)衡量債券的各期現金流入的平均到期期間
(C)是債券價格變動對利率變動的敏感程度
(D)存續期間越長,表示債券的利率風險越高。　【109年第2次】

名師攻略: 存續期間會小於債券到期期間,除了零息債券它的
存續期間等於到期期間。

( ) **6** 甲、乙兩種具有相同票面利率，面額及到期殖利率之中央政 **(A)**
府債券，目前均屬溢價債券，若甲債券尚餘4年到期，乙債
券尚餘2年到期，則： (A)甲債券溢價額較乙債券溢價額大
(B)甲債券溢價額與乙債券溢價額相等 (C)甲債券溢價額較
乙債券溢價額小 (D)無法比較。 【109年第1次、108年第3次】

名師攻略：在相同的發行條件下，若是溢價發行則到期日越長
溢價額越大，因為要在到期日前分攤完。

( ) **7** 下列敘述，何者不正確？ **(B)**
(A)永續債券的到期日是無窮大，但其存續期間仍然可以求
算 (B)零息債券之存續期間大於到期期間 (C)浮動利率債
券存續期間等於每期的期間 (D)所有付息債券的存續期間
皆會小於其到期期間。 【108年第4次】

名師攻略：零息債券之存續期間等於到期期間。

( ) **8** 有關債券存續期間之敘述，何者正確？I.是衡量現金流量之 **(C)**
平均到期期間；II.採用簡單平均之計算方式；III.可用以衡
量債券之利率風險 (A)僅I、II (B)僅II、III (C)僅I、III
(D)I、II、III。 【108年第1次】

名師攻略：採加權平均之計算公式。

( ) **9** 下列何者是計算公司的存續價值需考量之因素？ 甲.長期現 **(D)**
金流量；乙.可處理之閒置資產；丙.經營團隊 (A)僅甲、乙
(B)僅甲、丙 (C)僅乙、丙 (D)甲、乙、丙。【109年第4次】

名師攻略：計算公司的存續價值需考慮：1.經營團隊是否能靈
活因應市場變化，2.公司可處理之閒置資產，3.長期現金流量
是否穩定。

重點 **8** 債券的評等

( ) **1** 下列總體指標中，甲.長期利率低於短期利率；乙.BB級債券 **(B)**
和AAA級債券風險利差擴大；丙.M_{1B}成長率大於M_2成長率。
何者情況反映了景氣可能衰退的現象？

(A)僅乙和丙 (B)僅甲和乙 (C)僅甲和丙 (D)甲、乙和丙都是。 【110年第2次】

名師攻略：丙.M_{1B}成長率大於M_2成長率表示景氣過熱。

( ) **2** 有關中華信用評等公司所提供的特定債務評等，何者「不正 **(D)**
確」？ (A)強調債務發行人對特定債務，其履行財務能力
的評等 (B)債務發行人的特性會影響特定債務信用評等的
等級 (C)債務信用評等之定義與符號皆與發行人債信評等
相當 (D)債務的特殊條件，如抵押品等，對特定債務信用
評等的等級沒有影響。 【110年第1次】

名師攻略：是否有提供抵押品，對特定債務信用評等的等級是
有影響。

( ) **3** 一般而言，信用評等低的債券殖利率比信用評等高的債券殖 **(A)**
利率：

(A)高 (B)低 (C)相同 (D)無法判定。 【110年第2次】

名師攻略：信用評等低的債券殖利率比信用評等高的債券殖利
率高，即信用評等低的債券以較高殖利率來吸引投資人購買。

( ) **4** 根據S&P公司的評等，下列哪一等級的債券發行時的殖利率 **(A)**
「最低」？ (A)AA (B)A (C)BB (D)B。 【109年第4次】

名師攻略：殖利率與債券評等等級成反向關係。

( ) **5** 何者「不適合」用來決定債券的評等？ (A)利息保障倍數 **(C)**
(B)流動比率 (C)股東人數 (D)負債比率。 【109年第2次】

名師攻略：股東人數的多寡與債券評等無關。

重點 **9** 利率的期限結構

( ) **1** 對於可贖回債券（callable bond）而言，當殖利率（yield） **(B)**
低於票面利率時，下列敘述何者「正確」？

(A)價格殖利率曲線（price-yield curve）呈現正凸性
（positive convexity） (B)價格殖利率曲線（price-yield
curve）呈現負凸性（negative convexity） (C)投資人將行

使買回權　(D)殖利率會比其他相同條件但未具有可贖回條約的債券來得低。　【110年第1次】

名師攻略：當殖利率低於票面利率時,殖利率曲線呈現負凸性。

(　) **2** 殖利率曲線是描述哪兩者之間的關係？　(A)殖利率與價格　(B)殖利率與到期期間　(C)殖利率與存續期間　(D)殖利率與票面利率。　【110年第2次】 **(B)**

名師攻略：殖利率曲線是描述殖利率與到期期間的關係。

(　) **3** 下列敘述何者「不正確」？ **(D)**
(A)短期利率波動幅度會大於長期利率　(B)當市場利率高於債券票面利率時,債券將折價發行　(C)當市場利率高於票面利率時,公司較不可能將債券贖回　(D)短期債券對利率變動之敏感度高於長期債券。　【110年第1次、109年第4次】

名師攻略：短期債券對利率變動之敏感度低於長期債券。

(　) **4** 利率期限結構是利用下列何者導出？ **(C)**
(A)可轉換公司債　(B)永續債券　(C)無風險零息公債　(D)特別股。　【108年第1次】

名師攻略：利率期間結構是由無信用風險的「零息公債」所導出的殖利率曲線,因零息公債無再投資風險,其即期殖利率就是未來的實際利率,所以利率期限結構可做為其他債券的評價基礎。

(　) **5** 收益率曲線倒掛何者「正確」？　I.長期利率高於短期利率；II.中期利率高於短期或長期利率；III.長期利率與短期利率相同；IV.長期利率低於短期利率　(A)I、II、III、IV　(B)II、III、IV　(C)III、IV　(D)IV。　【109年第3次】 **(D)**

名師攻略：收益率曲線倒掛是指長期利率低於短期利率。

Chapter 04 經濟基本面分析

重點 1 基本分析

從整體經濟、個別產業、個別公司來研判公司獲利能力，再探求股價的走勢，此種分析方式稱為「基本分析」。

總體經濟分析：總體經濟分析是以國內經濟分析、產業分析與全球經濟分析這三個構面來了解外部環境的變動對投資標的的影響。

重點 2 國內經濟分析

一、藉由某些經濟指標的觀察，來解釋目前國內經濟狀況，並進而預測未來經濟走勢，作出正確的經濟決策。常用的指標如下：

(一) **國內生產毛額（GDP）**：指某一國家境內在一定期間內所生產的最終勞務與財貨之總值，一般以GDP的成長率來衡量一國經濟成長之動力，一國的GDP成長率越高，表示經濟動能越強。

(二) **消費者物價指數（CPI）**：用來代表一般民生必須所需之財貨及勞務的價格水準，溫和的CPI上升可以帶動經濟成長，但過高的CPI表示物價上漲情況嚴重，過低的CPI表示通貨緊縮，民眾的消費意願低落，這兩種情況若發生主管機關必須祭出適當的政策將其導正，例如：有通貨膨脹時採緊縮性的財經政策，反之，有通貨緊縮時採擴張性的財經政策。此外，當通貨膨脹發生時，實質購買力下降對固定收入者與債權人都是不利的。

(三) **失業率**：代表勞動人口中未就業的部分，失業率越低，表示經濟情況越好，但經濟過熱時，工資就有上漲的壓力，這種來自成本面的增加，會使得物價有上漲的壓力，如果大眾又產生預期物價上漲將會使物價實質的上升，進而危及經濟成長。

(四) **躉售物價指數（WPI）**：衡量物品批發價格的指數，其範圍涵蓋最終產品、中間產品與進出口產品代表生產面成本的變動狀況，當WPI上升表示生產者的生產成本增加，如果將成本增加的部分透過售價轉嫁給消費者，將會導致成本推動的通貨膨脹，使得產出減少經濟產生衰退。

(五) **貨幣供給額**：貨幣的定義有M_{1A}、M_{1B}、M_2等，$M_{1A}=$通貨淨額+支票存款+活期存款，$M_{1B}=M_{1A}+$活期儲蓄存款，$M_2=M_{1B}+$準貨幣，對股市的影響以M_{1B}最重要，它被視為股市的資金動能，若M_{1B}上升代表資金從股市流回銀行體系，缺乏資金動能的股市容易下跌，反之，若M_{1B}下降代表資金從銀行體系流入股市，有充沛資金挹注的股市容易上升。

(六) **利率水準**：利率上升（或升息）將使流動在股市的資金回流到銀行體系，股市失去資金動能容易下跌，反之，利率下降（或降息）將使銀行體系的資金為了尋求報酬率高的投資標的使得資金流向股市，此時股市有買盤的湧入上漲的機會較大。

小試身手

（　　）　貨幣供給額M_2係指：　(A)通貨發行淨額　(B)通貨發行淨額+存款貨幣　(C)通貨發行淨額+存款貨幣+準貨幣　(D)通貨發行淨額+存款貨幣+準貨幣+在國外存款。　　　　【107年第1次高業】

答 **(C)**。

二、央行的貨幣政策

(一) 央行的政策目標：穩定物價、維持長期經濟成長、平衡國際收支。

(二) 貨幣政策的定義：中央銀行藉控制貨幣數量來左右經濟活動的方法。

(三) 貨幣政策的工具：1.調整重貼現率、2.調整存款準備率、3.公開市場操作、4.外匯市場操作。

1. 調整重貼現率：

景氣衰退→採擴張性的貨幣政策→調降重貼現率→貨幣供給額增加。

景氣過熱→採緊縮性的貨幣政策→調高重貼現率→貨幣供給額減少。

2. 調整存款準備率：

景氣衰退→採擴張性的貨幣政策→調降存款準備率→貨幣供給額增加。

景氣過熱→採緊縮性的貨幣政策→調高存款準備率→貨幣供給額減少。

3. 公開市場操作：
　景氣衰退→採擴張性的貨幣政策→公開市場買入有價證券→貨幣供給額
　　　　　　增加。
　景氣過熱→採緊縮性的貨幣政策→公開市場賣出有價證券→貨幣供給額
　　　　　　減少。
4. 外匯市場操作：
　抑制新台幣升值→在外匯市場買入美元→在國內市場釋放等值的台幣→
　貨幣供給額增加。
　抑制新台幣貶值→在外匯市場賣出美元→在國內市場收回等值的台幣→
　貨幣供給額減少。

三、政府的財政政策

(一) 財政政策的定義：政府調整其財政之出來影響整體經濟活動的方法。
(二) 財政政策的工具：1.調整稅率、2.政府支出。
　1. 調整稅率：
　　景氣衰退→採擴張性的財政政策→調降稅率。
　　景氣過熱→採緊縮性的財政政策→調高稅率。
　2. 政府支出：
　　景氣衰退→採擴張性的財政政策→政府支出增加。
　　景氣過熱→採緊縮性的財政政策→政府支出減少。

重點 3　景氣對策信號

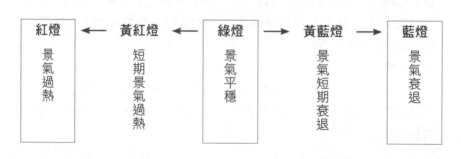

燈號種類	燈號政策
藍燈	景氣已進入衰退，財經當局應採取刺激經濟復甦之對策。
黃藍燈	景氣短期內有轉穩或趨向衰退之可能，財經當局可能採取擴張措施。
綠燈	景氣穩定。
黃紅燈	景氣尚穩，短期內有轉熱或趨熱之可能。
紅燈	景氣過熱，財經當局應採取緊縮措施。

小試身手

( )　「景氣對策信號」由「黃藍燈」轉為「黃紅燈」表示：
(A)景氣轉好　　　　(B)景氣轉壞
(C)景氣時好時壞　　(D)選項(A)(B)(C)皆非。　【107年第4次高業】
答 (A)。

一、景氣動向指標

景氣動向指標包括領先指標、同時指標與落後指標，透過這些指標可用來預測未來景氣的趨勢。

領先指標會領先反映景氣的變化，同時指標是表現當前的景氣狀況，落後指標則是景氣已經經過一段時間了才反應的指標。

表4-1 景氣動向指標的構成項目

領先指標	同時指標	落後指標
外銷訂單指數	工業生產指數	失業率
實質貨幣總計數M_{1B}	電力（企業）總用電量	工業及服務業經常性受僱員工人數

領先指標	同時指標	落後指標
股價指數	製造業銷售量指數	製造業單位產出勞動成本指數
工業及服務業受僱員工淨進入率	商業營業額	金融業隔夜拆款利率
核發建照面積（住宅、商辦、工業倉儲）	非農業部門就業人數	全體貨幣機構放款與投資
SEMI半導體接單出貨比	實質海關出口值	製造業存貨率
製造業營業氣候測驗點	實質機械及電機設備進口值	

小試身手

(　　) 下列何者不屬於領先指標？　(A)核發建照面積　(B)外銷訂單指數　(C)失業率　(D)實質貨幣總計數。　　　　　【107年第4次高業】

答 (C)。

二、採購經理人指數（Purchasing Managers' Index, PMI）

　　為一綜合性指標，因具有即時發布及領先景氣循環轉折，被視為一種國際通用的重要總體經濟領先指標。

(一) 係每月對受訪企業的採購經理人進行調查，並依調查結果編製成的指數。

(二) 臺灣採購經理人指數係參考美國ISM（Institute for Supply Management, ISM）編製方法，指標的發布單位是國家發展委員會。調查範圍包括製造業與非製造業。

(三) 採購經理人指數介於0%～100%之間，若高於50%表示製造業或非製造業景氣正處於擴張期（Expansion），若低於50%表示處於緊縮期（Contraction）。

三、費城半導體指數（Philadelphia Semiconductor Index）

創立於1993年，為全球半導體業景氣主要指標之一。該指數有19個成分股，涵蓋半導體設計、設備、製造、銷售與配銷等面向，此外台積電的ADR也在此列。

重點 **4** 產業分析

若總體經濟不佳，產業難以有好表現；產業不振也會影響廠商的經營。以下就產業景氣循環與產業生命週期來探討受影響的投資標的。

一、產業景氣循環：在景氣循環的不同階段，各產業的相對獲利性有明顯差異，循環性產業對景氣的變動其反應較為敏感，景氣好時循環性產業的財貨生產與銷售表現相當突出，反之，景氣衰退時期循環性產業的營運表現將隨之降到谷底。循環性產業包括耐久財（如汽車、家電產業）及資本財生產者。防禦性產業對於景氣的變動幾乎沒有什麼反應，當景氣衰退時這些產業的表現相對優於其他產業，防禦性產業包括食品生產和加工、製藥公司與公用事業。

二、產業生命週期：

以產業生命週期作為選股的策略。產業生命週期可分成四個階段，第一階段草創時期、第二階段擴張時期、第三階段成熟時期與第四階段衰退時期。

(一) **草創時期**：在該階段很難預期那些廠商能否繼續經營，一般的投資人較不宜在草創期進行投資。

(二) **擴張時期**：處於這個階段的廠商產品深入市場且較為普遍地被消費者使用，產業成長仍高於其他產業。對於投資者而言，投資此時期的公司風險較低且較有獲利的空間。

(三) **成熟時期**：處於這個階段的廠商多半有相當穩定的現金流量，也沒有大量擴張的機會，對於追求穩定的收入且風險承擔能力較低的投資人，投資該階段的公司也是不錯的選擇。

(四) **衰退時期**：這個階段開始有新的替代產品出現，或有低價產品入侵，產業成長率可能低於整體經濟，投資人不宜貿然介入。

重點 5　彼得林區（Peter Lynch 1989）利用公司盈餘的特性將股票分為五大類

一、低成長股（Low-Growth Stocks）：低成長股係指盈餘成長率不超過總體經濟成長率的股票，因此股價也不會快速成長，股價成長平穩波動性較低。

二、堅實股（Stalwarts）：堅實股是指公司盈餘成長率約在5%～10%之間，對經濟狀況變動並不是非常敏感的股票，其主要特性是具有低的本益比。

三、高成長股（High-Growth Stocks）：高成長股的公司是指該公司至少在數年內，其每年盈餘會超過10%。

四、景氣循環股（Cyclical Stocks）：景氣循環股是指該公司的盈餘會隨著景氣的變動而變動，景氣繁榮時公司的盈餘上升，反之，景氣衰退時公司的盈餘隨之下降。

五、資產低估股（Asset Plays）：資產低估股市是指投資人低估上市公司的資產或盈餘能力，而造成這些公司的股價偏低。

重點 6　價值型股票

價值型股票通常是指價值被市場低估的公司，即股票的價格低於投資人認定的價值。

一、價值型股票的特色
(一) 普遍不具高成長性。
(二) 通常是獲利較穩定、大型的公司。
(三) 股價波動較小。
(四) 公司獲利會著重在發放現金股利給股東，拿去再投資的比例較低。

二、價值型股票的財務指標

(一) 本益比低。

(二) 市價淨值比低。

(三) 現金殖利率高。

重點 **7**　全球經濟分析

一、**匯率風險**：匯率是指依各國家與另一個國家之間貨幣的兌換比率，有即
　　期匯率代表現在與遠期匯率代表未來。匯率的變動對股價的影響，在其他
　　條件不變下，當台幣相對美元貶值時，出口品價格下降有利於出口，與出
　　口相關的類股股價上升，進口品的價格上漲不利於進口，與進口相關的類
　　股股價下跌。反之，當台幣相對美元升值時，出口品價格上升不利於出
　　口，與出口相關的類股股價下跌，進口品的價格下降有利於進口，與進口
　　相關的類股股價上升。

二、**匯率與利率**：利率平價理論（Interest Rate Parity, IRP）是用來說明兩國
　　間匯率與利率的關係，公式如下：

$$1 + r_f(US) = [1 + r_d(UK)]\frac{E_1}{E_0}$$

式中$r_f(US)$美國的無風險利率、$r_d(UK)$英國的無風險利率
E_0即期匯率（\$/£），E_1遠期匯率（\$/£）

公式的意義；等號左邊表示一元美金的一年期本利和，等號左邊表示一元
美金先轉換成英鎊後的一年期本利和之後再轉成美金表示。
如果等號左邊＞等號右邊→資金流向美國。
如果等號左邊＜等號右邊→資金流向英國。
如果等號左邊＝等號右邊→資金不再移動達成均衡。

三、貿易政策：貿易對手國課徵進口關稅，在其他條件不變下，本國的出口品價格上升<u>不利出口</u>，與出口相關的類股股價下降。反之，本國政府實施<u>出口補貼</u>，本國的出口品價格下降<u>有利出口</u>，與出口相關的類股股價上升。

┌─────────── 小試身手 ───────────┐

（　）　在其他因素不變下，新台幣升值會引起進口物價：
　　　　(A)上漲　(B)下跌　(C)不變　(D)無關係。　　　【107年第4次高業】
　　　　答 **(B)**。

└──────────────────────────────┘

高手過招

重點1 基本分析
解答

（　）**1** 從整體經濟、個別產業、個別公司來研判公司獲利能力，再探求股價的走勢，此種分析是：　(A)趨勢分析　(B)技術分析　(C)K線分析　(D)基本分析。　【108年第2次、108年第4次】　**(D)**

名師攻略：「由上而下」的分析方式，稱為基本分析。

（　）**2** 基本分析常利用下列何種數值來評估普通股的價值？
(A)每股盈餘　(B)過去成交量　(C)市場成交量　(D)歷史成交價格。　【108年第3次】　**(A)**

名師攻略：基本分析是利用公司的財務報表中的綜合損益表，盈餘的數字來衡量普通股的價值。

重點2 國內經濟分析
解答

（　）**1** 存款準備率的高低與銀行資金成本呈：　(A)無關係　(B)不一定　(C)反比　(D)正比。　【109年第3次】　**(D)**

名師攻略：央行提高存款準備率，則商業銀行可貸放的資金減少，即銀行資金成本高。

央行降低存款準備金率，則商業銀行可貸放的資金增加，即銀行資金成本低。

( ) **2** 若預期未來的市場利率將上升，則投資者很有可能採取下列哪一種決策？ (A)出售國庫債券期貨 (B)持有小麥期貨之長部位（Long Position） (C)購買標準普爾500指數期貨（S&P 500Index Futures） (D)持有國庫債券期貨之長部位。 【109年第2次】 **(A)**

名師攻略：若預期未來的市場利率將上升，則未來債券價格會下跌，故目前可先出售國庫債券期貨。

( ) **3** 一般而言，發布未預期的物價大幅上漲，股價將： **(B)**
(A)上漲 (B)下跌
(C)不一定上漲或下跌 (D)先漲後跌。 【110年第2次】

名師攻略：物價大幅上漲將使消費者的購買力下降，對產品的需求減少，生產與銷售產品的企業獲利將會降低，使相關企業的股價下跌。

( ) **4** 貨幣供給額M_{1b}係指： **(D)**
(A)通貨發行淨額 (B)通貨發行淨額+支票存款 (C)通貨發行淨額+支票存款+活期存款 (D)通貨發行淨額+支票存款+活期存款+活期儲蓄存款。 【110年第2次】

名師攻略：$M_{1b}=M_{1a}$+活期儲蓄存款＝通貨發行淨額+支票存款+活期存款+活期儲蓄存款。

( ) **5** 假設其他條件相同，甲公司之營運槓桿程度大於乙公司，請問在景氣好轉的情況下，兩公司的獲利能力將會如何？ **(A)**
(A)甲公司>乙公司 (B)甲公司<乙公司
(C)甲公司=乙公司 (D)無法比較。 【109年第4次】

名師攻略：營運槓桿是指公司使用固定成本的程度,在景氣好轉的情況下,高營運槓桿的公司其獲利大於低營運槓桿的公司。

( ) **6** 中央銀行可以透過下列哪些方法導引利率走勢？ 甲、公開市場操作；乙、調整重貼現率；丙、調整存款準備率 **(D)**
(A)僅甲、乙 (B)僅乙、丙
(C)僅甲、丙 (D)甲、乙、丙。 【109年第1次】

名師攻略：甲、乙、丙這三種貨幣政策的工具，皆會導引利率走勢。

( ) **7** 政府擴大公共投資，對下列那一類股票之影響最大？ **(C)**
(A)電子業　　　(B)金融業
(C)鋼鐵業　　　(D)百貨業。　　　　　　　【109年第1次】

名師攻略：擴大公共投資對原物料需求增加，有利於原物料的提供者。

( ) **8** 股價循環初升段，股價受何種因素影響較大？ **(A)**
(A)金融面因素　　　(B)實質面因素
(C)選項(A)(B)相同　(D)難以確定。　　　【110年第1次】

名師攻略：利率若是在低檔，資金會流入股市，即會帶動股價的推升。

( ) **9** 中央銀行在公開市場上買入國庫券是屬於：　(A)擴張性的 **(A)**
貨幣政策　(B)擴張性的財政政策　(C)緊縮性的貨幣政策
(D)緊縮性的財政政策。　　　　　　　　　【110年第1次】

名師攻略：買入國庫券，同時支付等額的臺幣，如同貨幣供給增加一般，即擴張性的貨幣政策。

( ) **10** 若銀行之超額準備部位為正數，則表示當時之資金為： **(A)**
(A)寬鬆　　　(B)緊縮
(C)不一定　　(D)選項(A)(B)(C)皆非。　　【110年第2次】

名師攻略：超額準備是銀行可貸放的資金，若為正數表示可貸放的資金充裕。

( ) **11** 當預期M_{1B}年增率減緩，投資人將預期整體股價： **(A)**
(A)下跌　　　　　　　(B)上漲
(C)不一定上漲或下跌　(D)先跌後漲。　　【109年第3次】

名師攻略：當預期M_{1B}年增率減緩，表示貨幣供給減少，未來利率將上升，對整體股價是不利的。

( ) **12** 當股市預測中央銀行會提高存款準備率時，股價通常會： **(C)**
(A)上漲　(B)無關　(C)下跌　(D)不一定。　【108年第4次】

名師攻略：提高存款準備率，則商業銀行可貸放的資金減少，即貨幣供給減少，將使利率上升，股市的資金將會流出，股價通常會下跌。

( ) **13** 經濟的「痛苦指數」是指：
(A)工資上漲率與物價上漲率之和　(B)匯率貶值率與物價上漲率之和　(C)失業率與物價上漲率之和　(D)工資上漲率與匯率貶值率之和。　　　　　　　　　　　【109年第4次】 **(C)**

名師攻略：痛苦指數＝失業率＋物價上漲率

( ) **14** 當中央銀行覺得通貨膨脹率太高時，央行最不可能會採取那項措施？　(A)緊縮貨幣供給　(B)放寬貨幣供給　(C)調高存款準備率　(D)調高重貼現率。　　　　　　　【108年第4次】 **(B)**

名師攻略：貨幣供給增加，將使利率下降，同時帶動物價上漲。

( ) **15** 欲規避利率風險，較適合採用下列何種工具？
(A)股價指數期貨　　　(B)物價指數期貨
(C)黃金期貨　　　　　(D)政府公債期貨。　　【108年第3次】 **(D)**

名師攻略：政府公債的票面利率波動情況較小。

( ) **16** 其他因素不變，利率上升：　(A)貨幣供給增加　(B)可抑制通膨　(C)債券價格上升　(D)股價上升。　　【108年第2次】 **(B)**

名師攻略：利率上升，資金成本上升，投資減少，使得總需求減少，影響物價下降。

( ) **17** 當經濟景氣開始走下坡，而利率似又有下跌之趨勢時，投資人應投資下列哪一證券市場？　(A)股市　(B)貨幣市場　(C)債券市場　(D)選項(A)(B)(C)皆可。　　　　【108年第2次】 **(C)**

名師攻略：利率下跌，則債券價格上升。

( ) **18** 影響金融市場中所有資產報酬的事件，其衝擊屬於全面性的風險為：　(A)某大集團負責人去世　(B)購買力風險　(C)某大公司被國外企業併購　(D)手機大廠產品瑕疵全面回收。　　　　　　　　　　　　　　　　　【108年第1次】 **(B)**

名師攻略：購買力風險又稱為通貨膨脹風險，是指由於通貨膨脹因素使成本增加或實際收益減少的可能性。

(　) 19 一般而言，景氣由谷底復甦時，舉債程度較高的公司股票：　**(B)**
(A)漲幅較小　(B)漲幅較大　(C)價格波動性較小　(D)報酬率較小。　　　　　　　　　　　　　　　【110年第1次】

名師攻略：舉債程度較高，表示公司採財務槓桿程度較高，當景氣由壞轉好時，公司的獲利較大，也使得該公司的股票有較大的漲幅。

(　) 20 其他因素不變，利率上升：　(A)貨幣供給增加　(B)可抑制　**(B)**
通膨　(C)債券價格上升　(D)股價上升。　　【110年第1次】

名師攻略：利率上升，資金成本上升，投資減少，使得總需求減少，影響物價下降。

(　) 21 何指標是分析景氣循環之主要依據？　**(C)**
(A)消費者物價指數　　　(B)海關出口值
(C)經濟成長率　　　　　(D)工業生產指數。　　【109年第2次】

名師攻略：經濟成長率是分析景氣循環的主要依據。

(　) 22 下列哪項因素「不會」影響公司盈餘對經濟景氣的敏感度？　**(D)**
(A)財務槓桿　(B)營運槓桿　(C)公司產品對消費者的必要性
(D)股利發放率。　　　　　　　　　　　　　【109年第3次】

名師攻略：股利發放率＝$\dfrac{每股股利}{每股盈餘}$。

(　) 23 以下何種經濟指標是用來衡量批發價格平均變動倍數？　**(B)**
(A)工業生產指數　(B)躉售物價指數　(C)消費者物價指數
(D)國民生產毛額平減指數。　　　　　　　【109年第1次】

名師攻略：躉售物價指數（WPI）是用來衡量物品批發價格的指數，其範圍涵蓋最終產品，中間產品與進出口產品。

(　) 24 其他因素不變，利率上升：　(A)貨幣供給增加　(B)可抑制　**(B)**
通膨　(C)債券價格上升　(D)股價上升。　　【108年第4次】

名師攻略：利率上升，投資需求下降，總合需求減少，物價和產出皆減少，可抑制通膨。

( ) **25** 全球股市的互動性愈高，意味著全球化投資在投資風險的分 **(B)**
散效果：
(A)提高　(B)降低　(C)不變　(D)不確定。　【108年第4次】

名師攻略：全球股市的互動性愈高，則投資風險的分散效果愈
低。

( ) **26** 「貨幣供給」是景氣指標的：　(A)落後指標　(B)同時指標 **(C)**
(C)領先指標　(D)綜合指標。　【108年第2次】

名師攻略：實質貨幣總計數M_{1B}是景氣的領先指標。

( ) **27** 在景氣循環的蕭條期末期，股價總指數一般呈： **(A)**
(A)上升走勢　　(B)下跌走勢
(C)持平狀態　　(D)不確定。　【108年第4次】

名師攻略：股價指數是景氣的領先指標，當景氣循環的蕭條期
末期，股價總指數一般呈上升走勢。

( ) **28** 政府發行之公債，其價值隨市場利率上漲而：　(A)增加 **(C)**
(B)不變　(C)減少　(D)以上皆非。　【108年第3次】

名師攻略：債券價格和市場利率呈反向關係。當市場利率上漲
而債券價格將會下跌，發行之公債減少。

重點 **3** 景氣對策信號

( ) **1** 下列何者「不」屬於領先指標？ **(C)**
(A)核發建照面積　(B)外銷訂單指數　(C)失業率　(D)實質
貨幣總計數。　【109年第3次】

名師攻略：失業率是落後指標。

( ) **2** 採購經理人指數（Purchasing Managers' Index, PMI）為一綜 **(D)**
合性指標，因具有即時發布及領先景氣循環轉折點等特性，
被視為一種國際通用的重要總體經濟領先指標。以下為PMI
的資訊描述，請判斷以下何者錯誤？　(A)每月對受訪企業
的採購經理人進行調查，並依調查結果編製成指數　(B)採
購經理人指數介於0%～100%之間，若高於50%表示景氣

正處於擴張期（Expansion），若低於50%表示處於緊縮期（Contraction）　(C)我國該指標主要發布單位為國家發展委員會（簡稱國發會）　(D)臺灣採購經理人指數，調查範圍只包括製造業。　　　　　　　【110年第2次、109年第4次】

名師攻略：調查範圍包括製造業與非製造業。

(　) **3** 採購經理人指數（Purchasing Managers' Index，簡稱PMI）為一綜合性指標，因具有即時發布及領先景氣循環轉折點等特性，被視為一種國際通用的重要總體經濟領先指標。以下為PMI的資訊描述，請判斷以下何者錯誤？　(A)每月對受訪企業的採購經理人進行調查，並依調查結果編製成指數　(B)採購經理人指數介於0%～100%之間，若高於50%表示景氣正處於擴張期（Expansion），若低於50%表示處於緊縮期（Contraction）　(C)臺灣採購經理人指數發布單位為金融監督管理委員會（簡稱金管會）　(D)臺灣採購經理人指數，調查範圍包括製造業及非製造業。　　　　　　【109年第2次】 **(C)**

名師攻略：發布單位是國家發展委員會。

(　) **4** 費城半導體指數設立於1993年12月1日，為全球半導體業景氣主要指標之一。請問下列敘述何者不正確？　(A)指數的計算方式和臺股不同，採取「股價算術平均」的計算方法　(B)費城半導體指數成份股包括了「設備廠商」、「晶片製造廠商」及「IC設計公司」等，旺宏的ADR也在此指數中　(C)旺宏（2337）、台積電（2330）、華邦電（2344）均為臺灣半導體產業　(D)費城半導體指數與臺股指數走勢有高度相關。　　　　　　　　　　【109年第1次、109年第3次】 **(B)**

名師攻略：成分股包括半導體的設計、設備、製造、配銷、銷售等，台積電的ADR也在列。

(　) **5** 「房屋建築開工面積」是屬於我國那一類景氣指標？　(A)領先指標　(B)同時指標　(C)落後指標　(D)選項(A)(B)(C)皆非。　　　　　　　　　　　　　　【108年第2次】 **(A)**

名師攻略：應該是「核發建照面積（住宅、商辦、工業倉儲）」，是景氣的領先指標。

重點 **4** 產業分析   解答

( ) **1** 政府若擴大基礎公共建設，對哪種產業較為有利？   **(C)**
甲.水泥；乙.食品；丙.營建；丁.鋼鐵
(A)僅丙、丁   (B)僅甲、乙、丙
(C)僅甲、丙、丁   (D)僅乙、丙、丁。   【109年第3次】

名師攻略：擴大基礎公共建設，對原物料的提供與營建產業較
為有利，如水泥、營建、鋼鐵。

( ) **2** 哪種產業較不屬於利率敏感產業？ (A)銀行業 (B)票券業   **(C)**
(C)文創產業 (D)營建業。   【108年第4次】

名師攻略：銀行業、票券業皆是金融產業，獲利與否皆與利率
有關，營建業是以舉債方式來從事營建工作，利率涉及舉債成
本的高低。

( ) **3** 在產品生命週期的哪一個階段，投資的風險最高？   **(A)**
(A)初創期 (B)成長期
(C)穩定期 (D)衰退期。   【108年第1次、108年第3次】

名師攻略：應該是產業生命週期，不是產品生命週期，在草創
時期，很難預期那些廠商能否繼續經營，一般的投資人較不宜
在草創期進行投資。

( ) **4** 在其他條件不變下，當通貨膨脹發生，下列何種類股最有   **(B)**
利？ (A)觀光業 (B)資產股 (C)外銷概念股 (D)文化創
意股。   【109年第4次】

名師攻略：資產在通貨膨脹發生時，具有保值的功能，故有利
於資產股。

( ) **5** 對資產股而言，何種評價方法較適當？ (A)本益比法   **(C)**
(B)現金流量折現法 (C)每股股價除以每股重估淨值 (D)每
股股價除以每股銷售額。   【109年第2次】

名師攻略：資產可能有重估增值，故對資產股的評價採每股股
價除以每股重估淨值較合理。

重點 5　彼得林區的股票分類

解答

(　)　哪一種股票較可能是成長型股票？　(A)現金股息占盈餘之百分比偏低之股票　(B)低市價淨值比股票　(C)低本益比股票　(D)資產週轉率低的股票。　【109年第2次】

(A)

名師攻略：成長型股票很少發放現金股息。

重點 6　價值型股票

解答

(　)　**1** 下列哪一種股票較可能是價值型股票？
(A)現金股息占盈餘之百分比低之股票　(B)市價淨值比趨近於1之股票　(C)本益比高於產業平均之股票　(D)資產週轉率高的股票。　【108年第1次、108年第3次】

(B)

名師攻略：價值型股票是只被市場低估的股票，即淨值小於市價。

(　)　**2** 價值型股票通常具有哪些特性？　甲、低本益比；乙、高市價淨值比；丙、低股利率　(A)僅甲　(B)僅甲、乙　(C)僅乙、丙　(D)甲、乙、丙。　【108年第2次】

(A)

名師攻略：價值型股票的特性是，市價低但每股盈餘高所以其本益比低。

重點 7　全球經濟分析

解答

(　)　**1** 一家上市公司進口原物料占生產成本比重為50%，同時其產品出口比重亦為50%，當新臺幣升值時，該公司可能會出現：　(A)匯兌收益　(B)匯兌損失　(C)存貨利潤　(D)存貨損失。　【109年第1次、109年第3次】

(B)

名師攻略：臺幣升值進口成本下降，但出口成本上升，而出口成本增加的程度將大於進口成本的下降，故會出現匯兌損失。

(　)　**2** 小明使用6萬美元的自有資金，並借入額外的50萬歐元，借1個月的歐元要支付0.5%的月利率，而將資金投資於澳幣能夠獲得1%的月報酬。假設澳幣的即期匯率目前為0.6美元，而1歐元目前價值1.2美元。若匯率在下一個月沒有變化，試問小明進行此利差交易（Carry Trade）的月報酬為：

(C)

(A)0.5455%　　(B)2.8283%

(C)6.0000%　　(D)10.0000%。　　【109年第2次、109年第4次】

名師攻略：借50萬歐元＝50×1.2＝60萬美元，

(60＋6)×1%＝0.66萬美元，借款利息60×0.5%＝0.3萬美元，

報酬率＝$\frac{0.66-0.3}{6}$＝0.06。

( )　**3** 新臺幣對美元貶值，以美元表示之GDP成長率：　(A)小　**(A)**
於經濟成長率　(B)等於經濟成長率　(C)大於經濟成長率
(D)與經濟成長率無法比較。　　【110年第2次、109年第1次】

名師攻略：令$y=\frac{Y}{e}$，y：以美元表示的GDP，

Y：以新臺幣表示的GDP，e：匯率，

改成$\hat{y}=\hat{Y}-\hat{e}$，即$\hat{e}=\hat{Y}-\hat{y}$，當$\hat{e}>0$（新臺幣對美元貶值），則$\hat{Y}-\hat{y}>0$，$\hat{Y}>\hat{y}$，表示以新臺幣表示的GDP成長率大於以美元表示之GDP成長率。

( )　**4** 其他因素不變，預期新臺幣大幅貶值，外資在股市可能呈：　**(B)**
(A)淨買超　　(B)淨賣超
(C)不一定　　(D)無影響。　　【108年第3次】

名師攻略：新臺幣大幅貶值，外資會拋售臺股，故為淨賣超。

( )　**5** 新臺幣貶值幅度遠大於經濟成長率，以美元計算之每人GNP　**(B)**
會：
(A)增加　　(B)減少
(C)不變　　(D)無關係。　　【109年第3次、108年第1次】

名師攻略：令$y=\frac{Y}{e}$，y：以美元表示的GDP，

Y：以新臺幣表示的GDP，e：匯率，改成$\hat{y}=\hat{Y}-\hat{e}$，當$\hat{e}>\hat{Y}$時，則$\hat{y}<0$，表示以美元表示的GDP成長率下降。

( )　**6** 若小明觀察到新臺幣一年期定存的利率較美元利率高出3%　**(B)**
時，則小明應預期新臺幣對美元之遠期匯率會：
(A)升值　(B)貶值　(C)不變　(D)利率與匯率沒有直接關
係。　　【109年第2次】

名師攻略：本國利率高於外國利率則國外的資金會流入，外匯供給增加，使得匯率下降。

( ) **7** 我國的貨幣若貶值，會造成：甲.進口衰退；乙.出口衰退；丙.國際貿易逆差 (A)僅甲 (B)僅乙 (C)僅甲、丙 (D)僅乙、丙。 【109年第2次】 **(A)**

名師攻略：臺幣貶值出口增加、進口減少，貿易帳＝出口金額－進口金額，將使貿易帳的出口金額大於進口金額，即貿易帳順差。

( ) **8** 其他因素不變，預期新臺幣大幅貶值，外資在股市可能呈： (A)淨買超 (B)淨賣超 (C)不一定 (D)無影響。 【108年第4次】 **(B)**

名師攻略：新臺幣大幅貶值，外資會拋售台股，故為淨賣超。

( ) **9** 其他情況不變，一國調降利率將引起何種狀況的資金移動？ (A)外資流入 (B)外資流出 (C)不確定 (D)選項(A)(B)(C)皆非。 【108年第2次】 **(B)**

名師攻略：一國調降利率將使本國與外國的資金流出，流向利率相對高的地區。

Chapter
05 技術分析

投資人在股票市場裡可透過技術分析來作為股票的買賣依據，技術分析的內容有K線、均線、型態與量價指標等。

重點 1 K線圖

係將每日開盤最高最低收盤等四個價位，用粗線及細線記錄下來。
其記錄方法為：

一、若開盤價高於收盤價，則實體部分塗綠色，稱陰線。

二、若開盤價低於收盤價，則實體部分塗紅色，稱陽線。

三、最高、最低價分別依實體顏色，以影線表示；在上方稱上影線，在下方稱下影線。上影線越長，表上檔的賣壓越強。下影線越長，表下檔的承接力道越強。

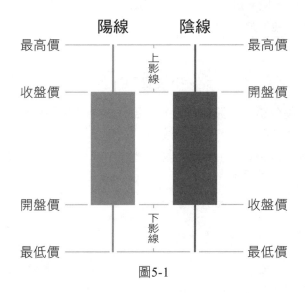

圖5-1

重點 **2** 移動平均線

一、移動平均線,簡稱「均線」(英文縮寫MA,Moving Average)就是過去一段時間市場的「平均成交價格」。

(一) 5日移動平均線:簡稱「5日線」、「5MA」、「週線」就是最近5個交易日的平均收盤價,假設今天最新的股價高於5日線就代表過去5天進場的人都是賺錢的,可以簡單研判說目前短期內的趨勢是比較強的。

(二) 20日移動平均線:簡稱「20日線」、「20 MA」、「月線」,就是最近20個交易日的平均收盤價,依此類推。假設今天最新的收盤價低於20日線就代表過去20天進場的人都是賠錢的可以簡單研判說目前中期內的趨勢是比較弱的。

二、**移動平均線計算方式**:就是將N天的收盤價加總,再除以N,得到第N天的算術平均線數值(如果在開盤期間,會以當下的收盤價去計算)。

例如,這是甲股票的近5日收盤價:

日期	10/3	10/4	10/7	10/8	10/9
股價	22.65	22.40	23.00	22.95	24.55

要得到5日線的值,就要把這5天加總起來,再除以5,

$$\frac{22.65+22.40+23.00+22.95+24.55}{5}=23.11$$

小試身手

( )　在技術分析中,股價移動平均線代表某一個時段中,投資人的:
(A)平均成本　　(B)平均獲利
(C)平均虧損　　(D)平均收入。　　　　【106年第2次普業】
答 (A)。

三、道氏理論

道氏理論的創立者是查理斯·道（Charles Henry Dow），他有六個論點：

(一) 所有的資訊都反應在股價指數上

(二) 市場有三個趨勢；依照時間長短區分成三種趨勢：主要趨勢、次要趨勢、小型趨勢。

1. 主要趨勢：趨勢通常持續1年以上（甚至長達數年），如紅色線所示（粗）。

2. 次要趨勢：主要趨勢的修正，通常持續3個星期至3個月，次級修正走勢的折返幅度，如藍色線所示（中）。

3. 小型趨勢：次要趨勢的波動，屬日常波動，較不重要，如黑色線所示（細）。

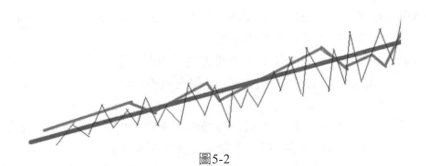

圖5-2

(三) 主要趨勢有三個階段；承接、大眾參與、出貨。

(四) 大盤指數和主要類股指數要有相同方向的訊號。

(五) 確定趨勢必須有成交量的確認。

(六) 在明確的反轉信號發生前，既有的趨是會繼續有效。

小試身手

( )　道氏理論（Dow Theory）認為：　(A)股價變動無法預測　(B)分散買進多種股票可以打敗市場　(C)股價平均指數反應一切　(D)個股走勢與指數漲跌應分別考量。　【107年第4次普業】

答 **(C)**。

四、葛蘭碧移動平均線

葛蘭碧八大法則的運作，是利用價格（粗線）與其移動平均線（細線）的關係作為買進與賣出訊號的依據。

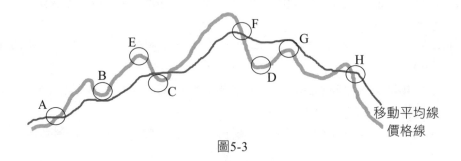

圖5-3

(一) 四個買進訊號：

A點：價格向上突破移動平均線，代表原有趨勢開始翻揚向上，因此這個黃金交叉為波段的買進訊號。

B點：乖離不大，但因趨勢正加速發展，預期乖離將擴大，為買進訊號。B點為初升段的修正波段，且沒有跌破均線，顯示趨勢持續加速發展。

C點：上升段中的急跌，跌破均線後的反彈點，均線仍處於上升階段，顯示後勢仍具行情，因此急跌後反彈為買進訊號。

D點：價格自高點跌破均線，並且跌深，此時發生了價格偏離均線很大，因此預期這現象將有所修正，亦即反彈極有可能出現，為買進訊號。

(二) 四個賣出訊號：

E點：雖然處於上漲階段，但價格短線漲幅過大，以致與移動平均線的偏離過大，預期短時間內將會有獲利賣壓湧現，價格將有所修正，因此為賣出訊號。

F點：趨勢線已向下，且價格由上跌破趨勢線，表示趨勢發生反轉，這死亡交叉為波段的賣出訊號。

G點：乖離不大，但因趨勢正開始加速發展，預期乖離將擴大，價格下跌速度快，為賣出訊號。G點為初跌段的反彈波段，且沒有突破均線，顯示趨勢持續加速發展中。

H點：價格發生突破後迅速拉回，即為假突破訊號，為趨勢持續的意義。並且此時均線仍然向下，為賣出訊號。

五、艾略特波浪理論

艾略特認為，股價上升是由五個波段所形成，加上回檔的三個波段，合計八個波段，形成一個完整循環。在上升行情的五個波段中，包括三個方向波1、3、5及兩個回檔修正波2、4；其中第三波的漲幅最大，下跌的三波中有兩個方向波A、C及一個反彈修正波B。

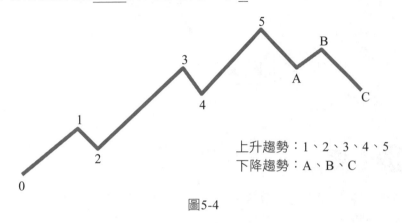

上升趨勢：1、2、3、4、5
下降趨勢：A、B、C

圖5-4

六、以均線的黃金交叉與死亡交叉來判斷買賣點

(一) 黃金交叉：短天期均線由下往上與長天期均線交叉，此為買進訊號。

(二) 死亡交叉：短天期均線由上往下與長天期均線交叉，此為賣出訊號。

重點 **3** 以股價缺口判斷行情

缺口有四種型態，分別是普通缺口、突破缺口、逃逸缺口、竭盡缺口，分別敘述如下：

一、普通缺口：於整理型態中出現的缺口，沒有明顯的突破，且容易被回補，代表的意義不大，多空尚不明確。

二、突破缺口：向上或向下的盤整區間突破，容易伴隨著帶量長紅，是趨勢的確立，只要缺口不破方向都會持續。

三、逃逸缺口：一個趨勢中可能多次出現，容易在各種中繼整理型態之後出現，或者是連續的強勢跳空。

四、竭盡缺口：它是行情準備反轉的訊號，此類缺口出現通常伴隨著指標背離以及短時間內缺口就被回補等現象。

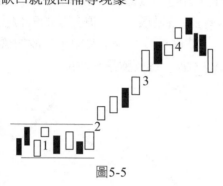

圖5-5

重點 4　型態

型態可分成反轉型態與繼續型態，反轉型態有頭肩型態、W底與M頭、圓形與菱形。繼續型態有三角形、楔形與旗形。

一、頭肩頂

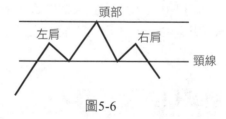

圖5-6

一旦出現如圖5-6情形，幾乎可以肯定必然將反轉下跌，在價位跌破頸線之後，急速重挫，空頭走勢不易扭轉。形成頭肩頂過程中，左肩成交量>頭部成交量>右肩成交量。

二、頭肩底

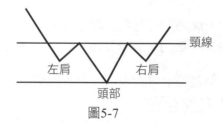

圖5-7

頭肩底是一個反轉向上的型態，價位在右肩形成後，反彈回升，但在未突破頸線時，仍有可能出現一次以上的右肩，一旦突破頸線頸，即出現買進訊號。

三、W底與M頭

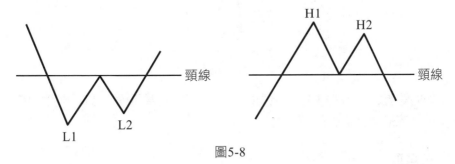

圖5-8

M頭的二個波峰的高度相近，且發生時間間隔數週至數月。當價格跌破頸線時，則顯示將發生一波下跌走勢。

W底性質則與M頭類似，但上下相反而已。W底的二個谷底是市場對價格底限的測試，經過二次測試不破顯示測試成功，代表市場認為的低點。但測試成功不代表價格便會反轉，價格須在頸線帶量突破，則趨勢的反轉型態才告確立。

四、圓形

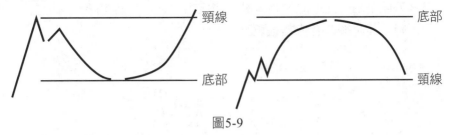

圖5-9

圓形頂（底）又稱為碟形或碗形，是一種可靠的反轉型態。圓形頂（底）的價格排列在外緣呈現平滑的圓弧型態，並且沒有突出的相對高點或低點。在形成的時間上，圓形頂（底）的形成時間約在數週至數月之久。當圓形頂（底）形成時，價格趨勢將反轉。

五、菱形

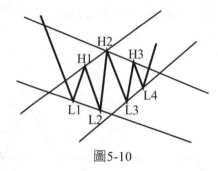

圖5-10

如同等腰三角型態，在突破支撐線後，即為<u>反轉訊號</u>，這時的目標價格至少是菱形上下最長的距離的大小。

六、三角形

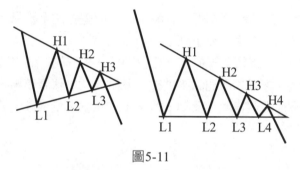

圖5-11

三角型態是由一連串的價格波動所構成的。它可分為等腰三角、上升三角及下降三角（後二者皆為直角三角）。

七、楔形

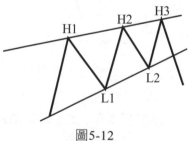

圖5-12

楔形的波峰／谷連接所形成的趨勢線亦是呈現收斂的，其收斂的趨勢線是呈現相同的（向上或向下）走勢。

八、旗形

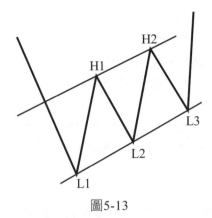

圖5-13

旗形是短期間內，價格在區間的密集走勢，所形成的價格走勢圖形看起來呈現出一面旗的形狀謂之。

重點 **5** 價的技術指標

這些是用來衡量過去股價的趨勢，包括KD、MACD、RSI與乖離率（BIAS）。

一、KD

(一) 原理：多頭走勢時，股票收盤價通常接近當日最高價；空頭走勢時，股票收盤價通常接近當日最低價。K值是快速移動平均值，D值是慢速移動平均值，特別適用於中、短期的操作。

(二) 運用KD指標判斷買賣點的原則為：

1. 當KD指標的K值由下往上突破D值，此為買進訊號。
2. 當KD指標的K值由上往下跌破D值時，此為賣出訊號。
3. 當KD指標>80以上為「高檔超買」，未來很容易下跌。
4. 當KD指標<20以下為「低檔超賣」，未來很容易上漲。

(三) KD指標的鈍化，就是指K值在高檔（K>80）或低檔（K<20）區連續3天，定義如下：

1. 高檔鈍化：KD的K值在80以上連續3天叫做「高檔鈍化」。
2. 低檔鈍化：KD的K值在20以下連續3天叫做「低檔鈍化」。

KD指標的日、週、月各基期，分別是9日KD、9週KD、9月KD。

二、MACD（moving average convergence and divergence）

(一) 原理：以兩條移動平均線，來計算兩者間的差離值(DIF)在圖表上找出買賣的時點，作為股價走勢的研判。

(二) 運用MACD指標判斷買賣點的原則為：

1. DIF與MACD均為<u>正值</u>，屬多頭格局。若DIF<u>向上突破</u>MACD則<u>買進</u>，若DIF<u>向下跌破</u>MACD則<u>賣出</u>。

2. DIF與MACD均為<u>負值</u>，屬空頭格局。若DIF<u>向上突破</u>MACD則可補空，<u>不宜買進</u>。若DIF<u>向下跌破</u>MACD則<u>賣出</u>。

三、RSI

(一) 原理：與移動平均線類似，認為股價均有一趨勢軌道，如果短期內偏離軌道太遠，仍必將回到原軌道。RSI依計算的時間長短，可分為5日RSI、10日RSI、20日RSI等，分別用以研判短期或中期的行情趨勢。RSI的計算方式為：

$$5日RSI = \frac{100}{1 + \dfrac{5日平均收盤上漲平均數}{5日平均收盤下跌平均數}}$$

(二) 運用RSI判斷買賣點的原則為：

1. <u>RSI>80</u>表示進入超買區，回檔機會提高，應分批<u>賣出</u>。
2. <u>RSI<20</u>表示進入超賣區，反彈機會大增，應分批<u>買進</u>。

四、乖離率（BIAS）

它是用來表示當日股價指數，或個別股票當日收盤價與移動平線之間的差距，其計算方式為：

$$N日乖離率 = \frac{當日股價（或指數）-最近N日平均股價（指數）}{最近N日平均股價（指數）}$$

小試身手

( )　若收盤價為66元，其30日平均線55元，請問30日正乖離率為多少？
(A)83.3%　(B)20%　(C)16.7%　(D)0.67%。　　【107年第3次高業】

答 **(B)**。說明：乖離率 $= \dfrac{66-55}{55} = 20\%$

五、DMI值

　　稱為趨向指標，其功能主要在於判斷股價趨勢，適合中、長期的研判。
　　趨向指標主要在分析上升方向線（＋DI）、下跌方向線（－DI）及平均趨向指標（ADX）這三者之間的關係。而計算DMI值會使用當日最高價、當日最低價、前一日收盤價等資訊。

(一) 若＋DI由下往上突破－DI，此為買進訊號。
(二) 若＋DI由上往下跌破－DI，此為賣出訊號。
(三) 當ADX逐漸上升時，表示市場行情往上或往下的趨勢正形成。
(四) 當ADX由上升轉為下降時，表示市場趨勢已接近尾聲或盤整。

重點 **6** 量的技術指標

這些指標是用來衡量股票成交量的趨勢。

一、OBV：中文稱為「能量潮」，原是平均量的意思，它的原理是當股市人氣匯集時，成交量一波比一波大，股價便會上升，反之人氣消退，成交量萎縮，股價下跌。

今日收盤價>前日收盤價
今日的OBV＝前日OBV＋今日成交量
今日收盤價<前日收盤價
今日的OBV＝前日OBV－今日成交量

二、市場寬幅技術指標

　　這些指標是用來研判大盤的趨勢，包括ADR、OBOS、ADL、PSY。

(一) ADR

中文稱為「漲跌比率」，股票上漲累積家數與下跌累積家數的比率來判斷股市是出現超買（漲過頭）或超賣（跌過頭）。公式如下：

$$10日的ADR = \frac{10日內股票上漲累積家數}{10日內股票下跌累積家數}$$

10日的ADR越大→市場已經漲過頭→投資人應改減碼

10日的ADR越小→市場已經跌過頭→投資人應改加碼

(二) OBOS

中文稱為「超買超賣指標」，股票上漲累積家數與下跌累積家數的差額來判斷股市是出現超買（漲過頭）或超賣（跌過頭）。公式如下：

10日的OBOS＝10日內股票上漲累積家數－10日內下跌累積家數

(三) ADL

1. 原理：中文稱為「騰落指數」，它的原理是當加權指數上漲時，收盤價是上漲的家數，應多於下跌家數；當加權指數下跌時，收盤價是下跌家數，應多於上漲的家數。ADL線的繪製市將同一天上漲的家數減去下跌的家數，就是當天的升降值，再與前一日的升降值累加起來，如此，每天即可得到一個數值，將此數值畫成曲線，即成騰落指數的移動線。公式如下：

   14日的ADL＝14日內股票上漲累積家數－14日內下跌累積家數

2. 運用ADL判斷買賣點的原則為：

   用來研判大盤的趨勢，而不適用於個股的進出參考。

   ADL下降且大盤下跌：短期內大盤仍將繼續下挫。

   ADL上升且大盤上漲：短期內大盤仍將持續上漲。

小試身手

（　　）　14日內股票股票上漲累積家數80家，14日內股票股票下跌累積家數90家，則下列敘述何者正確？　(A)ADR＝－10　(B)ADR＝2 (C)ADL＝0.5　(D)ADL＝－10。　　　　　　　　　【107年第1次高業】

答 (D)。14日的ADL＝14日內股票上漲累積家數－14日內下跌累積家數＝80－90＝－10

(四) **PSY**

中文稱「心理線」，它是利用股價的波動發展趨勢，來顯示投資人買進意願的程度，並作為買進或賣出股票的參考依據。計算公式如下：

$$12日心理線 = \frac{最近12個交易日中之上漲天數}{12} \times 100\%$$

高手過招

重點 1 　K線圖

解答

(　　) **1** 下列何者為技術分析假設？　(A)可依據股價的線路圖預測股價未來的走勢　(B)不同的研究人員對相同的線路圖可能有不同的解釋　(C)歷史會重演　(D)選項(A)、(B)、(C)皆是。　　　　　　　　　　　　　　　【109年第2次】

(D)

名師攻略：技術分析是假設；在歷史會重演的情況下，依據股價的線路圖預測股價未來的走勢，不同的研究人員對相同的線路圖可能有不同的解釋。

(　　) **2** 45元，最低價45元，開盤價45元，收盤價45元，該個股型態為：(A)二字線　(B)十字線　(C)T字線　(D)一字線。　【108年第1次】

(D)

名師攻略：開盤價＝收盤價＝最高價＝最低價＝45，故K線型狀為一字線。

重點 2 　移動平均線

解答

(　　) **1** 波浪理論認為在一個完整的多頭走勢中，應有幾個向上的漲升波與幾個向下的修正波所構成？　(A)5個向上的漲升波與2個向下的修正波　(B)5個向上的漲升波與4個向下的修正波　(C)5個向上的漲升波與3個向下的修正波　(D)3個向上的漲升波與5個向下的修正波。　　　　　　　　　　　　　　【108年第4次】

(C)

名師攻略：股價上升是由五個波段所形成，加上回檔的三個波段。

( )　**2** 在投資策略中，道氏理論告訴投資人應採用下列何種投資策　**(B)**
略？　(A)長期持有　(B)波段操作　(C)反金字塔　(D)定時
定額。　　　　　　　　　　　　　　　　　　　　【108年第2次】

　　　名師攻略：市場有三個趨勢，(1)主要趨勢；(2)次要趨勢（主要
趨勢的修正）；(3)小型趨勢（次要趨勢的波動）。

( )　**3** 最近五日的收盤價依照時間序列分別為80、78、76、74、75　**(D)**
（昨日），今日收盤價「至少」要超過到何者價位以上，
原本下降的五日移動均線才會開始上揚？　(A)76.5　(B)77
(C)75　(D)80。　　　　　　　　　　　【109年第1次、109年第2次】

　　　名師攻略：5日扣抵值要大於5日前的收盤價80，五日均線才會
開始上揚。

( )　**4** 關於道氏理論敘述，何者「正確」？　(A)股市次級波動屬　**(D)**
於上升趨勢時，稱為多頭市場　(B)日常波動在技術分析上
受到相當重視　(C)基本波動的趨勢通常持續數個星期或數
個月　(D)次級波動通常稱為「技術修正」。　【109年第2次】

　　　名師攻略：道氏理論的次級波動通常稱為技術修正。

( )　**5** 關於道氏理論之敘述何者「不正確」？　(A)基本波動是指　**(D)**
股價長期變動趨勢　(B)次級波動即一般所謂之盤整　(C)日
常波動通常由當天利多或利空消息造成，經過一段時間後對
股價影響力會消失　(D)道氏理論可以預期長期股價趨勢以
及趨勢可持續多久。　　　　　　　　　　　　　【110年第2次】

　　　名師攻略：道氏理論無法預期趨勢可持續多久。

( )　**6** 何者「不是」道氏理論的缺點？　(A)技術指標有鈍化的現　**(A)**
象　(B)道氏理論的買賣訊號往往落後於大盤約20%至25%
(C)道氏理論只告訴投資人市場趨勢，不能告訴投資人買進
何種股票　(D)投資人不能接受指數將反映所有的新聞和統
計的基本觀念。　　　　　　　　　　　　　　　【109年第3次】

　　　名師攻略：道氏理論並未提及技術指標。

( ) **7** 根據美國道氏（Dow）在19世紀末所提出的「股價波段理論」對於股價趨勢變化的看法，道氏認為股價指數趨勢變化是由以下哪些波段所形成的？ **(A)**

I.主升（跌）段（Primary Trends）；II.反轉型態－頭肩底；III.每日小波動（Minor Trends）；IV.修正波（Intermediary Trends） (A)I、III、IV (B)I、II、III、IV (C)II、III、IV (D)I、II、IV。 【109年第2次】

名師攻略：市場有三個趨勢：(1)主要趨勢；(2)次要趨勢（主要趨勢的修正）；(3)小型趨勢（次要趨勢的波動）。

( ) **8** 波浪理論中，哪一波的漲幅最大？ (A)第一波 (B)第二波 (C)第三波 (D)第五波。 【108年第1次】 **(C)**

名師攻略：上漲三波1、3、5，其中第3波漲幅最大。

( ) **9** 6日移動平均線為60元，以3%為有效突破區，則下列何者正確？ (A)突破61.8元為賣出訊號 (B)跌破58.2元為買進訊號 (C)跌破58.2元為賣出訊號 (D)突破60元為買進訊號。 【109年第1次】 **(C)**

名師攻略：以6日移動平均線為標準，

往下跌破60×(1－3%)＝58.2為賣出訊號。

以6日移動平均線為標準，往上突破60×(1＋3%)＝61.8為買入訊號。

( ) **10** 寶塔線的基本原理是應用下列何者的支撐區和阻力區的原理，來形成買賣訊號？ (A)X線 (B)趨勢線 (C)陰陽線 (D)MACD線。 【110年第2次】 **(B)**

名師攻略：寶塔線主要是應用趨勢線的原理，引入支撐區和壓力區（阻力區）的概念，來確認行情是否反轉。

( ) **11** 短期移動平均線向下突破長期移動平均線，且兩條平均線皆為下滑，稱為： (A)黃金交叉 (B)死亡交叉 (C)整理交叉 (D)換檔交叉。 【108年第4次】 **(B)**

名師攻略：短天期均線由上往下與長天期均線交叉，稱為「死亡交叉」，此為賣出訊號。

(　) **12** 何者為移動平均線之賣出訊號？　(A)股價在上升且位於平
均線之上，突然暴漲，離平均線愈來愈遠，但很可能再趨向
平均線　(B)平均線從下降轉為水平或上升，而股價從平均
線下方穿破平均線時　(C)股價趨勢低於平均線突然暴跌，
距平均線很遠，極有可能再趨向平均線　(D)股價趨勢走在
平均線之上，股價突然下跌，但未跌破平均線，股價隨後又
上升。　　　　　　　　　　　　　　　　　　　【108年第2次】 **(A)**

名師攻略：依葛蘭碧移動平均線，股價處於上漲階段，但價格
短線漲幅過大，以致與移動平均線的偏離過大，預期短時間內
將會有獲利賣壓湧現，價格將有所修正，因此為賣出訊號。

(　) **13** 關於道氏理論之敘述何者為非？　(A)基本波動是指股價長
期變動趨勢　(B)次級波動即一般所謂之盤整　(C)日常波動
通常由當天利多或利空消息造成，經過一段時間後對股價影
響力會消失　(D)道氏理論可以預期長期股價趨勢以及趨勢
可持續多久。　　　　　　　　　　　　　　　　　【108年第3次】 **(D)**

名師攻略：道氏理論可以預期長期股價趨勢但無法預期趨勢可
持續多久。

重點 **3**　以股價缺口判斷行情

(　)　　當多頭市場出現竭盡缺口（Exhaustion Gap）時，表示：
(A)上升行情即將結束　(B)買進股票的良好時機　(C)跌勢接
近尾聲　(D)盤整即將結束。 **(A)**

名師攻略：竭盡缺口：它是行情準備反轉的訊號。

重點 **4**　型態

(　)　**1** 頭肩頂的成交量在何處最大？　(A)右肩　(B)左肩　(C)頭部
(D)頸線。　　　　　　　　　　　　　　　　　　【108年第4次】 **(B)**

名師攻略：左肩成交量>頭部成交量>右肩成交量。

( ) **2** 出現上升三角形型態所代表的股價走勢為何？ (A)是股價 上升過程中出現盤整的繼續型態 (B)是股價上升過程中準 備反轉向下的型態 (C)是股價上升過程中出現股價暴漲型 態 (D)是股價出現橫向盤整的型態。 【109年第3次】 **(A)**

名師攻略：上升三角形型態所代表的股價走勢是股價上升過程 中出現盤整後的繼續型態。

( ) **3** 關於W底和M頭的敘述，何者「不正確」？ (A)M頭成交量 在第二個高點通常較少 (B)W底成交量在第二個低點比第 一個低點大 (C)沒有跌破頸線後暫時回升的現象 (D)有頸 線和測量等幅的現象。 【109年第4次、108年第1次】 **(C)**

名師攻略：有跌破頸線後暫時回升的現象，稱為「最後逃命 點」。

( ) **4** 擴大三角形，由幾個高點及幾個低點組成？ (A)3個高點2 個低點 (B)2個高點3個低點 (C)3個高點3個低點 (D)2個 高點2個低點。 【108年第1次】 **(A)**

名師攻略：3個高點，2個低點。

重點 5 價的技術指標

( ) **1** 在KD分析中，對日、月、週各基期的描述，何者正確？ （一般常以何基期為主） (A)日KD基期為9日KD (B)週 KD基期為6週KD (C)月KD基期為30月KD (D)日KD基期 為6日KD。 【108年第4次】 **(A)**

名師攻略：日、月、週的基期，分別為9日KD，9週KD，9月 KD。

( ) **2** 在持續下跌走勢中，KD線常鈍化，指的是下列何種現象？ (A)K值在80以上的超賣區 (B)K值在20以下的超賣區，再 下跌一段行情 (C)K值在20以下的超買區 (D)K值在20以 下的超賣區，再上漲一段行情。 【109年第1次】 **(B)**

名師攻略：當K值在20以下連續3天，稱為「低檔鈍化」。

解答

( ) **3** 昨日DIF＝25、昨日MACD＝35，今日DIF＝30，下列何者敘述為真？ (A)MACD上升 (B)今日柱線為正 (C)買點浮現 (D)12日EMA大於26日EMA。 【110年第1次】 **(D)**

名師攻略：DIF＝12日EMA－26日EMA，今日DIF＝30＞0，DIF＝12日EMA－26日EMA＞0，12日EMA＞26日EMA。

( ) **4** 計算DMI時，須用到下列何組資料？ **(A)**
(A)最高價、最低價、收盤價 (B)最高價、開盤價、最低價 (C)最高價、最低價、成交量 (D)最高價、最低價、漲跌家數。 【108年第2次】

名師攻略：計算DMI值會使用當日最高價、當日最低價、前一日收盤價等資訊。

( ) **5** 未成熟隨機值（Raw Stochastic Value，簡稱RSV），沒有使用到下列何項資訊？ (A)最高價 (B)最低價 (C)收盤價 (D)開盤價。 【108年第3次】 **(D)**

名師攻略：$RSV_t = \dfrac{\text{第n天收盤價}-\text{n天內最低價}}{\text{n天內最高價}-\text{n天內最低價}}$，故未用到開盤價。

( ) **6** KD線的理論基礎，在股價下跌時，則當日收盤價會朝何方向接近？ (A)開盤價 (B)收盤價 (C)最低價 (D)最高價。 【108年第3次】 **(C)**

名師攻略：股價上漲時，股票收盤價通常會接近當日最高價。股價下跌時，股票收盤價通常會接近當日最低價。

( ) **7** 何者為DMI的賣出訊號？ (A)＋DI線由上往下跌破－DI線 (B)K線由上往下跌破D線 (C)＋DI線由下向上突破－DI線 (D)DIF線由下向上突破DEM線。 【108年第1次】 **(A)**

名師攻略：若＋DI由上往下跌破－DI時，此為賣出訊號。

( ) **8** 何者為DMI的買進訊號？ **(C)**
(A)K線由下往上突破D線 (B)DIF線由下往上突破DEM線 (C)＋DI線由下往上突破－DI線 (D)＋DI線由上向下跌破－DI線。 【110年第2次、109年第3次、109年第4次】

名師攻略：若＋DI由下往上突破－DI，此為買進訊號。

( ) **9** 有關趨向指標DMI的敘述，何者「不正確」？ (A)由+DI線 **(D)**
及－DI線所形成 (B)可形成交叉買賣訊號之用 (C)適用於
中長期分析 (D)只考慮到收盤價。 【110年第1次】

名師攻略：DMI值的計算用到當日最高價，當日最低價及前一
日收盤價。

( ) **10** 大盤盤整時，DMI中的ADX值會如何反應？ **(B)**
(A)ADX越大 (B)ADX越小 (C)ADX等於0 (D)ADX沒有
任何意義。 【109年第3次】

名師攻略：當ADX由上升轉為下降時，表示市場趨勢已接近尾
聲或盤整。

( ) **11** DMI中，大盤強勁上揚，對ADX值下列描述何者較為「正 **(D)**
確」？ (A)ADX小於0 (B)ADX大於100 (C)ADX為10以
下 (D)ADX為40以上。 【110年第2次】

名師攻略：ADX逐漸往上升，超過40以上，表示大盤強勁上揚。

( ) **12** 下列何者為KD的賣出訊號？ (A)K值在20以下，由下往上 **(D)**
突破D值 (B)K值在－10以下 (C)K值在＋110以上 (D)K值
在80以上，由上向下跌破D值。 【109年第4次】

名師攻略：當K值>80以上，K值由上往下跌破D值，乃賣出訊號。

( ) **13** 何者「不是」利用兩條平均線形成交易買賣訊號？ (A)KD **(D)**
(B)MACD (C)DMI (D)BIAS。 【109年第4次】

名師攻略：$BIAS = \dfrac{當日股價－最近n日平均股價}{最近n日平均股價}$。

( ) **14** 有關MACD的敘述，何者「不正確」？ (A)以漲跌比率測 **(A)**
量趨勢 (B)指標計算過程中加以平滑化 (C)有二條平均線
(D)為價的技術指標。 【109年第4次】

名師攻略：以漲跌比率測量趨勢的10日的ADR。

( ) **15** 在RSI中，下列何者「不是」使用RSI的限制？ (A)RSI有鈍 **(D)**
化現象 (B)RSI值僅考慮到收盤價，若有很長上下影線，無
法真正反映大盤走勢 (C)RSI在股價行情暴跌時，一般反應
遲緩 (D)期數愈短愈不具敏感性。 【110年第1次】

解答

名師攻略：在計算RSI時，對於基期日數（n日）的選擇與指標的敏感度具有高度相關性。所選的基期日數越短，其敏感度越高但準確性越低。

( ) **16** 哪一項技術指標可以詳細計算出買進或賣出的點數位置？ **(A)**
(A)BIAS　　　(B)融資融券
(C)ADL　　　(D)平均量。　　　　　【109年第2次】

名師攻略：乖離率：它是用來表示當日股價指數，或個別股票當日收盤價與移動平均線之間的差距。

( ) **17** 所謂量價背離，指下列何項？　(A)量增價漲　(B)量減價跌 **(D)**
(C)量平價平　(D)量增價跌。　　　　　【109年第1次】

名師攻略：成交量和股價走勢呈反向關係。

( ) **18** 30日BIAS等於72日BIAS，30日MA為50元，今日收盤價為 **(A)**
65元，求72日MA為多少？　(A)50元　(B)60元　(C)70元
(D)80元。　　　　　【108年第1次】

名師攻略：$BIAS = \dfrac{當日股價 - 最近n日平均股價}{最近n日平均股價}$，

30日BIAS=70日BIAS，$\dfrac{65-50}{50} = \dfrac{65-MA}{MA}$，故MA=50。

( ) **19** 有關KD值之敘述，何者不正確？ **(B)**
(A)理論上，D值在80以上時，股市呈現超買現象，D值在20以下時，股市呈現超賣現象　(B)當K線傾斜角度趨於陡峭時，為警告訊號，表示行情可能回軟或止跌　(C)當股價走勢創新高或新低時，KD線未能創新高或新低時為背離現象，為股價走勢即將反轉徵兆　(D)KD線一般以短線投資為主，但仍可使用於中長線。　　　　　【108年第1次】

名師攻略：K線傾斜角度趨於陡峭時，為買進訊號。

( ) **20** KD線的理論基礎，在股價上漲時，當日收盤價會朝何方向接近？ **(B)**
(A)最低價　　　(B)最高價
(C)收盤價　　　(D)開盤價。　　　　　【109年第4次】

解答

名師攻略：股價上漲時，股票收盤價通常會接近當日最高價，股價下跌時，股票收盤價通常會接近當日最低價。

( ) **21** KD分析中，持續上漲而D值產生延伸現象，會發生在下列何者中？ (A)D值在50附近 (B)D值超過100 (C)D值低於0 (D)D值在90附近。 【108年第3次】 **(D)**

名師攻略：K、D值均介於0～100之間，KD值達80以上者，代表超買區；而KD值低於20以下時，則代表超賣。故D值在90附近，持續上漲而D值產生延伸現象為超買。

( ) **22** 乖離率為1.2%表示： (A)指數（股價）恰等於移動平均數 (B)指數（股價）小於移動平均數 (C)指數（股價）大於移動平均數 (D)與移動平均數無關。 【108年第2次】 **(C)**

名師攻略：$BIAS = \dfrac{當日股價 - 最近n日平均股價}{最近n日平均股價} = 1.2\%$。

重點 **6** 量的技術指標

解答

( ) **1** 何種計量化指標，是以動量強弱來顯示股市看漲看跌？ (A)ADL (B)ADR (C)MTM（Momentum） (D)CDP（逆勢操作系統）。 【108年第4次】 **(C)**

名師攻略：MTM指標是以動量強弱來顯示股市漲跌的指標。

( ) **2** 25日內有15天上漲，求25日PSY值？ (A)25 (B)40 (C)60 (D)75。 【110年第2次、109年第3次、108年第4次】 **(C)**

名師攻略：25日心理線 $= \dfrac{15}{25} \times 100\% = 60\%$。

( ) **3** 今天股價下跌98點，昨天的累積型OBV為26,052萬張，今天成交張數138萬張，求今天的累積型OBV為多少張？ **(A)**
(A)25,914萬 (B)25,147萬
(C)26,188萬 (D)26,090萬。 【110年第1次】

名師攻略：今日收盤價＜前日收盤價，
今日的OBV＝前日OBV－今日成交量＝26,052－138＝25,914。

（　）**4** 有關漲跌比率ADR之敘述，何者「不正確」？　(A)以漲跌家數為計算樣本　(B)是市場寬幅的技術指標　(C)ADR值愈大，代表股市已進入超賣區　(D)當ADR上漲，大盤指數亦上漲，表示大盤持續上攻可能性大。　　　【110年第1次】 **(C)**

名師攻略：10日的ADR愈大→市場已經漲過頭→投資人應該減碼。

（　）**5** 以VR值研判股市超買超賣區時，下列敘述何者「正確」？　(A)VR是分析價格的工具　(B)VR值為0到100之間　(C)VR值越小，代表進入超賣區　(D)VR值分析股價偏離程度。　　　【109年第3次】 **(C)**

名師攻略：VR值（成交量比率指標）研判股市超買超賣區時，在底部區時（超賣）VR多在40%以下，高過450%可視為頭部（超買）。

（　）**6** 14日內股票上漲累計家數120家，14日內股票下跌累計家數108家，其ADL為多少？　(A)－120　(B)108　(C)12　(D)2。　　　【110年第2次、109年第1次】 **(C)**

名師攻略：14日的ADL＝14日內股票上漲累積家數－14日內股票下跌累積家數＝120－108＝12

（　）**7** 14日內股票上漲累計家數80家，14日內股票下跌累計家數90家，則下列描述何者「正確」？　(A)ADR＝－10　(B)ADR＝2　(C)ADL＝10　(D)ADL＝－10。　【109年第3次】 **(D)**

名師攻略：14日的ADL＝14日內股票上漲累積家數－14日內下跌累積家數＝80－90＝－10。

$$14日的ADR＝\frac{14日內股票上漲累積家數}{14日內股票下跌累積家數}＝\frac{80}{90}。$$

（　）**8** 超買超賣指標（OBOS），一般採用10日OBOS，計算公式如下：10日OBOS值等於10日內股票上漲累計家數（UP），減去10日內股票下跌累計家數（DOWN）。已知UP＝1,489家，10日OBOS值＝－512家，求DOWN為多少？　(A)2,055家　(B)2,001家　(C)1,489家　(D)512家。　　　【108年第1次】 **(B)**

名師攻略：10日的OBOS＝10日內股票上漲累積家數－10日內下跌累積家數，－512＝1,489－DOWN，得DOWN＝2,001。

( ) **9** 今天股價下跌98點，昨天的累積型OBV為26,052萬張，今天成交張數138萬張，求今天的累積型OBV為多少張？　**(A)**

(A)25,914萬　　(B)25,147萬

(C)26,188萬　　(D)26,090萬。　　【110年第2次】

名師攻略：今日收盤價＜前日收盤價，

今日的OBV＝前日OBV－今日成交量＝26,052－138＝25,914。

( ) **10** 有關OBOS指標之敘述，何者「不正確」？　(A)為時間之技術指標　(B)OBOS（Over Buy/Over Sell）是超買、超賣指標，運用在一段時間內股市漲跌家數的累積差，來測量大盤買賣氣勢的強弱及未來走向　(C)當大盤指數持續上漲，而OBOS卻出現反轉向下時，表示大盤可能作頭下跌，為賣出訊號　(D)大盤持續下探，但OBOS卻反轉向上，即為買進訊號。　　【109年第2次、108年第3次】　**(A)**

名師攻略：OBOS是用來研判大盤的趨勢。

( ) **11** 有關漲跌比率ADR的描述，何者「正確」？　(A)ADR可用以研判個股的強弱走勢　(B)在初升段、主升段、末升段中，ADR的值不須隨時調整大小　(C)ADR可用以研判大盤的超買區或超賣區的現象　(D)ADR可用交叉買賣訊號的功能。　　【109年第2次】　**(C)**

名師攻略：

10日ADR愈大→市場已經漲過頭→投資人應該減碼。

10日ADR愈小→市場已經跌過頭→投資人應該加碼。

( ) **12** 在ADR、ADL、OBOS樣本使用中，下列描述何者正確？　**(A)**

(A)三者的計算樣本相同

(B)只有ADL及OBOS相同

(C)只有ADL及ADR相同

(D)只有ADR及OBOS相同。　　【108年第1次】

名師攻略：三者指標都使用這兩個樣本，10日內股票上漲累積家數與10日內股票下跌累積家數。

Chapter 06 風險與報酬

報酬的意義：報酬就是投資的利潤，可分成資本利得與利息收入或股利收入，而資本利得是指買入與賣出的價差，所以資本利得有可能是大於、等於或小於零。

重點 1 報酬的衡量方式

依投資的時間長短可分為單一期間報酬率與多期間報酬率。

一、單一期間報酬率（持有期間報酬率）

在某一段投資期間，只進行一次買賣交易，將這段期間的證券價格變動加上該期間的投資收入後再除以買進價格。

公式：

$$r_{i,t} = \frac{p_{i,t} - p_{i,t-1} + D_{i,t}}{p_{i,t-1}}$$

符號表示如下：

$r_{i,t}$：在t期第i種證券的報酬率

$p_{i,t}$：在t期末第i種證券的價格

$p_{i,t-1}$：在t期初第i種證券的價格

$D_{i,t}$：在t期第i種證券所分配的現金股利

> **例** 你投資甲公司，甲公司的股價目前每股100元。你預估未來一年，該公司將配發每股4元的現金股利，一年後股價會上漲到110元，求持有期間報酬為何？

解 $r_{甲} = \frac{110-100+4}{100} = 0.14$

二、多期間報酬率

連續投資期的報酬率，採複利的觀念，亦即每一期投資結束後會<u>再投資至</u><u>下一期</u>。

公式：

$$1 + r_{jt} = (1 + r_{j1})(1 + r_{j2})(1 + r_{j3}) \cdots (1 + r_{jn})$$

符號表示如下：
r_{jt}投資n期的第j種證券的報酬率
r_{j1}第1期的報酬率
r_{j2}第2期的報酬率
r_{j3}第3期的報酬率

       ⋮

r_{jn}第n期的報酬率

例 某甲持有乙公司的股票，預期第一年的報酬率為3%，預期第二年的報酬率為4%，預期第三年的報酬率為5%，求連續三年的報酬率？

解 $1 + r_Z = (1 + 3\%)(1 + 4\%)(1 + 5\%) = 1.1247$，$r_Z = 0.1247$

三、平均報酬率

是指在一段投資期間裡，<u>平均所得</u>之報酬率，稱為平均報酬率，其中又可分為算術平均與幾何平均。
算術平均的公式：

$$\bar{r} = \frac{r_{j1} + r_{j2} + r_{j3} + \cdots + r_{jn}}{n}$$

例　某甲持有乙公司的股票，預期第一年的報酬率為3%，預期第二年的報酬率為4%，預期第三年的報酬率為5%，求三年的算術平均報酬率？

解　$\bar{r} = \dfrac{3\% + 4\% + 5\%}{3} = 0.04$

幾何平均的公式

$$(1 + r_{jt})^n = (1 + r_{j1})(1 + r_{j2})(1 + r_{j3}) \cdots (1 + r_{jn})$$

或

$$(1 + r_{jt}) = [(1 + r_{j1})(1 + r_{j2})(1 + r_{j3}) \cdots (1 + r_{jn})]^{1/n}$$

例　某甲持有乙公司的股票，預期第一年的報酬率為3%，預期第二年的報酬率為4%，預期第三年的報酬率為5%，求三年的幾何平均報酬率？

解　$(1 + r_{Z3}) = [(1 + 3\%)(1 + 4\%)(1 + 5\%)]^{1/3} = 1.039967$
$r_{Z3} = 0.039967$

四、預期報酬

當投資面臨不確定時將如何計算風險？我們會把不確定性預估它發生的可能性即機率，進而求算其可能的報酬為何。

公式

$$E(r) = \sum_s p(s)r(s)$$

S情境

r(s)：每一種情境對應之報酬

p(s)：每一種情境發生的機率

例　已知甲股票的情境與對應的報酬如下表，求甲股票的預期報酬？

情境	發生機率	報酬率
極好	0.25	0.31
梢好	0.45	0.14
稍差	0.25	-0.0675
崩盤	0.05	-0.52

解　$E(r) = (0.25 \times 0.31) + (0.45 \times 0.14) + (0.25 \times -0.0675) + (0.05 \times -0.52)$
$= 0.0976$

重點 2　風險的意義和種類

一、風險的意義

指發生損失、不利及損壞的可能性。而所謂的投資風險則是指投資人的投資標的受到種種因素的影響，使得投資人實際報酬不如預期報酬。

二、風險的種類

(一) **市場風險**：又稱為系統風險或不可分散風險。所謂不可分散風險是指當投資組合購買證券數量至一定程度以後，無法再藉由購買更多的證券來達到降低投資組合的風險水準。

(二) **利率風險**：當市場利率上升則企業的借款利率上升，使得利息費用增加淨利減少，導致股價下跌；同時，也會造成債券的價格下跌。反之，當市場利率下降則股票與債券價格皆會上升。

(三) **通貨膨脹風險**：消費者物價指數持續的、以相當大幅度的上升而造成消費者購買力的損失。

(四) **企業風險**：個別企業在經營過程中，因為外在與內在的不利因素使得獲利下降，進而使公司價值減少。

(五) **財務風險**：指的是企業無法按期支付負債融資所應負的利息或本金而有倒閉的可能性，因此又稱為違約風險。

(六) **購買力風險**：購買力風險又稱通貨膨脹風險，是指由於通貨膨脹因素使成本增加或實際收益減少的可能性。

一、標準差

從統計公式來看它是用來衡量實際報酬與平均報酬的差距，站在保守的立場投資人希望得到平均報酬所以實際報酬與平均報酬的差距是越少越好，或是波動越小越好。

公式

$$\sigma^2 = \sum_s p(s)[r(s) - E(r)]^2 \cdots\cdots 變異數$$

$$\sigma^2 = \sqrt{\sigma^2} \cdots\cdots 標準差$$

例 同上，求上述的標準差？

解 $\sigma^2 = 0.25(0.31 - 0.0976)^2 + 0.45(0.14 - 0.0976)^2 + 0.25(-0.0675 - 0.0976)^2$
$+ 0.05(-0.52 - 0.0976)^2 = 0.038$
$\sigma = \sqrt{0.038} = 0.1949$

二、變異係數

表達為獲得一單位報酬，所需承擔之風險，為相對風險之概念，通常變異係數是小越好即分母越大或分子越小。

公式

$$cv = \frac{\sigma}{\mu}$$

小試身手

(　) 若股票的變異數為0.36，變異係數為5，其平均報酬為：
(A)0.012　(B)0.675　(C)0.12　(D)0.35。　　　【107年第1次高業】

解 (C)。$\sigma^2 = 0.36$，$\sigma = \sqrt{\sigma^2} = 0.6$，由 $\frac{\sigma}{\mu} = 5$，$\frac{0.6}{\mu} = 5$，得 $\mu = 0.12$

三、β值

由市場模式可以看出β值就是個別證券的報酬率的變動與市場報酬率的變動之比值。

市場模式：$r_{it} = a_i + \beta_i r_{mt} + e_t$

公式：

$$\beta_i = \frac{\Delta r_{it}}{\Delta r_{mt}} : 該係數就是市場模式的斜率$$

$\beta_i > 1 \rightarrow \Delta r_{it} > \Delta r_{mt}$：表示個別證券的報酬率的變動<u>大於</u>市場報酬率的變動。

$\beta_i = 1 \rightarrow \Delta r_{it} = \Delta r_{mt}$：表示個別證券的報酬率的變動<u>等於</u>市場報酬率的變動。

$\beta_i < 1 \rightarrow \Delta r_{it} < \Delta r_{mt}$：表示個別證券的報酬率的變動<u>小於</u>市場報酬率的變動。

小試身手

(　　)　當貝它係數＝0.8，表示：　(A)系統風險較小　(B)個別資產報酬率變動幅度會比市場報酬率大　(C)市場報酬率變動1%時，個別資產報酬率變動2%　(D)無系統風險。　【107年第1次高業】

答 **(A)**。
(A)系統風險較小
(B)個別資產報酬率變動幅度會比市場報酬率小
(C)市場報酬率變動1%時，個別資產報酬率變動0.8%
(D)無非系統風險。

四、投資組合的β_P值

$$\beta_P = W_A \times \beta_A + W_B \times \beta_B$$

式中：W_A為金融商品A的資金比重，W_B為金融商品B的資金比重，β_A為金融商品A的β值，β_B為金融商品B的β值。

┌─────────── **小試身手** ───────────┐

(　) 　若小明將其資金40%投資於國庫券、60%投資於市場投資組合，請問其投資組合之貝它係數為何？　(A)1　(B)0.4　(C)0.5　(D)0.6。 　　　　　　　　　　　　　　　　　　　　　　　　　【106年第4次高業】

　　答 (D)。國庫券的β值為零，市場投資組合的β值為一

$$\beta_P = W_A \times \beta_A + W_B \times \beta_B = 40\% \times 0 + 60\% \times 1 = 60\%$$
└────────────────────────────────┘

五、風險的偏好類型

有三種風險偏好程度不一的投資人，其效用無異曲線可表示如下：

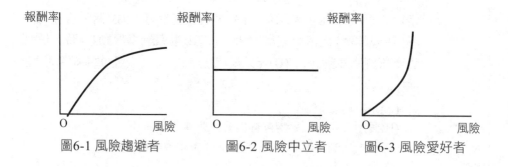

圖6-1 風險趨避者　　　　圖6-2 風險中立者　　　　圖6-3 風險愛好者

(一) 風險趨避者的投資人是每增加一單位的風險所要求的報酬是<u>遞增的</u>，表示承擔的風險越多每次要求的報酬增加都比上一次多。

(二) 風險中立者的投資人是每增加一單位的風險所要求的報酬是<u>固定的</u>，表示承擔的風險越多每次要求的報酬都和上一次相同。

(三) 風險愛好者的投資人是每增加一單位的風險所要求的報酬是<u>遞減的</u>，表示承擔的風險越多每次要求的報酬減少都比上一次多。

重點 4 投資組合的報酬率衡量

一、假設我們把所有資金完全投入兩種金融資產,第一種金融資產的預期報酬率為R_1,第二種金融資產的預期報酬率為R_2,第一種金融資產的資金投入比重為w_1,第二種金融資產的資金投入比重為w_2,我們將這兩種金融資產形成投資組合,投資組合的報酬率為R_p,$R_p = w_1R_1 + w_2R_2$。

如果將兩種金融資產推廣成n種,第i種金融資產的預期報酬率為R_i,第i種金融資產的資金投入比重為w_i,我們將n種金融資產形成投資組合,投資組合的報酬率為R_p,$R_p = w_1R_1 + w_2R_2 + + w_nR_n = \sum_{i=1}^{n} R_i + w_i$

二、統計學複習

若為X、Y隨機變數,a、b為任意兩個常數,我們可以形成一個線性組合稱為Z,$Z = aX + bY$,如果要求出線性組合Z的期望值,可以寫成:

$$E(Z) = E(aX + bY) = aE(X) + bE(Y)$$

如果以上面的兩種金融資產為例,假設第一種金融資產的報酬率為r_1,第二種金融資產的報酬率為r_2,因為真正的報酬為何不知道如同是隨機變數一般,形成一個線性組合r_p,它也是一個隨機變數$r_p = w_1r_1 + w_2r_2$,求線性組合r_p的期望值,可以寫成:

$$R_p = w_1R_1 + w_2R_2$$

即$E(r_p)$就是R_p,$E(r_1)$就是R_1,$E(r_2)$就是R_2。

> **例** 某甲以一百萬元分別投資台股指數基金六十萬元以及無風險資產四十萬元,而台股指數基金的預期報酬率為10%,無風險資產的預期報酬率為3%,請問某甲投資組合的預期報酬率為何?
>
> **解** 由$R_p = w_1R_1 + w_2R_2 = 10\% \times \dfrac{60}{100} + 3\% \times \dfrac{40}{100} = 0.072$

重點 5　投資組合的風險衡量

一、統計學複習

若為X、Y隨機變數，a、b為任意兩個常數，我們可以形成一個線性組合稱為Z，$Z=aX+bY$，若要求線性組合Z的變異數可寫成：

$$var(Z)=var(aX+bY)=a^2\sigma_x^2+b^2\sigma_Y^2+2abcov(X,Y)$$

式中σ_x^2是隨機變數X的變異數，σ_Y^2是隨機變數Y的變異數。

我們仍以上面的兩種金融資產為例，假設第一種金融資產的報酬率為r_1，第二種金融資產的報酬率為r_2，因為真正的報酬為何不知道如同是隨機變數一般，形成一個線性組合r_p，它也是一個隨機變數$r_p=w_1r_1+w_2r_2$，求線性組合r_p的變異數，可以仿照線性組合Z的變異數：

$$var(Z)=var(aX+bY)=a^2\sigma_x^2+b^2\sigma_Y^2+2abcov(X,Y)$$
$$var(r_P)=var(r_1w_1+r_2w_2)=w_1^2\sigma_1^2+w_2^2\sigma_2^2+2w_1w_2cov(r_1,r_2)$$
$$=w_1^2\sigma_1^2+w_2^2\sigma_2^2+2w_1w_2\rho_{12}\sigma_1\sigma_2$$

式中$\rho_{12}=\dfrac{cov(r_1,r_2)}{\sigma_1\sigma_2}$，$var(r_P)$可表示成$\sigma_P^2$，則

$$\sigma=\sqrt{\sigma_P^2}=\sqrt{w_1^2\sigma_1^2+w_2^2\sigma_2^2+2w_1w_2\rho_{12}\sigma_1\sigma_2}$$

式中σ_P為r_P標準差。

二、最小風險的組合

即然風險一定是存在的，面對投資組合的風險我們是否能找到使風險最低的資金投入比重，其實就是執行使風險最小的資金配置，以下我們以一個兩種金融資產形成的投資組合為例，如何達成風險最小的資金配置。
假設有包含第一種及第二種這兩種金融資產的投資組合P，若欲使該投資組合P的變異數最小，求出第一種金融資產的資金投入比重w_1，可由以下

的算式求得：即 $\frac{\partial \sigma_P^2}{\partial w_1} = 0$，求出 $w_1 = ?$。至於 w_2 如何求解？我們可由關係式 $w_1 + w_2 = 1$ 得知，即 $w_2 = 1 - w_1$。

計算過程如下：

方程式為 $\sigma_P^2 = w_1^2\sigma_1^2 + w_2^2\sigma_2^2 + 2w_1w_2cov(r_1,r_2)$

極小化　$\sigma_P^2 = w_1^2\sigma_1^2 + w_2^2\sigma_2^2 + 2w_1w_2cov(r_1,r_2)$

先將 $w_2 = 1 - w_1$ 代入上式，得到下式：

上式對 w_1 微分等於零時，可得到極值：

$$\frac{\partial \sigma_P^2}{\partial w_1} = \frac{\partial[w_1^2\sigma_1^2 + (1 - 2w_1 + w_1^2)\sigma_2^2 + 2(w_1 - w_1^2)cov(r_1,r_2)]}{\partial w_1} = 0$$

$$2w_1\sigma_1^2 + (-2 + 2w_1)\sigma_2^2 + 2(1 - 2w_1)cov(r_1,r_2) = 0$$

將上式移項提出整理得：$(\sigma_1^2 + \sigma_2^2) \times w_1 - 2cov(r_1,r_2) \times w_1 = \sigma_2^2 - cov(r_1,r_2)$

則 $w_1 = \dfrac{\sigma_2^2 - cov(r_1,r_2)}{\sigma_1^2 + \sigma_2^2 - 2cov(r_1,r_2)}$，式中 $w_2 = 1 - w_1$

請記住這個結果，考試時直接套此公式以節省時間。

三、相關係數與風險分散

相關係數 (ρ_{xy}) 是用來衡量兩個變數 (X, Y) 直線相關的程度的統計量，當 $\rho_{xy} = 1$ 稱 X, Y 呈完全正相關。當 $\rho_{xy} = -1$ 稱 X, Y 呈完全負相關。當 $\rho_{xy} = 0$ 稱 X, Y 呈完全無關。所謂風險是指投資組合的風險，我們以統計學的特徵數標準差作為衡量風險的指標，即投資組合P的標準差 σ_P 來表示投資組合P的風險，那麼相關係數為何會與投資組合P的風險有關呢？

我們以投資組合P的標準差 σ_P 下式為例，說明與相關係數的關係。

已知兩種資產第一種金融資產的投入資金比重為 w_1，變異數為 σ_1^2。第二種金融資產的投入資金比重為 w_2，變異數為 σ_2^2。兩種金融資產的相關係數為 ρ_{12}，兩種金融資產型成的投資組合P標準差為 σ_P，而 σ_P 又可寫成下式：

$$\sigma_P = \sqrt{w_1^2\sigma_1^2 + w_2^2\sigma_2^2 + 2w_1w_2\rho_{12}\sigma_1\sigma_2}$$

討論相關係數在$\rho_{12}=1$，$\rho_{12}=0$，$\rho_{12}=-1$，對σ_p的影響：

(一) $\rho_{12}=1$

$$\sigma_P=\sqrt{w_1^2\sigma_1^2+w_2^2\sigma_2^2+2w_1w_2\rho_{12}\sigma_1\sigma_2}=\sqrt{(\sigma_1\times w_1+\sigma_2\times w_2)^2}=\sigma_1\times w_1+\sigma_2\times w_2$$

(二) $\rho_{12}=0$

$$\sigma_P=\sqrt{w_1^2\sigma_1^2+w_2^2\sigma_2^2+2w_1w_2\rho_{12}\sigma_1\sigma_2}=\sqrt{w_1^2\sigma_1^2+w_2^2\sigma_2^2}$$

(三) $\rho_{12}=-1$

$$\sigma_P=\sqrt{w_1^2\sigma_1^2+w_2^2\sigma_2^2+2w_1w_2\rho_{12}\sigma_1\sigma_2}=\sqrt{(\sigma_1\times w_1-\sigma_2\times w_2)^2}=|\sigma_1\times w_1-\sigma_2\times w_2|$$

由上述得討論可知ρ_{12}越低，則σ_p越小。也就是如何使投資組合P的風險最小？我們應該選擇這兩種資產的報酬率的走勢呈現負的完全正相關（$\rho_{12}=-1$），而不是選擇正的完全正相關（$\rho_{12}=1$）或完全無關（$\rho_{12}=0$）。

高手過招

重點 1　報酬的衡量方式

解答

(　) **1** 小玲買入某股票成本為60元，預期一年內可以64元賣出，且可收到現金股利2元，則其預期單期報酬率為：　(A)10%　(B)13.64%　(C)15%　(D)20.65%。　【110年第2次】

(A)

　　名師攻略：由$r_{i,t}=\dfrac{P_{i,t}-P_{i,t-1}+D_{i,t}}{P_{i,t-1}}$，$\dfrac{64-60+2}{60}=10\%$。

(　) **2** 如果選擇年報酬率15%的投資工具，請問投資100元至少要在幾年後才會成長到300元以上？（以最接近年度計算）

(A)7年後　　　　(B)8年後

(C)10年後　　　(D)20年後。　【109年第2次】

(B)

　　名師攻略：由複利終值公式，$100(1+15\%)^n=300$，求n=？得n=8。

( ) **3** 必要報酬率的意義乃是指： (A)可接受之最低報酬率 (B)為保證所能獲得之報酬率 (C)可接受之最低預期報酬率 (D)最希望達到的最高報酬率。 【109年第1次】　**(C)**

名師攻略：必要報酬率是指可接受之最低預期報酬率。

( ) **4** 某投資者買入某股票成本為60元，預期一年內可以64元賣出，且可收到現金股利2元，則其預期單期報酬率為： (A)10% (B)13.64% (C)15% (D)20.65%。 【109年第1次】　**(A)**

名師攻略：由$r_{i,t}=\dfrac{P_{i,t}-P_{i,t-1}+D_{i,t}}{P_{i,t-1}}$，$\dfrac{64-60+2}{60}=10\%$。

( ) **5** X股票現在的價格為40元，且預期在一年後可獲得現金股利1元，若老王在此一年期間欲獲得20%之報酬率，則此股票一年後之股價應為何？ (A)45元 (B)46元 (C)47元 (D)48元。 【108年第2次】　**(C)**

名師攻略：由$r_{i,t}=\dfrac{P_{i,t}-P_{i,t-1}+D_{i,t}}{P_{i,t-1}}$，$20\%=\dfrac{P_{i,t}-40+1}{40}$，得$P_{i,t}=47$。

( ) **6** 小陳兩年來投資T公司股票，第一年期間股價從120元上漲至170元，第二年期間卻又從170元回跌至120元，請問下列何者較能合理評估平均年報酬率？（假設沒有任何股利） (A)算術平均法，0% (B)算術平均法，6.3% (C)幾何平均法，0% (D)幾何平均法，6.3%。 【110年第1次】　**(C)**

名師攻略：第一年報酬率$R_1=\dfrac{170-120}{120}=0.4167$，

第二年報酬率$R_2=\dfrac{120-170}{170}=-0.2941$，

$(1+R)^2=(1+0.4167)(1-0.2941)$，

即$(1+R)=\sqrt{(1+0.4167)(1-0.2941)}$，得$R=0.0000242647$。

( ) **7** 小明於2018年1月2日以每股20元購買大鼎建設公司的股票，一年後收到該公司發放每股2元的現金股利，並於2019年1月2日以每股31元出售該公司的股票。請問：小明於2018年間，持有大鼎建設公司股票之期間報酬（Holding-period Return）為多少？　**(C)**

(A)45%　(B)50%　(C)65%　(D)40%。　　　【109年第4次】

名師攻略：由$r_{i,t} = \dfrac{P_{i,t} - P_{i,t-1} + D_{i,t}}{P_{i,t-1}}$，$\dfrac{31 - 20 + 2}{20} = 65\%$。

(　) **8** 下列敘述何者「正確」？　甲.股利殖利率是指股利除以股票 **(B)**
面額；乙.對股利每年均固定成長之股票而言，其資本利得
收益率等於股利成長率；丙.股票之總報酬率等於股利率加
上資本利得收益率　(A)僅甲、乙　(B)僅乙、丙　(C)僅甲、
丙　(D)甲、乙、丙。　　　　　　　　　　　【109年第3次】

名師攻略：甲、股利殖利率 $= \dfrac{\text{股利}}{\text{股票價格}}$

丙、$\dfrac{D_1 - D_0 + D}{P_0} = \dfrac{P_1 - P_0}{P_0} + \dfrac{D}{P_0} = $ 資本利得收益率 + 股利率

乙、$\dfrac{P_1 - P_0}{P_0} = \dfrac{\dfrac{D_2 - D_1}{r - g}}{\dfrac{D_1}{r - g}} = \dfrac{D_2 - D_1}{D_1} = \dfrac{D_1(1 + g) - D_1}{D_1} = g$

(　) **9** 名目利率相同，下列何種計算利率方式，其實質年報酬率 **(A)**
「最低」？　(A)每月複利　(B)每季複利　(C)每半年複利
(D)每年複利。　　　　　　　　　　　　　　【109年第4次】

名師攻略：實質利率 $= 1 + \dfrac{\text{名目利率}}{m}$，m=複利次數

若m＝12（每月複利），m＝4（每季複利），m＝2（每半年複
利），m＝1（每年複利），則以m＝12（每月複利）的實質利
率最低。

(　) **10** 若以45元的價格買入甲公司的股票若干股，且甲公司在第一 **(D)**
年發放現金股利每股0.3元，第二年發放股票股利每張配發
200股，則在第三年初至少要以每股多少元賣出，報酬率才
大於20%？

(A)42元　(B)43元　(C)44元　(D)45元。　　　【110年第1次】

名師攻略：由$r_{i,t} = \dfrac{P_{i,t} - P_{i,t-1} + D_{i,t}}{P_{i,t-1}}$，

解答

$P_{i,t-1}$為除權後的股價 $= \dfrac{\text{除權前的股價}}{1+\text{配股率}} = \dfrac{45}{1+200/1,000} = 37.5$，

$20\% = \dfrac{P_{i,t}-37.5+0.3}{37.5}$，得$P_{i,t}=44.7$。

(　) **11** 某公司該年稅後盈餘$600萬，股利發放率50%，全部發放　**(B)**
現金股利，且在外發行股數為100萬股。小王在今年已50元
買入1,000股，年底除息，明年賣出，若小王希望報酬率為
40%，小王至少應該以多少元賣出？　(A)63元　(B)67元
(C)68元　(D)65元。　　　　　　　　　　　　　【110年第1次】

名師攻略：總股利=稅後盈餘×股利發放率

$=600萬\times50\%=300萬$，每股現金股利$=\dfrac{\text{總股利}}{\text{總股數}}=\dfrac{300萬}{100萬}=3（元）$

由$r_{i,t}=\dfrac{P_{i,t}-P_{i,t-1}+D_{i,t}}{P_{i,t-1}}$，$40\%=\dfrac{P_{i,t}-50+3}{50}$，得$P_{i,t}=67$

重點 **2** 風險的意義和種類

解答

(　) **1** 市場風險是指：　(A)系統、可分散風險　(B)非系統、可分　**(C)**
散風險　(C)系統、不可分散風險　(D)非系統、不可分散風
險。　　　　　　　　　　　　　　【108年第2次、108年第4次】

名師攻略：市場風險又稱為系統風險，它無法由投資組合分散
風險，故又稱為不可分散風險。

(　) **2** 對於具有風險規避特性的投資者而言，以下敘述何者正確？　**(B)**
(A)他們僅考量報酬率來選擇投資標的
(B)他們僅接受期望報酬率高於無風險利率的風險性投資標的
(C)他們願意接受較低報酬及高風險的投資標的
(D)以上(A)(B)選項皆是。　　　　　　　　　　　　【108年第3次】

名師攻略：風險規避者當風險為
零時，要求的報酬率為無風險利
率(R_f)，若有風險則要求的報酬率
會高於無風險利率。

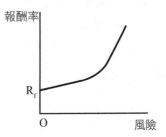

解答

(　)　**3** 衡量風險時，需考慮到多方面的風險來源，如發生恐怖攻擊即屬於：　(A)企業風險　(B)財務風險　(C)市場風險　(D)流動性風險。　【108年第4次】

(C)

　　名師攻略：屬於系統風險或稱為市場風險。

(　)　**4** 何種事件的發生是屬於非系統風險？　(A)中央銀行調降重貼現率　(B)政府宣佈調降經濟成長率預測值　(C)美國政府對臺灣某項產品課徵反傾銷稅　(D)通貨膨脹率驟升。　【108年第3次】

(C)

　　名師攻略：非系統風險又稱為個別風險，依題意美國政府對臺灣某項產品課徵反傾銷稅，僅對該產品的出口商受影響，其餘不受影響。

(　)　**5** 當公司舉債過多時，公司營運會面臨較大的風險，以致投資報酬產生不確定性，此類風險稱之為：　(A)利率風險　(B)購買力風險　(C)贖回風險　(D)財務風險。　【110年第2次】

(D)

　　名師攻略：財務風險又稱「違約風險」。

重點3 風險的衡量方式

解答

(　)　**1** 當投資者判斷市場處於空頭行情時，以下哪項策略「不」適合？　(A)增加固定收益證券之比重　(B)增加現金比重　(C)提高投資組合之貝它係數　(D)出售持有之股票。　【110年第2次】

(C)

　　名師攻略：由 $r_P = a + \beta_P r_m$，$\beta_P = \dfrac{\Delta r_P}{\Delta r_m}$，當 $\beta_P < 1$，

表示投資組合的報酬率的變動小於市場報酬率的變動，即當市場處於空頭行情形，應降低 β_P 係數。

(　)　**2** 若投資者預期證券市場未來將上漲，則其應買進貝它係數為何之股票？　(A)小於1　(B)大於1　(C)0　(D)-1。　【110年第2次】

(B)

　　名師攻略：$\beta_i = \dfrac{\Delta r_{i,t}}{\Delta r_{m,t}}$，$\beta_i > 1$，即 $\Delta r_{i,t} > \Delta r_{m,t}$，

表示個別證券的報酬率的變動大於市場報酬率的變動。

( ) **3** 一般而言，在空頭行情，低貝它股票股價表現： (A)優於 **(A)**
高貝它股票 (B)與大盤相近 (C)不如大盤 (D)不如高貝它
股票。 【108年第2次】

名師攻略：$\beta_i = \dfrac{\Delta r_{i,t}}{\Delta r_{m,t}}$，$\beta_i < 1$，即 $\Delta r_{i,t} < \Delta r_{m,t}$，表示個別證券

的報酬率的變動小於市場報酬率的變動。

( ) **4** 在考量風險因素之下，下列指標中，哪一項「不適合」用來 **(C)**
衡量投資績效？ (A)夏普指標 (B)崔納指標 (C)貝它係數
(D)詹森的α指標。 【110年第1次】

名師攻略：$\beta_i = \dfrac{\Delta r_{i,t}}{\Delta r_{m,t}}$，表示個別證券報酬率（$r_{i,t}$）相對於

市場投資組合報酬率（$r_{m,t}$）的變動程度。

( ) **5** 某一證券之報酬率標準差愈大，則其總風險： (A)愈大 **(A)**
(B)愈小 (C)不變 (D)不一定。 【109年第4次】

名師攻略：報酬率的標準差代表風險，若標準差愈大，則風險
愈大。

( ) **6** 一般而言，我們會以何者來衡量個別證券報酬率相對於市 **(D)**
場投資組合報酬率的變動程度？ (A)變異數 (B)標準差
(C)變異係數 (D)貝它值。 【109年第4次】

名師攻略：$\beta_i = \dfrac{\Delta r_{i,t}}{\Delta r_{m,t}}$，表示個別證券報酬率（$r_{i,t}$）相對於

市場投資組合報酬率（$r_{m,t}$）的變動程度。

( ) **7** 一個無風險性資產的報酬率標準差為： **(B)**
(A)1 (B)0 (C)−1 (D)5。 【108年第2次】

名師攻略：標準差表示風險，若無風險的資產，則報酬率的標
準差為零。

( ) **8** 股票的變異數為0.25，平均報酬率為0.5，其變異係數為： **(C)**
(A)0.8 (B)0.625 (C)1 (D)1.25。

名師攻略：變異係數 $CV = \dfrac{\sigma}{\mu} = \dfrac{\sqrt{0.25}}{0.5} = 1$。

( )　**9** 當貝它（Beta）係數=0.8，表示：　(A)系統風險較小　(B)個別資產報酬率變動的幅度會比市場報酬率大　(C)市場報酬率變動1%時，個別資產報酬率變動2%　(D)無系統風險。　【108年第2次】　**(A)**

　　名師攻略：β=0.8，即β<1表示個別資產報酬率的變動小於市場報酬率的變動。

( )　**10** 投資組合分析中假設股票報酬率呈常態分配，此種假設對股票之價格風險為何？　(A)僅考慮下跌之風險　(B)僅考慮上漲之風險　(C)忽略了下跌之風險　(D)同時考慮了上漲及下跌對稱之「風險」。　【108年第1次】　**(D)**

　　名師攻略：假設股票報酬率呈常態分配，是以平均報酬形成左右對稱的報酬率分佈。

( )　**11** X證券的報酬率標準差等於20%，Y證券的報酬率標準差等於30%，則下列敘述何者正確？　(A)Y的貝它係數必較X為大　(B)Y的期望報酬率必較X為高　(C)Y的總風險必較X為大　(D)Y的非系統風險必較X為大。　【108年第1次】　**(C)**

　　名師攻略：假設平均報酬率固定的情況下，標準差表示風險，標準差愈大，表示總風險愈高，即Y的總風險大於X的總風險。

( )　**12** 當投資者判斷市場處於空頭行情時，以下哪項策略不適合？　(A)增加固定收益證券之比重　(B)增加現金比重　(C)提高投資組合之貝它係數　(D)出售持有之股票。　【108年第1次】　**(C)**

　　名師攻略：由$r_P=a+\beta_P r_m$，$\beta_P=\dfrac{\Delta r_P}{\Delta r_m}$，當$\beta_P<1$表示投資組合的報酬率的變動小於市場報酬率的變動，即當市場處於空頭行情時，應降低β_P係數。

( )　**13** 變異數及貝它係數都可用來衡量風險，兩者不同之處在於：　(A)貝它係數衡量系統及非系統風險　(B)貝它係數只衡量系統風險，但變異數衡量總風險　(C)貝它係數只衡量非系統風險，但變異數衡量總風險　(D)貝它係數衡量系統及非系統風險，但變異數只衡量系統風險。　【108年第1次】　**(B)**

解答

名師攻略：β係數是用來衡量系統風險，變異數是用來衡量總風險。

( ) **14** 何者「不是」用來衡量投資風險的方法？ **(D)**
(A)全距（Range） (B)β係數 (C)變異數 (D)算術平均
數。 【110年第2次】

名師攻略：全距愈大，總風險愈大；β愈大，系統風險愈大；變異數愈大，總風險愈大。

( ) **15** 針對個人投資人而言，風險容忍程度愈高的人，在資產配置 **(C)**
上，股票比重應較債券為： (A)沒有影響 (B)低 (C)高
(D)兩者比重相同。 【110年第2次】

名師攻略：股票的風險高於債券，對風險容忍程度愈高的人，在資產配置上，股票比重應較債券為高。

( ) **16** 對於具有風險規避特性的投資者而言，以下敘述何者正確？ **(B)**
(A)他們僅考量報酬率來選擇投資標的 (B)他們僅接受期望
報酬率高於無風險利率的風險性投資標的 (C)他們願意接
受較低報酬及高風險的投資標的 (D)以上(A)、(B)選項皆
是。 【109年第1次】

名師攻略：風險規避者的投資人是每增加一單位的風險所要求的報酬是遞增的，表示承擔的風險越多，每次要求的報酬增加都比上一次多。

( ) **17** 下列何者是用來衡量投資風險的方法？ **(D)**
甲.風險值（VaR）；乙.β係數；丙.變異數；丁.半變異數
(A)僅甲、乙 (B)僅甲、乙、丙 (C)僅丙、丁 (D)甲、
乙、丙、丁皆是。 【109年第3次】

名師攻略：馬可維茲（Markowitz）在1959年提出半變異數（semi variance）作為風險的測量。

( ) **18** 哪種類股在股市多頭行情時，漲幅較大？ **(D)**
(A)績優大型股 (B)低貝它大型股
(C)低貝它小型股 (D)高貝它小型股。 【110年第1次】

名師攻略：$\beta_i = \dfrac{\Delta r_{i,t}}{\Delta r_{m,t}}$，$\beta_i > 1$，即$\Delta r_{i,t} > \Delta r_{m,t}$，表示個別證券的報酬率的變動大於市場報酬率的變動。

( ) **19** 哪種類股在股市多頭行情時，漲幅較大？
(A)績優大型股　　　(B)低貝它大型股
(C)低貝它小型股　　(D)高貝它小型股。　　　　【109年第4次】　　**(D)**

名師攻略：$\beta_i = \dfrac{\Delta r_{i,t}}{\Delta r_{m,t}}$，$\beta_i > 1$，即$\Delta r_{i,t} > \Delta r_{m,t}$，表示個別證券的報酬率的變動大於市場報酬率的變動。

( ) **20** 所謂Smart Beta策略之描述，下列何者為「非」？　　**(A)**
(A)透過人工智慧方式來建構的投資方式　(B)捕獲風險溢價或因子來獲取更高報酬　(C)有時採取非市值加權方式建構投資組合　(D)立基於規則、透明，趨向低費率和成本的投資方式。　　　　　　　　　　　　　　　　【110年第1次】

名師攻略：Smart Beta是一種被動的指數化投資方式，以某種指數為前提（例如美國大盤指數、新興市場指數），再透過事先設定好的一些參數（高股息、低波動、價值股等等投資因子），將指數內容依照「特定條件」來做篩選，試圖從眾多的個股中找出最佳的。

重點 **4** 投資組合的報酬率衡量

( ) **1** 若由5種股票構成投資組合，每種股票在此投資組合中的　**(C)**
權重皆相等，若每種股票的預期報酬率者皆為18%，則此投資組合的預期報酬率為：　(A)4%　(B)16%　(C)18%
(D)12%。　　　　　　　　　　　　　　　　　　【108年第1次】

名師攻略：由$R_P = W_1 R_1 + W_2 R_2 + \cdots\cdots + W_5 R_5$，
已知$W_1 = W_2 = \cdots\cdots = W_5 = W$，$R_1 = R_2 = R_5 = 18\%$，
則$R_P = W \times 18\% + W \times 18\% + \cdots\cdots + W \times 18\%$
$= 18\%(W + \cdots\cdots + W) = 18\% \times 1 = 18\%$。

( ) **2** 若小明將其資金35%投資於國庫券、65%投資於市場投資 **(D)**
組合，請問其投資組合之β係數為何？ (A)1 (B)0.35
(C)0.5 (D)0.65。 【109年第3次】

    名師攻略：由$\beta_P = W_A\beta_A + W_B\beta_B$，若$W_A = 35\%$，$W_B = 65\%$，
$\beta_A = 0$，$\beta_B = 1$，則$\beta_P = 35\% \times 0 + 65\% \times 1 = 65\%$。

重點 5 投資組合的風險衡量

( ) **1** 有一投資組合由甲、乙兩股票組成，請問在什麼情況之下， **(B)**
投資組合報酬率之標準差為甲、乙兩股票個別標準差之加權
平均？
(A)兩股票報酬率相關係數＝0 (B)兩股票報酬率相關係數
＝1 (C)兩股票報酬率相關係數＝－1 (D)任何情況下，投
資組合標準差均為個別標準差之加權平均。 【110年第2次】

    名師攻略：當$\rho_{12} = 1$，則
$$\sigma_P = \sqrt{w_1^2\sigma_1^2 + w_2^2\sigma_2^2 + 2w_1w_2\rho_{12}\sigma_1\sigma_2} = \sqrt{(\sigma_1 \times w_1 + \sigma_2 \times w_2)^2}$$
$$= \sigma_1 \times w_1 + \sigma_2 \times w_2$$

( ) **2** 兩種證券的貝它（Beta）係數相同，若以這兩種證券組成一 **(C)**
投資組合，請問該投資組合的貝它係數為何？
(A)降低 (B)增加 (C)不變 (D)視兩證券報酬率相關係數
而定。 【110年第2次、108年第4次】

    名師攻略：由$\beta_P = W_A \times \beta_A + W_B \times \beta_B$，若$\beta_A = \beta_B = \beta$，
則$\beta_P = W_A\beta + W_B\beta = \beta(W_A + W_B) = \beta \times 1 = \beta$。

( ) **3** X資產與Y資產之β值與相關係數如下：$\beta_X = 1.6$，$\beta_Y = 0.8$， **(B)**
$\rho_{XY} = 0.2$。若將20%資金投資在X資產、80%資金投資在Y
資產所形成的投資組合之β值為多少？ (A)0.704 (B)0.96
(C)1.184 (D)1.44。 【109年第3次】

    名師攻略：$\beta_P = w_X\beta_X + w_Y\beta_Y$，$\beta_P = 20\% \times 1.6 + 80\% \times 0.8 = 0.96$。

( ) **4** 投資組合之風險來自於：甲.個股報酬率之相關係數；乙.市 **(C)**
場之風險 (A)僅甲 (B)僅乙 (C)甲、乙均是 (D)甲、乙
均不是。 【109年第4次】

解答

名師攻略：由 $\sigma_P = \sqrt{w_1^2\sigma_1^2 + w_2^2\sigma_2^2 + 2w_1w_2\rho_{12}\sigma_1\sigma_2}$ ，
影響 σ_P 的有資金比重（w_1，w_2），個股報酬率之相關係數（ρ_{12}），
市場之風險（σ_1，σ_2）。

( )　**5** 在不能賣空前提下，最有效的分散風險是兩種股票報酬率的
相關係數為：
(A)1　(B)0　(C)−1　(D)−0.5。　　　　　【109年第4次】

(C)

名師攻略：當 $\rho_{12} = -1$ ，
$\sigma_P = \sqrt{w_1^2\sigma_1^2 + w_2^2\sigma_2^2 + 2w_1w_2\rho_{12}\sigma_1\sigma_2} = \sqrt{(\sigma_1 \times w_1 - \sigma_2 \times w_2)^2}$
$= |\sigma_1 \times w_1 - \sigma_2 \times w_2|$ ，即 σ_P 最小。

( )　**6** 由兩種股票組成的投資組合圖形中，當其報酬率相關係數
等於多少時，其各組合點為一直線？　(A)0　(B)0.5　(C)1
(D)−1。　　　　　　　　　　　　　　　【108年第4次】

(C)

名師攻略：當 $\rho = 1$ ，表示兩者呈完全正相關。

( )　**7** 關於風險分散的敘述中，何者為非？　(A)投資組合內，個
別資產相關係數為0時，有風險分散的效果　(B)透過投資組
合的方式可以避免風險過度集中於單一投資標的　(C)不可
賣空下，相關係數愈大，分散的效果愈佳　(D)分散的效果
視組合內個別資產間的相關係數而定。　　　【108年第1次】

(C)

名師攻略：相關係數愈大，表示兩者報酬率關聯性愈高，即分
散風險的效果愈差。

( )　**8** 當投資組合內個別資產間的相關係數為0時，代表：　(A)無
風險分散效果　(B)有風險分散效果　(C)風險分散達到最佳
(D)風險分散優於相關係數為−1之投資組合。　【108年第1次】

(B)

名師攻略：當 $\rho_{12} = 0$ ，
$\sigma_P = \sqrt{w_1^2\sigma_1^2 + w_2^2\sigma_2^2 + 2w_1w_2\rho_{12}\sigma_1\sigma_2} = \sqrt{(\sigma_1 \times w_1 + \sigma_2 \times w_2)^2}$
即投資組合的風險可以降低。

( )　**9** 學者馬可維茲（H. Markowitz）所提出之投資組合理論，最
主要之論點在於：　(A)系統風險的消除　(B)投資組合風險
的分散　(C)非系統風險的定義　(D)透過積極管理，提高投
資組合報酬率。　　　　　　　　　　　　【108年第1次】

(B)

名師攻略：馬可維茲的現代投資組合理論，主要的論點在於理性投資者，如何利用分散投資來最佳化他們的投資組合。

( ) **10** 有一投資組合由甲、乙兩股票組成，請問在什麼情況之下，投資組合報酬率之標準差為甲、乙兩股票個別標準差之加權平均？ **(B)**

(A)兩股票報酬率相關係數＝0　(B)兩股票報酬率相關係數＝1　(C)兩股票報酬率相關係數＝－1　(D)任何情況下，投資組合標準差均為個別標準差之加權平均。　【109年第2次】

名師攻略：當 $\rho_{12}=1$，

$$\sigma_P=\sqrt{w_1^2\sigma_1^2+w_2^2\sigma_2^2+2w_1w_2\rho_{12}\sigma_1\sigma_2}=\sqrt{(\sigma_1\times w_1+\sigma_2\times w_2)^2}$$
$$=\sigma_1\times w_1+\sigma_2\times w_2$$

( ) **11** 下列對市場投資組合之描述，何者「正確」？　甲.其貝它係數等於1；乙.其期望報酬率較任何個別證券低；丙.其報酬率標準差較任何個別證券低；丁.其包含了市場上所有的證券 **(C)**

(A)僅甲、乙、丁　(B)僅甲、丙、丁　(C)僅甲、丁　(D)僅丙、丁。　【110年第1次】

名師攻略：市場投資組合的期望報酬率與標準差可能高於或低於個別證券。

Chapter 07 投資組合管理

重點 1 共同基金

共同基金定義：由證券投資信託公司（簡稱投信）以發行受益憑證的方式，召募社會大眾的資金，累積成為一筆龐大資金後，委由專業的基金經理人管理並運用其資金於適當之管道，如：股票，債券等，當其投資獲利時則由投資大眾分享，賠錢時由投資大眾分攤，證券信託投資公司則賺取基金的手續費與管理費。

一、共同基金的組織型態

組織型態	特性
契約制（Contract Type）	由基金公司，保管銀行，投資人三方共同訂立信託契約，並受其契約規範，由基金公司發行受益憑證給予投資人，並善加管理基金；保管銀行則負責保管基金的資產；投資所產生的利潤則歸於投資人。
公司制（Company Type）	公司發行股份，由投資人購買公司的股票，進而成為股東，待基金達成立規模後再和基金公司訂約，委請其管理及運作此基金。

二、以基金註冊地點區分

境外／國內	特性
境外基金（Offshore fund）	為登記註冊地於我國以外地區，由國外基金公司發行的基金，經行政院金融監督管理委員會（簡稱金管會）證券期貨局核准後在國內銷售。境外基金計價幣別為外幣，絕大多數為美元計價。

境外／國內	特性
國內基金 （Onshore fund）	為登記註冊於我國地區，由國內投信公司發行的基金，經金融監督管理委員會（簡稱金管會）證券期貨局核准後在國內募集及銷售，並受到台灣相關證券法規所規範。

三、以基金交易方式區分

交易方式	特性
開放型 （Open-ended Fund）	投信公司每日公告基金淨值，投資人可隨時依每日淨值向投信公司買入或賣出基金，基金的規模是變動。
封閉型 （Close-ended Fund）	基金發行單位數是固定，當發行期滿或達到預定基金規模時，將不再接受投資人申購或贖回。一般封閉型基金交易須透過集中市場依市價進行買賣。

┌─ 小試身手 ─┐

( ) **1** 有關台灣之開放型共同基金的敘述，何者正確？ (A)提供投資人保證的報酬率 (B)基金規模固定 (C)於集中市場交易 (D)投資人可依淨資產價值買賣。 【106年第4次普業】

答 **(D)**。

( ) **2** 以下關於封閉型與開放型基金的敘述，何者為非？ (A)封閉型基金以淨值交易 (B)封閉型基金的規模不會改變，開放型則會 (C)封閉型基金可轉型成開放型基金 (D)開放型基金在集中市場交易，封閉型基金則否。 【106年第4次普業】

答 **(D)**。

四、操作方式分類

操作方式	特性
主動型基金	主動型基金即操作策略，買進賣出等都由基金經理人或團隊來作決定，希望能獲得最好的績效。
指數型基金	指數型基金，基金經理人運用追蹤技術，使得基金的表現能與相對應指數相近。例如：台灣50。

五、以基金投資區域區分

投資區域	全球型基金
	區域型基金
	單一市場型基金

小試身手

(　　)　一般而言何種股票共同基金的分散風險的效果最大？
(A)大型股基金　　(B)中小型基金
(C)全球基金　　(D)亞洲基金。　　【106年第3次高業】
答 (C)。

六、以基金投資目標區分

投資目標	積極成長型基金
	成長型基金
	平衡型基金
	收益型基金

七、以基金投資標的區分

類型	定義
股票型基金 （Equity Fund）	以上市、上櫃公司股票等有價證券為主要投資標的，投資股票總額達基金淨值70%以上，並以追求長期資本增值為主要目的，具有高報酬高風險的特性。
債券型基金 （Bond Fund）	以債券為主要投資標的，並以追求穩定收益為主要目的。債券價格波動通常較股票小，並且會有固定配息收入，但並非投資債券型基金可以穩賺不賠，而可能有本金虧損的機會。
平衡型基金 （Mixed Asset Fund）	同時投資於股票以及債券的共同基金，投資的淨資產價值須達70%以上，以兼顧長期資本增值以及穩定收益為主要目的，而投資於股票的金額占基金淨資產的70%以下且不的低於30%。
貨幣市場基金 （Money Market Fund）	以平均存續期間小於180天的貨幣市場工具為主要投資標的，例如：定期存單、短天期票券、商業本票、銀行存款等。其優點為具有高度的本金保障以及良好流動性，通常作為投資人短期資金暫存或調度之工具。
指數型基金 （Index Fund）	根據所選定指數的採樣股票成分與比重決定該基金投資組合之個股的成分與比重，目標是以基金淨值的漲跌和指數的漲跌相同。
指數股票型基金 （Exchange Traded Fund, ETF）	為追蹤某一特定指數的基金，並可在證券交易所買賣，兼具基金及股票特性之產品。「被動式管理」為指數股票型基金主要特色，操作的重點在於追蹤指數以期與標的指數走勢相同。例如：台灣50。
組合型基金 （Fund of Funds）	是以基金為主要投資標的，又可稱為「基金中的基金」。
傘型基金 （Umbrella Fund）	傘型基金是由具有不同投資標的、投資策略、投資地區及不同風險程度的子基金所組合而成的基金集合。子基金各自有基金經理人依不同投資策略進行操作，故其管理相互獨立。

┌─────────────── 小試身手 ───────────────┐

(　　)　　下列那一項基金之風險最高？　(A)平衡型基金　(B)指數型基金
　　　　(C)全球型基金　(D)產業型基金。　　　　　　【106年第2次普業】
　　　答 (D)。

└──┘

(一) 指數股票型基金ETF

1. 定義：指數股票型基金（Exchange Traded Fund，簡稱ETF）是一種結合股票交易特性與指數型基金架構的有價證券，它將該指數的「一整籃股票」交付信託並以其為實物擔保，分割成小額的投資單位，發行指數股票型基金並無實體受益憑證。

2. 特性：以台灣五十ETF為例：

　(1)指數股票型基金又稱為「被動型基金」，它選取的是特定的指數成分股作為投資的對象，並不是以打敗大盤指數為目地，而是試圖複製大盤指數的表現。

　(2)指數股票型基金的投資標的是「一整籃股票」。所以投資指數股票型基金可以分散非系統風險。

　(3)最小交易單位為1000個受益單位。

　(4)最大的漲幅與跌幅均為10%。

　(5)可以融資買進與融券放空。

　(6)可以進行當日買進與賣出，即當日沖銷。

　(7)價格變動幅度是50元以下為0.01元，50元以上時為0.05元。

　(8)指數股票型基金的規模可以隨時增加，不同於封閉式基金的規模在發行初期就無法再變動了。

　(9)指數股票型基金的交易手續費上限為0.1425%，交易稅為0.1%。

　(10)指數股票型基金在盤中會公告其淨值。

　(11)一上市就可以承作信用交易，不受上市六個月觀察期的限制。

　(12)投資人在交易時間內透過證券經紀商直接下單在集中市場買賣。

(二) 反向型ETF

1. 定義：反向型ETF為每日追蹤標的指數報酬反向表現的ETF，例如反向倍數為1倍時，表示標的指數上升1%則反向型ETF追蹤下跌1%，反之，標的指數下降1%則反向型ETF追蹤上升1%。

2. 操作：買進反向型ETF是表示對未來大盤的走勢是看空的，未來當大盤指數下跌時反向型ETF的價值就上升，反之，如果未來看多則可以賣出反向型ETF。

小試身手

( ) **1** 目前槓桿型ETF台灣僅開放2倍槓桿，假設台灣50指數今日收盤上漲1.5%，則理論上以台灣指數為追蹤標的之槓桿型ETF今日收盤的漲幅應為多少？

(A)1.5% (B)3% (C)4.5% (D)−4.5%。 【107年第1次高業】

答 (**B**)。漲幅×2倍＝1.5%×2＝3%。

( ) **2** 一般來說，下列何種基金之風險最低？
(A)貨幣市場基金 (B)平衡型基金
(C)債券型基金 (D)股票型基金。 【106年第3次高業】

答 (**A**)。

八、投資共同基金基金優點

(一) **專業投資管理**：共同基金是由專業基金經理人進行資金操作管理，同時基金公司均擁有研究分析團隊協助基金經理人隨時因應市場變化有效調整投資策略。

(二) **投資門檻低**：投資人利用每月小額扣款即可投資於全球股市或債券，投資門檻低同時也具有分散投資風險之效果。

(三) **多樣化投資標的**：共同基金依投資區域、投資標的、產業之不同可發展出不同類型的基金以滿足投資人投資需求。例如，依區域別，有東歐基金、拉丁美洲基金；依投資標的別，有黃金基金、能源基金；依產業別，有工業基金、生技醫療基金。

(四) **流動性佳**：投資人可依本身需求隨時提出基金贖回之申請。以開放型基金為例，國內基金贖回款大約三至五個工作天即可入帳，境外基金贖回款大約五至七個工作天即可入帳。

(五) **分散投資風險**：共同基金可分散投資於全球、區域或單一國家的不同投資標的，可有效達到風險分散之效果。

九、投資共同基金的風險

(一) **市場風險**：指所投資的基金淨值或價格會因投資標的市場價格波動而隨之起伏，而造成投資的損失。

(二) **財務風險**：投資標的的不同也會產生不同的風險，如投資債券基金時，必須對債信進行評估，以免無法收回本金及利息；投資股票基金時，必須考量是否會因該公司經營不善而使股票價值狂跌，無法分配股利。

(三) **利率風險**：利率的變化對債券或貨幣市場投資可能會帶來造成虧損的風險，而海外基金因各國或各地區的利率水準互異、風險高低也不一。

(四) **購買力風險**：基金的獲利若無法超過物價上漲的幅度，事實上等於賠錢。如果不賠錢，獲利也可能低於通貨膨脹的水準，損及購買力。

(五) **匯率風險**：投資海外基金，通常基金的淨值以美元或其他外幣作為計價基礎，如果投資於對新台幣升值的幣別計值基金，則除了因市場起伏所獲利潤，還可以有匯差的獲利。反之，所投資基金的幣值相對於新台幣貶值，則會造成匯差損失。

十、投資共同基金的成本

成本	內容
申購手續費	指申購基金的手續費。
信託管理費	若透過銀行購買基金時所需支付的費用，大部分在贖回時收取。
保管費	又稱「經理費」，按日收取，並從基金的淨值內直接扣除。
轉換手續費	此為轉換基金的手續費。

小試身手

(　　) 有關附銷售費用的共同基金的敘述何者不正確？　(A)投資人通常只有在購買時才需支付銷售費用　(B)銷售費用會使投資人的淨投資額減少　(C)對長期投資人而言，銷售費用對其報酬率影響較小　(D)附銷售費用的共同基金，通常績效較佳。　【107年第3次高業】

答 (D)。

十一、基金的收益

收益	內容
資本利得	共同基金投資於各種理財工具可能因其低買高賣而賺取到所謂的價差稱之。
匯率損益	投資於海外共同基金時，因其計價的單位為外幣，所以當匯率波動時自然也就會影響基金的收益。
利息收入	大部分的共同基金都會投資於股票，其所謂的配股或配息，此種收入屬於股利收入·另外有投資於金融機構（活存，定存）或購買債券，這些金融商品將產生利息收入。

小試身手

( ) **1** 投資ETF之敘述何者不正確？ (A)ETF的投資報酬有兩類，買賣價差及持有ETF所派發的股息收入 (B)投資ETF可能有市場風險被動式風險及追蹤風險 (C)ETF屬於被動式管理 (D)投資ETF可以規避市場風險。 【107年第3次高業】

答 **(D)**。

( ) **2** 國內共同基金由下列何單位核准募集？ (A)證券投資信託及顧問商業同業公會 (B)台灣證券交易所 (C)櫃檯買賣中心 (D)金融監督管理委員會。 【107年第2次高業】

答 **(D)**。

重點 **2** 投資組合的管理

一、投資組合的管理流程

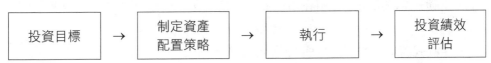

投資目標 → 制定資產配置策略 → 執行 → 投資績效評估

二、資產配置型態

資產配置型態區分成 $\begin{cases} 策略性－屬於長期規畫 \\ 戰術性－屬於短期規畫 \end{cases}$

三、投資組合管理與效率市場

投資組合管理可區分成 $\begin{cases} 主動式 \\ 被動式 \end{cases}$

效率市場可區分成 $\begin{cases} 非常有效率 \\ 半強式或弱式 \end{cases}$

(一) 當市場處於非常有效率時，採被動式的管理，複製一個與市場類似的投資組合，賺取正常報酬。

(二) 當市場處於半強式或弱式時，採主動式的管理，運用公開資訊或內線消息進行投資標的的分析，以賺取超額報酬。

小試身手

(　　)　被動式（passive）投資組合管理目的在：　(A)運用隨機選股策略，選出一種股票，獲取隨機報酬　(B)運用分散風險原理，找出效率投資組合，以獲取正常報酬　(C)運用擇股能力，找出價格偏低之股票，以獲取最高報酬　(D)運用擇時能力，預測股價走勢，獲取超額報酬。　　　　　　　　【107年第2次高業】

答 (B)。

四、股票投資組合管理

股票投資組合管理可區分成主動式（積極）管理策略與被動式（消極）管理策略。

(一) 股票投資組合主動式（積極）管理策略

主動式管理策略是運用在市場效率性低時。

主動式管理策略可區分成 $\begin{cases} 1.傳統主動式管理策略 \\ 2.動能投資策略 \\ 3.反向投資策略 \end{cases}$

傳統主動式管理策略又可細分為三種策略 $\begin{cases} 1.傳統主動式管理策略 \\ 2.動能投資策略 \\ 3.反向投資策略 \end{cases}$

1. 擇時策略：
   (1)投資人利用技術分析研判進出場的時機。當投資人研判市場是多頭行情時，選擇β係數越大的股票，個股上漲幅度將大於大盤上漲幅度。
   (2)當投資人研判市場是空頭行情時，選擇β係數越小的股票，個股下跌幅度將小於大盤下跌幅度。
   (3)當市場是多頭行情時，投資人可降低現金持有的比重，將持有的現金投入股市以賺取超額報酬。
   (4)當市場是空頭行情時，投資人應增加現金持有的比重，減少資金投入股市。

2. 選股策略：

   選股策略 $\begin{cases} 由上而下（Top\text{-}Down） \\ 由下而上（Bottom\text{-}Up ） \end{cases}$

   (1)「由上而下（Top-Down）」是指從總體經濟分析→產業分析→公司分析。
   (2)「由下而上（Bottom-Up）」是指從公司分析→產業分析→總體經濟分析。

3. 依題材換股策略：
   當市場上出現對某特定產業或特定類股有利或不利的題材時，投資人可多持有利多題材的股票賺取超額報酬，同樣的投資人也可放空有利空題材的股票採賺取超額報酬。

4. 動能投資策略
   動能投資策略它的原理是利用投資人對市場資訊反應不足，僅有少數人介入投資導致呈現買盤集中少數股票，股價會呈現資金介入者漲，未介入者跌的現象，此時應買進強勢股（追漲）同時賣出弱勢股（殺跌），以賺取超額報酬。

┌─ 小試身手 ─┐

(　　) **1** 動能投資策略（Momentum Investment Strategy）類似於下列何種
操作策略？　(A)追漲殺跌　(B)買跌賣漲　(C)長期持有　(D)只進
不出。　　　　　　　　　　　　　　　　　　　　　　【普業】

　　　答 **(A)**。

(　　) **2** 大型機構投資人採取的追漲殺跌是下列何種投資策略？
(A)反向投資策略　(B)動能投資策略　(C)預期投資策略　(D)效率
投資策略。　　　　　　　　　　　　　　　　【108年第1次普業】

　　　答 **(B)**。

5. 反向投資策略

反向投資策略它的原理是利用投資人對市場資訊過度反應，市場已有過熱
的現象，通常是大盤漲勢的末端了，此時應買進落後補漲的股票同時賣出
先前漲幅較大的股票。

┌─ 小試身手 ─┐

(　　)　使用反向投資策略（Contrarian Investment Strategy）可以獲得
超額報酬的假設原因為：　(A)市場反應過度　(B)市場反應不足
(C)報酬不具可預測性　(D)市場具有效率性。　　　　　【普業】

　　　答 **(A)**。

(二) 股票投資組合被動式（消極）管理策略

投資者相信市場具有效率性或本身沒有選股或擇時的時間與能力，在建構
投資組合後並不隨市場的變化而隨時調整投資組合的內容，目標不在擊敗
市場而是分散風險。

被動式（消極）管理策略的方法有 { 完全複製法 / 抽樣近似法

完全複製法：先建構一個與大盤指數完全相同的投資組合，即追蹤誤差最<u>小</u>，如此一來可以使投資組合的績效與大盤指數相同，但要買盡大盤指數的成分股需要花費鉅額的<u>資金與交易成本</u>，目前發行流通的指數型基金（ETF）可解決完全複製法的追蹤誤差與交易成本的問題。

重點 3 投資組合績效指標

一、夏普（Sharpe）指標

公式：$\dfrac{超額報酬}{總風險} = \dfrac{\overline{R}_P - \overline{R}_f}{\sigma_P}$

式中：$\overline{R}_P$表示投資組合的平均報酬，$\overline{R}_f$無風險平均報酬率，σ_P投資組合的總風險。

假設投資組合<u>沒有分散</u>，故以<u>總風險</u>來衡量，該<u>數值越高</u>表示<u>績效越好</u>。

小試身手

（　　）　夏普比率又被稱為夏普指標，下列關於夏普比率的敘述，何者正確？　(A)用來衡量投資組合美承受依單位之公司個別風險，會產生多少的超額報酬　(B)用來衡量期望報酬，夏普比率＝標準差／平均報酬率　(C)夏普比率＝投資組合的預期報酬率－無風險利率／投資組合的標準差　(D)用來衡量風險，夏普比率＝投資組合的平均報酬率／變異數（Variance）。　　【106年第1次證券投資分析】

答 (C)。夏普比率＝投資組合的預期報酬率－無風險利率／投資組合的標準差。

二、崔納（Treynor）指標

公式：$\dfrac{超額報酬}{系統風險} = \dfrac{\overline{R}_P - \overline{R}_f}{\beta_P}$

式中：$\overline{R}_P$表示投資組合的平均報酬，$\overline{R}_f$無風險平均報酬率，β_P投資組合的系統風險。

假設投資組合已完全分散，因此只剩下系統風險，該數值越高表示績效越好。

該數值越高越好。

───────── 小試身手 ─────────

(　)　崔納（Treynor）指標之計算考慮何種風險？　　(A)個別風險　(B)報酬率標準差　(C)總風險　(D)系統風險。　　【107年第2次高業】

　　　　答 **(D)**。

三、詹森（Jensen）指標

$α_P$＝實際的資產報酬－使用CAPM計算出之必要報酬率（或合理報酬）

以符號表示如下：

$$α_P = \overline{R}_P - [\overline{R}_f + (\overline{R}_M - \overline{R}_f) \times β_P]$$

式中：$\overline{R}_P$表示投資組合的平均報酬，$\overline{R}_f$無風險平均報酬率，$β_P$投資組合的系統風險，$\overline{R}_M$市場投資組合的報酬，$α_P$詹森指標。

其實上式的$α_P$如同迴歸的殘差值即$α_P = \overline{R}_P - \hat{R}_P$。

若$α_P > 0$：代表投資有超額報酬，因此績效較好。

若$α_P = 0$：代表投資沒有超額報酬，因此績效平平。

若$α_P < 0$：代表投資低於必要報酬，因此績效不好。

───────── 小試身手 ─────────

(　)　投資組合X之平均報酬率為13.6%、貝它（Beta）係數為1.1，報酬率標準差為20%，假設市場投資組合平均報酬率為12%，無風險利率為6%，請問組合X之詹森（Jensen）指標為多少？　　(A)0.015　(B)0.069　(C)0.38　(D)0.01。　　【107年第2次高業】

　　　　答 **(D)**。

高手過招

重點 1 共同基金   解答

( ) **1** 採定期定額投資共同基金時,下列敘述何者「正確」?   **(B)**
甲.當股價愈高時,可購得之基金單位數愈多;乙.當股價
愈高時,可購得之基金單位數愈少;丙.當股價下跌時,可
購得之基金單位數愈多;丁.當股價下跌時,可購得之基
金單位數愈少 (A)僅甲、丙 (B)僅乙、丙 (C)僅甲、丁
(D)僅乙、丁。 【110年第1次】

名師攻略:甲、當股價愈高時,可購得之基金單位數愈少。
丁、當股價下跌時,可購買之基金單位數愈多。

( ) **2** 何種共同基金的風險較高? (A)收益型基金 (B)成長型基   **(B)**
金 (C)債券型基金 (D)保本型基金。 【110年第2次】

名師攻略:收益型基金:以追求定期最大的收入為目標。可分
成固定收益型和股票收益型。
成長型基金:以資金的長期成長,獲取資本利得,風險較其餘
高。可分成一般成長型和積極成長型。

( ) **3** 有關開放型共同基金的描述,何者不正確?   **(D)**
(A)發行單位因贖回而減少 (B)投資人可向投信公司或銀行
購買 (C)投資人購買時,通常須支付銷售費 (D)市價多半
比淨值低。 【109年第1次】

名師攻略:封閉型基金因交易不熱絡,所以多數時間都是處於
折價的狀態,即(D)選項。

( ) **4** 2017年起臺灣證券交易所開放投資人可洽證券商辦理股票、   **(B)**
ETF定期定額業務,目前開放的定期定額標的,何者為非?
(A)原型ETF (B)反向型ETF (C)上市股票
(D)上櫃股票。 【109年第2次、108年第3次、108年第4次】

名師攻略:不含反向指數股票型證券投資基金(ETF)和反向
指數股票型期貨基金。

(　) **5** 投資國內債券型基金之好處為：甲.風險較小；乙.可獲得高於市場的報酬率；丙.可獲得穩定的收益；丁.可獲得基金之溢價　(A)僅甲、乙、丙　(B)僅乙、丁　(C)僅甲、丙　(D)僅甲、丁。　　　　　　　　　　　　　【109年第2次】　**(C)**

名師攻略：國內債券型基金不一定可獲得高於市場的報酬率或是基金的溢價。

(　) **6** 追求高風險、高報酬的投資人，較適合哪類共同基金？　(A)債券基金　(B)平衡基金　(C)股票收益型基金　(D)小型股基金。　　　　　　　　　　　　　　　【109年第3次】　**(D)**

名師攻略：平衡型基金：同時追求資金的長期成長，也注重定期收入的獲得，投資的標的則分散在股票和債務上。
以投資標的來區分的基金：債券基金、小型企業基金。

(　) **7** 一般而言，何種股票型共同基金的分散風險的效果最大？　(A)大型股基金　(B)中小型基金　(C)全球基金　(D)亞洲基金。　　　　　　　　　　　　　　　　　　【109年第4次】　**(C)**

名師攻略：所投資標的的範圍越大越具有分散風險的效果。

(　) **8** 有關組合型基金與臺灣50指數ETF之比較，何者「正確」？
(A)均為主動式管理
(B)均可分散風險
(C)均為追蹤某一指數
(D)均直接投資於股票。　【109年第4次、108年第2次、108年第3次】　**(B)**

名師攻略：組合型基金的投資標的是其它的基金，至少需投資五檔子基金，並不一定可分散風險。

(　) **9** 國內的共同基金依成立的法源基礎劃分者皆為：　(A)契約型　(B)股份型　(C)公司型　(D)合夥型。　【109年第3次】　**(A)**

名師攻略：契約型（制）是由基金公司、保管銀行、投資人三方共同訂立信託契約，並受其契約規範。

(　)**10** 有關投資ETF之敘述何者不正確？　**(D)**
(A)ETF的投資報酬有兩類，買賣價差及持有ETF所派發的股息收入　(B)投資ETF可能有市場風險、被動式投資風險及追

蹤誤差風險　(C)ETF屬於被動式管理　(D)投資ETF可以規避市場風險。　【108年第3次】

名師攻略：投資ETF（指數股票型基金）可規避非系統風險但無法規避系統風險（市場風險）。

(　) **11** 目前槓桿型ETF臺灣僅開放2倍槓桿，假設臺灣50指數今日收盤上漲1.5%，則理論上以臺灣50指數為追蹤標的之臺灣50正2ETF今日收盤的漲幅應為多少？　(A)1.50%　(B)3%　(C)4.50%　(D)−4.50%。　【109年第1次、108年第3次】 **(B)**

名師攻略：α×1.5%＝3%。

(　) **12** 下列三種基金依風險大小排列應為：　I.股票型基金；II.組合型基金；III.債券型基金　(A)I＞III＞II　(B)I＞II＞III　(C)II＞I＞III　(D)II＞III＞I。　【108年第1次】 **(B)**

名師攻略：組合型基金的投資標的是其它的基金，至少需投資五檔子基金。依題意上述基金風險最大的是股票型基金，第二是組合型基金，第三是債券型基金。

(　) **13** 目前臺灣掛牌交易之反向型ETF倍數為可放空幾倍？　(A)1倍　(B)2倍　(C)3倍　(D)4倍。　【108年第2次、108年第4次】 **(A)**

名師攻略：反向型ETF倍數為可放空1倍。

(　) **14** 假設滬深300指數單日大跌8.7%，則有關其反向型ETF的表現，下列何者正確？　(A)漲幅限制為10%　(B)漲幅可能高於8.7%，但不會超過10%　(C)漲幅可能低於8.7%　(D)無漲跌幅限制。　【109年第2次、108年第1次、108年第3次、108年第4次】 **(D)**

名師攻略：國外的ETF並無漲跌幅限制。

(　) **15** 有關共同基金的銷售費用敘述何者不正確？　(A)投資人通常只有在購買時才須支付銷售費用　(B)銷售費用會使投資人的淨投資金額減少　(C)對長期投資人而言，銷售費用對其報酬率影響較小　(D)附有銷售費用的共同基金，通常績效較佳。　【108年第4次】 **(D)**

名師攻略：共同基金的銷售手續費的收取方式是銀行（通路）在申購時收取。是否收取銷售費用的共同基金與績效無關。

（　）**16** 成為臺灣50指數成分股的資格，何者正確？　甲、公司成 **(B)**
　　　　立3年以上；乙、依公司市值大小排序，取排名前50檔股票
　　　　(A)僅甲　(B)僅乙　(C)甲、乙均正確　(D)甲、乙均不正
　　　　確。　　　　　　　　　　　　　　　　　　　【108年第3次】

　　　名師攻略：當時臺灣證券交易所臺灣50指數，是臺灣證券交易
　　　所與當時指數（FTSE）於2002年10月29日共同合作編製的一個
　　　指數，該指數涵蓋臺灣證券市場中市值前五十大的上市公司，
　　　統稱臺灣50指數成分股。

（　）**17** 當ETF之市價大於淨值，存在套利機會時，套利者應如何操 **(A)**
　　　　作？　甲.買進一籃子股票；乙.賣出一籃子股票；丙.於市
　　　　場上賣出ETF；丁.於市場上買進ETF　(A)僅甲、丙　(B)僅
　　　　乙、丁　(C)僅乙、丙　(D)僅甲、丁。　　　【109年第2次】

　　　名師攻略：當ETF市價>淨值，投資人可從市場買入一籃子股
　　　票，再和發行者換入ETF後，再到市場出售ETF，即低買高賣
　　　進行套利。

（　）**18** 所謂No-Load共同基金，是指該基金不收：　(A)管理費 **(C)**
　　　　(B)保管費　(C)銷售手續費　(D)轉換手續費。【110年第2次】

　　　名師攻略：No-Load共同基金，是指該基金不收銷售手續費。

（　）**19** 何者為避險基金之特色？　甲.資訊透明度高；乙.可小額投 **(C)**
　　　　資；丙.追求絕對報酬；丁.又稱對沖基金
　　　　(A)僅甲、乙　(B)僅乙、丙　(C)僅丙、丁　(D)甲、乙、丙
　　　　與丁皆是。　　　　　　　　　　　　　　　　【109年第4次】

　　　名師攻略：避險基金的特色：(1)投資門檻高；(2)資訊透明度
　　　低；(3)經理人操作彈性高，多空皆可操作，追求絕對報酬率。

（　）**20** 避險基金（Hedge Fund）為規避風險並增加收益，通常會： **(D)**
　　　　甲.買賣衍生性金融商品；乙.使用槓桿；丙.運用買進和放
　　　　空之投資策略　(A)僅甲、丙　(B)僅乙、丙　(C)僅甲、乙
　　　　(D)甲、乙、丙。　　　　　　　【109年第2次、108年第1次】

　　　名師攻略：避險基金為規避風險並增加收益會採取：買賣衍生
　　　性金融商品、使用槓桿、運用買進和放空之投資策略。

重點 **2** **投資組合的管理**

( ) **1** 建構消極性投資組合時，應考慮：甲.交易成本；乙.追蹤誤 **(A)**
差；丙.股價是否低估 (A)僅甲、乙 (B)僅甲、丙 (C)僅
乙、丙 (D)甲、乙及丙皆是。 【110年第2次、109年第1次】

名師攻略：建立一個與市場相近的投資組合，但交易成本會很
高，若只買少許的股票可能又會跟市場偏離太多，造成追蹤誤
差。

( ) **2** 哪項「不」屬於選時決策？ (A)集中買入持有特定類股 **(A)**
(B)持有市場投資組合，並配以臺股指數期貨部位 (C)持股
比率調整 (D)調整持股的β係數。 【109年第3次】

名師攻略：集中買入持有特定類股乃「選時決策」。

( ) **3** 下列哪種資產配置的年報酬率波動性最低？ (A)80%股票； **(C)**
20%債券 (B)60%股票；40%債券 (C)30%股票；70%銀行
存款 (D)50%股票；50%債券。 【109年第2次】

名師攻略：資產配置裡若銀行存款的比重越大則年報酬率波動
性越低。

( ) **4** 何種投資組合與大盤指數的追蹤誤差最小？ **(C)**
(A)保本型基金 (B)高科技基金 (C)指數基金 (D)高成長
型基金。 【108年第2次】

名師攻略：被動式（消極）策略是透過持有一籃子證券的方式
建立一個與市場相近的投資組合，但交易成本很高，如果只買
少許股票，可能又會跟市場偏離太多造成追蹤誤差，而指數型
基金可在兩難中找到平衡點。

( ) **5** 基金經理人若具有擇時能力，則其管理之基金貝它（Beta） **(C)**
係數將隨市場上漲而： (A)降低 (B)不變 (C)增加
(D)無關。 【108年第4次】

名師攻略：由$R_p = \alpha + \beta_p R_m$，$\beta_p = \dfrac{\Delta R_P}{\Delta R_m}$，若$\beta_p > 1$，則$\Delta R_P > \Delta R_m$，
當股市上漲期間持有投資組合的報酬率（R_P）的漲幅大於市場
投資組合的漲幅。

(　) **6** 具有選時能力的股票型共同基金經理人，在股市下跌期間，其持有投資組合的貝它係數應： (A)大於1 (B)等於1 (C)等於0 (D)小於1。 　　　　　　　　　　　【109年第4次】 **(D)**

　　名師攻略：由$R_P = \alpha + \beta_P R_m$，$\beta_P = \dfrac{\Delta R_P}{\Delta R_m}$，若$\beta_P < 1$，則$\Delta R_P < \Delta R_m$，當股市下跌期間持有投資組合的報酬率（$R_P$）的跌幅小於市場投資組合的跌幅。

(　) **7** 進行資產配置策略時，將會考慮下列何者因素？ 甲、風險承受能力；乙、流動性；丙、進場時機；丁、股價高低；戊、投資目標 (A)僅甲、丙、丁、戊 (B)僅甲、乙、丙、丁 (C)僅甲、乙、丙 (D)僅甲、乙、戊。 【109年第1次】 **(D)**

　　名師攻略：資產配置策略時，會考慮：1.風險承受能力、2.流動性、3.投資目標。

(　) **8** 長期而言，影響投資組合報酬率的主要因素是哪項投資決策？ (A)證券選擇決策 (B)選時決策 (C)資產配置決策 (D)波段操作決策。 　　　　　　　　　【108年第1次】 **(C)**

　　名師攻略：資產配置策略：考量投資人的期望報酬率，風險容忍度與各證券的報酬與風險性來配置資產，從而決定投資各資產中的比重。

(　) **9** 投資管理中，所謂被動式管理（Passive Management）是指投資組合通常將資金投資於： (A)銀行定存 (B)國庫券 (C)市場投資組合 (D)β值大於1之證券。 【108年第4次】 **(C)**

　　名師攻略：方式是透過持有一籃子證券的方式建立一個與市場相近的投資組合。

(　) **10** 哪一項投資組合的非系統風險較小？ (A)電子產業之股票型基金 (B)依臺灣公司治理100指數發行之ETF (C)某績優公司個別股票 (D)綠能產業趨勢基金。 【109年第3次】 **(B)**

　　名師攻略：經由投資組合來降低非系統風險，依題意以臺灣公司治理100指數發行之ETF其非系統風險較小。

( ) **11** 投資人的資產配置決策，「不」考慮下列何項因素？ **(D)**
(A)是否要投資股市
(B)是否要投資債券市場
(C)是否有掌握時機的能力
(D)是否具備挑選證券的能力。　　　　　　【109年第3次】

名師攻略：考量投資人的期望報酬率，風險容忍度與各證券的
報酬率與風險性來配置資產，從而決定投資於各資產中的比
重。依題意投資人不考慮是否具備挑選證券的能力。

( ) **12** 為了使投資組合之風險不要太高，選股時應：　(A)利用特 **(D)**
殊事件導向投資策略　(B)利用套利策略　(C)選擇高成長之
股票　(D)配置性質不同之股票。　　　　　【108年第3次】

名師攻略：選股時應配置性質不同之股票可降低投資組合之風
險。

重點 **3** 投資組合績效指標

( ) **1** 利用過去報酬計算出國內共同基金J的β值等於1，崔納指標 **(B)**
（Treynor's Index）等於3%，簡生阿爾發（Jensen's Alpha）
為1%。同時又利用過去同期間報酬計算出國內共同基金K的
β值等於1.2，崔納指標等於2.5%，試計算共同基金K的簡生
阿爾發為多少？
(A)0.4%　(B)0.6%　(C)0.8%　(D)1.0%。　　　【110年第1次】

名師攻略：由 $\alpha = R_P - \{R_f + \beta_P[E(R_m) - R_f]\}$ ，已知 $\beta_P = 1$ ，
$\dfrac{E(R_P) - R_f}{\beta_P} = 3\%$ ， $\alpha = 1\%$ 代入，得 $1\% = (R_P - R_f) - \beta_P[E(R_m - R_f)]$ ，
$1\% = 3\% - 1 \times [E(R_m) - R_f]$ ，即 $E(R_m) - R_f = 0.02$ ，
由 $\alpha = R_P - \{R_f + \beta_P[E(R_m) - R_f]\}$ ，已知 $\beta_P = 1.2$ ，
$\dfrac{E(R_P) - R_f}{\beta_P} = 2.5\%$ ， $E(R_m) - R_f = 0.02$ 代入，
得 $\alpha = (R_P - R_f) - \beta_P[E(R_m) - R_f] = 2.5\% \times 1.2 - 1.2 \times 0.02 = 0.006 = 0.6\%$

( ) **2** 欲比較評估某基金之投資績效，則應將該基金之報酬率與下 **(D)**
列何種標準比較方為合理？　(A)同業拆款利率　(B)銀行平

均一年定存利率　(C)所有基金之平均報酬率　(D)風險性質
相同之其他基金報酬率。　　　　　　　　　　【109年第1次】

名師攻略：比較評估某基金之投資績效，則應將該基金之報酬
率與風險性質相同之其他基金報酬率作比較。

(　)　**3** 詹森（Jensen）的α指標，用來衡量投資績效，其適當性是建 **(B)**
立在：
(A)APT是正確的
(B)CAPM是正確的
(C)投資組合風險是不可以被分散消除的
(D)選項(A)(B)(C)皆非。　　　　　　　　　　【109年第1次】

名師攻略：式中$E(R_p)=R_f+\beta_p[E(R_m)-R_f]$，乃CAPM，
$\alpha=R_p-E(R_p)=R_p-\{R_f+\beta_p[E(R_m)-R_f]\}$。

(　)　**4** 一證券之平均報酬率，無法以市場風險解釋之部分稱為： **(D)**
(A)西格碼（Sigma）係數
(B)貝它（Beta）係數
(C)咖碼（Gamma）係數
(D)阿法（Alpha）係數。【109年第2次、108年第1次、108年第3次】

名師攻略：$\alpha=R_p-E(R_p)=R_p-\{R_f+\beta_p\times[E(R_m)-R_f]\}$，
式中R_p：投資組合的實際報酬，
$R_f+[E(R_m)-R_f]\times\beta_p$：投資組合的合理報酬但只考慮系統風險（$\beta$）

(　)　**5** 依據資本資產訂價模型，基金經理人所尋求價位被高估的 **(D)**
證券，是指該證券的詹森α係數：　(A)大於1　(B)等於1
(C)大於0　(D)小於0。　　　　　　　　　　【109年第2次】

名師攻略：$\alpha=R_p-E(R_p)$，式中$E(R_p)=R_f+\beta_p\times[E(R_m)-R_f]$
價位被高估，即實際報酬率（R_p）小於合理報酬率（$E(R_p)$），
故$R_p-E(R_p)<0$，即$\alpha<0$。

(　)　**6** 下列何者適合尚未完全分散，仍存有非系統風險投資組合績 **(A)**
效之評估？　(A)夏普指標　(B)崔納指標　(C)詹森指標
(D)貝它係數。【109年第2次、108年第1次、108年第3次、108年第4次】

名師攻略：Sharpe Ratio $= \dfrac{E(R_p) - R_f}{\sigma_p}$ ，式中σ_p＝總風險＝系統風險＋非系統風險。

( ) **7** 下列何指標係比較投資組合平均超額報酬與合理投資組合超額報酬的差異？ (A)夏普指標 (B)崔納指標 (C)詹森指標 (D)貝它係數。 【109年第2次】 **(C)**

名師攻略：$\alpha = R_p - E(R_p) = R_p - \{R_f + \beta_p \times [E(R_m) - R_f]\}$ ，
式中R_p：投資組合的實際報酬，
$R_f + \beta_p \times [E(R_m) - R_f]$：投資組合的合理報酬。

( ) **8** 每承擔一單位投資組合系統風險所能獲得的超額報酬，又稱為： (A)市場風險溢酬 (B)崔納指標 (C)變異係數 (D)詹森指標。 【108年第2次】 **(B)**

名師攻略：Treynor Ratio $= \dfrac{E(R_p) - R_f}{\beta_p}$ 。

( ) **9** 下列哪些資訊為評估基金績效時必要的資訊？ 甲.基金經理人姓名；乙.基金平均報酬率；丙.基金之風險特質；丁.基金規模大小 (A)甲、乙、丙、丁 (B)僅甲、乙、丙 (C)僅甲、丙 (D)僅乙、丙。 【109年第4次】 **(D)**

名師攻略：評估基金績效時，基金平均報酬率與基金的風險是必要的資訊。

Chapter 08 資本市場理論

資本配置線（CAL）：假設投資在風險性投資組合R的比例為W，投資在無風險性資產f的比例為$1-W$，若r_R表示風險性投資組合的報酬率，r_f表示無風險性資產的報酬率，$E(r_P)$表示預期報酬，σ_P為標準差。整體投資組合P的報酬率r_P為$r_P = w \times r_R + (1-w) \times r_f$，期望報酬為：$E(r_P) = w \times E(r_R) + (1-w) \times r_f$，變異數為：$Var(r_P) = Var(w \times r_P + (1-w) \times r_f) = Var(w \times r_R) = w^2 \times Var(r_R)$，即$\sigma_P = w \times \sigma_R$。

當$w=1$，表示把全部資金都投資風險性資產，

則$r_P = 1 \times r_R + (1-1) \times r_f = r_R$，$\sigma_P = w \times \sigma_R = 1 \times \sigma_R = \sigma_R$

當$w=0$，表示把全部資金都投資無風險性資產，

則$r_P = 0 \times r_R + (1-0) \times r_f = r_f$，$\sigma_P = w \times \sigma_R = 0 \times \sigma_R = 0$

將$w=1$的$(r_P, \sigma_P) = (r_R, \sigma_R)$與$w=0$的$(r_P, \sigma_P) = (r_R, 0)$這兩點座標聯成一條直線，由國中數學公式：

$$\frac{y - y_0}{x - x_0} = m = \frac{y_1 - y_0}{x_1 - x_0}，m：斜率$$

$\frac{\sigma_P - 0}{r_P - r_f} = \frac{\sigma_R - 0}{r_R - r_f}$，移項得$r_P - r_f = \frac{r_R - r_f}{\sigma_R} \times \sigma_P$，即$r_P = r_f + \frac{r_R - r_f}{\sigma_R} \times \sigma_P$，

稱為資本配置線（CAL）

重點 1 效率投資組合與效率前緣

如圖形8-1A所示：假設有A、B、C、D四個投資組合，「在相同報酬率下，選擇風險最低的」且「在相同的風險下，選擇報酬最高」原則下稱為效率投資組合，所以只有A、D是符合效率投資組合，再將A、D連成一線，即稱為「效率前緣」。如果納入新的投資組合可以降低風險則在相同的報酬較低的風險下，效率前緣將由A往左上方A'移動。如圖8-1B所示：

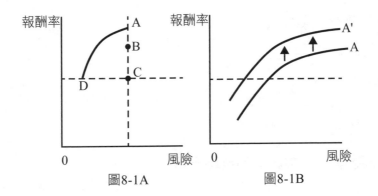

圖8-1A　　　　圖8-1B

重點 **2** 資本市場線（CML）

一、如圖8-2所示，如果把前面的資本配置線與效率前緣線相切在M點上，把
　　M點和r_f連線，這條線稱為資本市場線，這條線的位置都比任何位於效率
　　前緣線的投資組合如P、T點，在相同的風險下卻有較高的預期報酬率。
　　圖形上的M點是表示投資人把全部的資金都購買最適風險性的投資組合，
　　即W＝1。r_f點是表示投資人把全部的資金都購買無風險性的投資組合，即
　　W＝0。

當w＝1，$(r_P, \sigma_P) = (r_M, \sigma_M)$

當w＝0，$(r_P, \sigma_P) = (r_f, 0)$

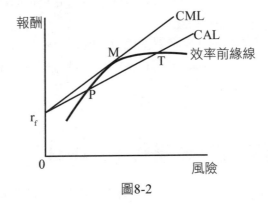

圖8-2

由國中數學公式：

$$\frac{y-y_0}{x-x_0}=m=\frac{y_1-y_0}{x_1-x_0} \text{，m：斜率}$$

$$\frac{\sigma_P-0}{r_P-r_f}=\frac{\sigma_M-0}{r_M-r_f} \text{，移項得} r_P-r_f=\frac{r_M-r_f}{\sigma_M}\times\sigma_P \text{，即} r_P=r_f+\frac{r_M-r_f}{\sigma_M}\times\sigma_P \text{，}$$

稱為資本市場線（CML）

二、資本配置線（CAL）的資金配置

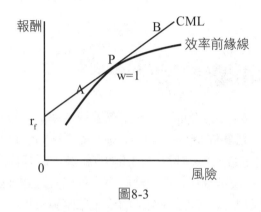

圖8-3

如圖8-3所示：

P點：$w=1$，表示投資人完全持有風險性資產，該的資金比例配置等於1。

A點：$w<1$，表示投資人對於風險性資產的資金比例配置小於1。

　　例：若$w=0.7$，$r_P=w\times r_R+(1-w)\times r_f=0.7\times r_R+(1-0.7)\times r_f=0.7r_R+0.3r_f$，
　　　　$\sigma_P=w\times\sigma_R=0.7\sigma_R$。

B點：$w>1$，表示投資人對於風險性資產的資金比例配置大於1。

　　例：若$w=1.4$，$r_P=w\times r_R+(1-w)\times r_f=1.4\times r_R+(1-1.4)\times r_f=1.4r_R-0.4r_f$，
　　　　$\sigma_P=w\times\sigma_R=1.4\sigma_R$。

重點 3　資本資產定價模式（CAPM）

資本資產定價模式（CAPM）用來評估個別有價證券風險與預期報酬的關係，一般而言，市場投資組合係包括市場上所有的資產投資組合，要形成此投資組合是件困難的事，例如，以股票市場而言要把上是與上櫃公司的發行股票形成

投資組合，在資金上的配置就要大費周章了，所以在實務上常以大盤的指數來替代市場的投資組合，由於採大盤的指數等於是把公司風險（或稱為個別風險）全部分散了，僅剩下無法經由投資組合予以分散的系統風險，先前的資本市場線（CML）是用來評估資產投資組合的風險與資產投資組合的預期報酬的關係，而資本資產定價模式（CAPM）是把投資組合改成個別資產的預期報酬，而風險則僅有系統風險這一項了。

一、資本資產定價模式（CAPM）的基本假設

(一) 所有投資人均為風險規避者。

(二) 投資人作決策時，只根據投資組合報酬之期望值與標準差來選擇風險性資產。

(三) 投資人對投資組合有一致的預期報酬。

(四) 資本市場為完全競爭市場，投資者為價格接受者。

(五) 存在一個無風險利率，投資人可在此無風險利率下，進行無限制借貸。

(六) 所有資產都可以教異且可以無限分割。

(七) 無任何交易成本及所得稅的問題。

在資本資產定價模式（CAPM）的假設下，可推導出在市場均衡時，資產的期望報酬。

$$E(R_i)=R_f+(E(R_m)-R_f)\times\beta_i$$

$E(R_i)$：第i項資產的期望報酬

R_f：無風險利率

R_m：市場投資組合報酬

β_i：第i項資產之系統風險，$\beta_i=\dfrac{cov(R_i,R_m)}{\sigma_m^2}$

二、β係數

在資本資產定價模式（CAPM）的假設下，Shape發展出市場均衡模式，資產的期望報酬係由其相對之β來決定，而資產的值，可以由歷史資料知個別資產報酬與市場投資組合報酬作迴歸分析而求得。其迴歸式為：

$$R_{i,t} = \alpha + \beta_i \times R_{m,t} + e_{i,t}$$

$$\beta_i = \frac{cov(R_i, R_m)}{\sigma_m^2} = \frac{\rho_{i,m} \times \sigma_i \times \sigma_m}{\sigma_m^2} = \frac{\rho_{i,m} \times \sigma_i}{\sigma_m}$$

式中：$\rho_{i,m}$：第i項資產和市場投資組合的相關係數

　　　σ_i：第i項資產報酬的標準差

　　　σ_m：市場投資組合報酬的標準差

對市場模式全微分得$\Delta R_{i,t} = \Delta\alpha + \beta_i \times \Delta R_{m,t} + \Delta e_{i,t}$，$\Delta R_{i,t} = \beta_i \times \Delta R_{m,t}$，

$\beta_i = \frac{\Delta R_{i,t}}{\Delta R_{m,t}}$，表示市場投資組合報酬變動後，第i項資產報酬的變動。

情況1：$\beta_i = \frac{\Delta R_{i,t}}{\Delta R_{m,t}} > 1$，$\Delta R_{i,t} > \Delta R_{m,t}$

　　　表示第i項資產報酬變動大於市場投資組合報酬的變動。

情況2：$\beta_i = \frac{\Delta R_{i,t}}{\Delta R_{m,t}} = 1$，$\Delta R_{i,t} = \Delta R_{m,t}$

　　　表示第i項資產報酬變動等於市場投資組合報酬的變動。

情況3：$\beta_i = \frac{\Delta R_{i,t}}{\Delta R_{m,t}} < 1$，$\Delta R_{i,t} < \Delta R_{m,t}$

　　　表示第i項資產報酬變動小於市場投資組合報酬的變動。

老師叮嚀

當$\beta_i = 1$時，代入$E(R_i) = R_f + [E(R_m) - R_f] \times \beta_i$，

則$E(R_i) = R_f + [E(R_m) - R_f] \times 1 = E(R_m)$，表示當系統風險值等於1時，

個別資產的預期報酬等於市場投資組合的報酬。

重點 **4** 證券市場線（SML）

一、資本資產定價模式（CAPM）若以橫軸座標為系統風險係數β，縱軸座標為個別資產的期望報酬率的圖8-4，表示如下：

$$E(R_i) = R_f + [E(R_m) - R_f] \times \beta_i$$

$$斜率 \frac{\Delta E(R_i)}{\Delta \beta_i} = E(R_m) - R_f$$

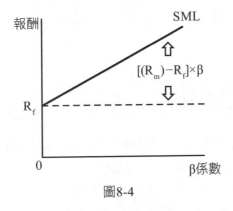

圖8-4

二、**均衡的調整**：如圖8-5，當市場達於均衡時，所有個別資產之報酬均落在上SML線上，例如C'點。若個別資產之報酬未落在SML上，表示市場未達均衡，而將經由市場機能自動調整達成均衡。

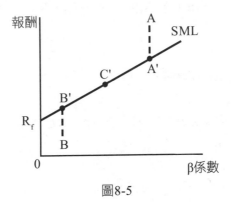

圖8-5

例 A點，在β_A的風險水準下所對應的資產報酬應為R'_A，但實際的報酬為R_A，而$R_A > R'_A$，表示該資產的價格被低估了，因此會引起投資人爭相購買，使得該資產的價格上升，而報酬率也跟著下降，直到A點回到SML線上之A'為止。

例 B點，在β_B的風險水準下所對應的資產報酬應為R'_B，但實際的報酬為R_B，而$R_B < R'_B$，表示該資產的價格被高估了，因此會引起投資人爭相拋售，使得該資產的價格下降，而報酬率也跟著上升，直到B點回到SML線上之B'為止。

重點 5　套利定價理論（APT）

一、套利定價理論（APT）係由Ross（1976）提出的它的假設：
(一) 投資人對資本報酬有相同的預期報酬。
(二) 資本市場為完全競爭市場且無任何交易成本。
(三) 個別證券預期報酬率與多個共同因子呈線性關係。

二、套利定價理論（APT）

$$E(R_i) = R_f + b_{i,1} \times F_1 + b_{i,2} \times F_2 + \cdots + b_{i,k} \times F_k$$
$$= R_f + b_{i,1} \times [E(R_1) - R_f] + b_{i,2} \times [E(R_2) - R_f] + \cdots + b_{i,k} \times [E(R_k) - R_f]$$

式中
$E(R_i)$：資產i的預期報酬率。
R_f：無風險利率
$b_{i,k}$：第i項資產與第k個共同因子變動的敏感度係數，稱為因素負荷量（factor loading）。
F_k：資產的第k個共同因子
$E(R_k) - R_f$：第k個共同因子之風險溢酬

三、套利定價理論（APT）與資本資產定價模式（CAPM）的關係

若套利定價理論（APT）中，當k＝1時，則模式為

$E(R_i)=R_f+b_{i,1}F_1=R_f+b_{i,1}[E(R_1)-R_f]$，相當於資本資產定價模式（CAPM），所以資本資產定價模式（CAPM）是套利定價理論（APT）的特例，或是套利定價理論（APT）為資本資產定價模式（CAPM）的一般式。

小試身手

（ ） 在二因素APT模式中，第一和第二因素之風險溢酬分別為6%及3%。若某股票相對應於此二因素之貝它係數分別為1.5及0.6，且其期望報酬率為17%。假設無套利機會，則無風險利率應為 (A)6.2% (B)6.5% (C)7% (D)8%。 【106年第4次高業】

答 **(A)**。由APT模式$E(R_i)=R_f+b_{i,1}\times[E(R_1)-R_f]+b_{i,2}\times[E(R_2)-R_f]$
已知$E(R_1)-R_f=6\%$，$E(R_2)-R_f=3\%$，$b_{i,1}=1.5$，$b_{i,2}=0.6$，
$E(R_i)=17\%$代入上式，得$17\%=R_f+1.5\times6\%+0.6\times3\%$，得
$R_f=6.2\%$。

高手過招

重點 **1** 效率投資組合與效率前緣

解答

（ ） **1** 有四種投資組合的報酬與風險如下，甲組合：(8%,7%)、乙組合：(9%,7%)、丙組合：(10%,8%)、丁組合：(11%,8%)。其中括弧內第一項為期望報酬率，第二項為標準差。哪些資產組合可確定不是落在效率前緣上？
(A)僅甲組合 (B)甲與乙組合 (C)甲與丙組合 (D)甲、乙、丙組合。 【110年第1次、110年第2次】

(C)

名師攻略：乙和丁都是效率投資組合，即固定風險下，報酬率最高，而效率投資組合的軌跡，即是效率前緣線。而甲、丙非效率投資組合，可確定不是落在效率前緣線上。

解答

( ) **2** 欲規避效率投資組合之風險，可採取下列何種行動？ **(B)**
(A)運用股票認購權證交易　(B)運用股價指數期貨交易
(C)運用可轉換公司債交易　(D)增加該投資組合內證券個
數，以消除風險。　　　　　　　　　　【110年第2次】

名師攻略：股價指數係由一特定之股票投資組合的綜合表現所
組成。故欲規避投資組合之風險可運用股價指數期貨交易。

( ) **3** 下列何者為「效率投資組合」之特性？　(A)必為風險最小 **(C)**
之投資組合　(B)必為報酬率最高之投資組合　(C)必為已充
分分散風險之投資組合　(D)必為貝它（Beta）值等於1之投
資組合。　　　　　　　　　　　　　　【109年第1次】

名師攻略：效率投資組合已經充分分散風險，故非系統性風險
為零。

重點 **2** 資本市場線（CML）

解答

( ) **1** 若市場投資組合期望報酬與報酬標準差分別為12%與20%， **(A)**
無風險利率為2%。投資組合P為一效率投資組合，其報酬
標準差為30%，則投資組合P之期望報酬為：　(A)17.0%
(B)18.0%　(C)20.0%　(D)24.5%。　【110年第1次、110年第2次】

名師攻略：由 $\dfrac{\sigma_p - 0}{r_p - r_f} = \dfrac{\sigma_M - 0}{r_M - r_f}$ ， $\dfrac{30\% - 0}{r_p - 2\%} = \dfrac{20\% - 0}{12\% - 2\%}$ ，得 $r_p = 17\%$ 。

( ) **2** 若市場投資組合之預期報酬率與報酬率變異數分別為12% **(A)**
與16%，甲為一效率投資組合，其報酬率變異數為25%，
當無風險利率為6%，則甲之預期報酬率為：　(A)13.50%
(B)14.25%　(C)15%　(D)16.25%。　　　【109年第4次】

名師攻略：由 $\dfrac{\sigma_p - 0}{r_p - r_f} = \dfrac{\sigma_M - 0}{r_M - r_f}$ ， $\dfrac{\sqrt{25\%} - 0}{r_p - 6\%} = \dfrac{\sqrt{16\%} - 0}{12\% - 6\%}$ ，得 $r_p = 0.135$ 。

解答

(　)　**3** 在報酬率－標準差的圖形中，連接無風險利率與市場投資組 **(A)**
合的線是：　(A)資本市場線　(B)無異曲線　(C)效用曲線
(D)證券市場線。　　　　　　　　　　　　　　【109年第1次】

　　　名師攻略：把R_f和M連接起來的線，稱為資本市場線（CML）。

(　)　**4** 在市場投資組合右上方之投資組合，其市場投資組合與無風 **(D)**
險資產權重可能為多少？　(A)0.7及0.3　(B)0.8及0.2　(C)－
0.2及1.2　(D)1.2及－0.2。　　　　　　　　　【108年第4次】

　　　名師攻略：由資本市場線（CML）的資金配置，P點的W＝1，
表示投資人完全採有風險性資產，B點：W＞1表示投資人對於
風險性資產的資金比例配置大於1，而B點在P點的右方，故資
金的配置為1.2及－0.2。

重點 **3** **資本資產定價模式（CAPM）**

解答

(　)　**1** 以下敘述何者不正確？　(A)風險溢酬未包含在預期報酬率 **(A)**
中　(B)風險愈低，投資人要求之風險溢酬愈低　(C)高風險
未必獲得高報酬　(D)投資人對公債的風險溢酬要求低於對
股票的風險溢酬要求。　　　　　　　　　　　【109年第1次】

　　　名師攻略：由$E(R_i)＝R_f+\beta_i[E(R_m)-R_f]$，式中$E(R_m)-R_f$即是風險
溢酬，表示預期報酬率＝無風險利率＋系統風險×風險溢酬。

(　)　**2** 依CAPM，若投資標的物之預期報酬率大於市場投資組合 **(A)**
之預期報酬率，則此投資標的物之貝它（Beta）係數為：
(A)大於1　(B)等於1　(C)等於0　(D)小於1。　【109年第4次】

　　　名師攻略：$\beta_i＝1$代入$E(R_i)＝R_f+\beta_i[E(R_m)-R_f]$
則$E(R_i)＝E(R_m)$，當$E(R_i)＞E(R_m)$，則$\beta_i＞1$。

(　)　**3** 請問零β（zero-beta）證券的期望報酬是： **(D)**
(A)市場報酬率　(B)零報酬率　(C)負的報酬率　(D)無風險
利率。　　　　　　　　　　　　　　　　　　【109年第4次】

　　　名師攻略：將$\beta＝0$代入$E(R_i)＝R_f+\beta_i[E(R_m)-R_f]$，得$E(R_i)＝R_f$。

解答

( ) **4** 有關市場投資組合之敘述何者「不正確」？ (A)包括市場上所有的資產或證券的投資組合 (B)通常以大盤股價指數衡量市場投資組合價格 (C)貝它係數為1之投資組合 (D)市場投資組合可以避免系統風險。 【110年第2次】 **(D)**

名師攻略：由$E(R_i)=R_f+\beta_i\times[E(R_m)-R_f]$，令$\beta_i=1$時，代入得$E(R_i)=E(R_m)$，表示市場投資組合的預期報酬在$\beta_i=1$時，等於個別證券的預期報酬率，即市場投資組合仍無法避免系統風險。

( ) **5** 依據CAPM模式，若市場上之甲股票的預期報酬率為13%，且市場預期報酬率為15%，無風險利率為5%。則甲股票的貝它（Beta）係數為多少？ (A)0.8 (B)0.7 (C)0.65 (D)0.55。 【108年第2次】 **(A)**

名師攻略：由CAPM：$E(R_i)=R_f+\beta_i\times[E(R_m)-R_f]$，已知$E(R_i)=13\%$，$E(R_m)=15\%$，$R_f=5\%$代入上式，$13\%=5\%+\beta_i\times(15\%-5\%)$，得$\beta_i=0.8$。

( ) **6** 有關CAPM之敘述何者不正確？ 甲、總風險愈高，其預期報酬率愈高；乙、只關心市場風險；丙、只能衡量投資組合之預期報酬率 (A)甲、乙、丙 (B)僅乙 (C)僅甲及丙 (D)僅乙及丙。 【108年第2次】 **(C)**

名師攻略：CAPM只考慮市場風險（系統風險），並非考慮非系統風險。

( ) **7** 根據CAPM，某證券期望報酬率僅與該證券之系統風險有關，是因為： (A)非系統風險可分散，故投資者不會對其要求額外報酬 (B)該證券的非系統風險很小，故可忽略不計 (C)CAPM理論上的缺陷，無法考慮非系統風險 (D)非系統風險無法衡量，故將之忽略不計。 【108年第2次】 **(A)**

名師攻略：CAPM的非系統風險可透過效率的投資組合予以分散，故投資者，不會對非系統風險要求額外報酬。

( ) **8** 根據CAPM，下列何者正確？ (A)所有證券都在資本市場線上 (B)所有證券都在證券市場線上 (C)價值低估的證券位在證券市場線上的下方 (D)選項(B)與(C)都正確。 【108年第1次】 **(B)**

解答

名師攻略：CAPM：$E(R_i) = R_f + \beta_i \times [E(R_m) - R_f]$，若以$\beta_i$為橫軸變數，$E(R_i)$為縱軸變數，所繪製的圖形即稱為「證券市場線」（SML）。

( ) **9** 設A公司目前股價為500元，預期一年後可漲至600元，無風險利率為2%，該股票β值為1.5，則市場投資組合之預期報酬率為多少？

(A)11%　(B)12%　(C)13%　(D)14%。　【109年第2次】

(D)

名師攻略：個股的預期報酬率$= \dfrac{600-500}{800} = 20\%$，

$20\% = 2\% + (R_m - 2\%) \times 1.5$，得$R_m = 14\%$。

( ) **10** 玉山公司股票β係數為2，市場報酬率為10%，已知無風險利率為2%。根據CAPM，投資者投資玉山公司股票要求報酬率為：　(A)12%　(B)16%　(C)18%　(D)20%。　【109年第4次】

(C)

名師攻略：由CAPM的期望報酬率$= 2\% + 2 \times (10\% - 2\%) = 18\%$。

( ) **11** 根據CAPM，非系統風險高之證券：　(A)期望報酬率較高　(B)系統風險較高　(C)貝它係數較高　(D)期望報酬率不一定較高。　【108年第3次】

(D)

名師攻略：CAPM僅考慮系統風險β，所以非系統風險高的證券，其期望報酬率不一定較高。

( ) **12** 依CAPM，若投資標的物之預期報酬率大於市場投資組合之預期報酬率，則此投資標的物之貝它（Beta）係數為：　(A)大於1　(B)等於1　(C)等於0　(D)小於1。　【108年第4次】

(A)

名師攻略：$\beta = 1$代入$E(R_i) = R_f + \beta_i[E(R_m) - R_f]$，則$E(R_i) = E(R_m)$，當$E(R_i) > E(R_m)$，則$\beta_i > 1$。

( ) **13** 甲、乙二股票之預期報酬率分別為7%及11%，報酬率標準差分別為20%及30%，若無風險利率為5%，市場預期報酬率為10%，且甲、乙二股票報酬率之相關係數為0.5，請問甲股票之β係數為多少？

(A)0.4　(B)0.6　(C)0.9　(D)1.5。　【110年第2次、109年第1次】

(A)

名師攻略：由CAPM：$E(R_i)=R_f+\beta_i\times[E(R_m)-R_f]$，
甲：$7\%=5\%+\beta_甲\times(10\%-5\%)$，得$\beta_甲=0.4$。
乙：$11\%=5\%+\beta_乙\times(10\%-5\%)$，得$\beta_乙=1.2$。

(　) **14** 設乙公司目前股價為500元，預期一年後可漲至600元，無風　**(D)**
險利率為2%，該股票β值為1.5，則市場投資組合之預期報酬
率為多少？
(A)11%　(B)12%　(C)13%　(D)14%。　【109年第1次】

名師攻略：個股的預期報酬率 $=\dfrac{600-500}{500}=20\%$，
再由CAPM的公式：$E(R_i)=R_f+\beta_i[E(R_m)-R_f]$
$20\%=2\%+1.5\times[E(R_m)-2\%]$，得$E(R_m)=14\%$。

(　) **15** 甲股票之報酬率與市場報酬率之相關係數為1，其標準差為　**(A)**
20%，若市場報酬率標準差為10%，請問該股票之貝它係數
為何？　(A)2　(B)1.67　(C)1.33　(D)資料不足，無法計
算。　【109年第2次】

名師攻略：$\beta_i=\dfrac{cov(R_甲,R_m)}{\sigma_m^2}=\dfrac{\rho_{甲,m}\times\sigma_甲\times\sigma_m}{\sigma_m^2}=\dfrac{\rho_{甲,m}\times\sigma_甲}{\sigma_m}$
$=\dfrac{1\times20\%}{10\%}=2$

(　) **16** 甲股票、乙股票與丙股票之貝它（Beta）係數均相同，但其　**(D)**
報酬率標準差大小依序為甲、乙與丙。根據CAPM理論，請
問哪一個股票的期望報酬率最高？　(A)甲　(B)乙　(C)丙
(D)三者相同。　【109年第1次、108年第2次】

名師攻略：由CAPM：$E(R_i)=R_f+\beta_i[E(R_m)-R_f]$，
若甲、乙、丙的β均相同，則$E(R_甲)=R_f+\beta[E(R_m)-R_f]$，
$E(R_乙)=R_f+\beta[E(R_m)-R_f]$，$E(R_丙)=R_f+\beta\times[E(R_m)-R_f]$，
即$E(R_甲)=E(R_乙)=E(R_丙)$。

(　) **17** 假設甲公司目前股價為500元，預期一年後可漲至600元，無　**(D)**
風險利率為2%，該股票β值為1.5，則市場投資組合之預期報
酬率為多少？
(A)11%　(B)12%　(C)13%　(D)14%。　【110年第1次】

解答

名師攻略：個股的預期報酬率 $=\dfrac{600-500}{500}=20\%$，

再由CAPM的公式：$E(R_i)=R_f+\beta_i[E(R_m)-R_f]$，

$20\%=2\%+1.5\times[E(R_m)]-2\%$，得 $E(R_m)=14\%$。

( ) **18** 何者「不是」基本CAPM模型之假設或結果？ (A)投資人皆同意所有股票之標準差相同 (B)證券市場線有正的斜率 (C)存在無風險利率 (D)所有投資人對相同之投資組合有相同之期望報酬。 【110年第2次】 **(A)**

名師攻略：CAPM的風險考量僅考慮系統風險，即β係數。

( ) **19** 友好公司預期明年可發放1.2元現金股利，且每年成長7%。假設目前無風險利率為6%，市場風險溢酬為8%，若友好公司股票之貝它（Beta）係數為0.75，在CAPM與股利折現模式同時成立，請問其股價應為何？ (A)10.71元 (B)15元 (C)20元 (D)24元。 【108年第2次】 **(D)**

名師攻略：先計算預期的報酬率：

$E(R_i)=R_f+\beta_i\times[E(R_m)-R_f]=6\%+0.75\times(8\%)=12\%$，

已知 $D_1=1.2$，$g=7\%$代入 $P_0=\dfrac{D_1}{r-g}$，得 $P_0=\dfrac{1.2}{12\%-7\%}=24$。

重點 **4** 證券市場線（SML）

解答

( ) **1** 若某個別證券的報酬位於SML之上方，表示： (A)個別證券未能提供預期報酬率 (B)價格被低估 (C)對該證券的需求將會減少 (D)價格被高估。 【109年第3次】 **(B)**

名師攻略：個股的預期報酬率高於CAPM所計算的預期報酬，表示該個股的股價被低估了。

( ) **2** 有關證券市場線（SML）之敘述何者正確？ (A)僅用於個別證券，不適用於投資組合 (B)僅用於投資組合，不適用於個別證券 (C)個別證券與投資組合均適用 (D)個別證券與投資組合均不適用。 【108年第4次】 **(C)**

名師攻略：

個別證券i的預期報酬率為：$E(R_i) = R_f + \beta_i[E(R_m) - R_f]$，

投資組合P的預期報酬率為：$E(R_P) = R_f + \beta_P[E(R_m) - R_f]$，

即證券市場線（SML）可用來衡量個別證券與投資組合的預期報酬率。

（　）**3** 假設無風險利率是7%，市場期望報酬率為15%，若此時小明發現一支股票其β是1.3，期望報酬率有12%，請問小明應該：　(A)買進該股票，因其價格被高估　(B)融券賣出該股票，因其價格被高估　(C)買進該股票，因其價格被低估　(D)觀望，因其價格是公允的（正確的）。　【109年第2次】　**(B)**

名師攻略：以CAPM計算的期望報酬率=7%+1.3×(15%－7%)=17.4%

17.4%>12%，表示其價格被高估了，應該融券賣出該股票。

（　）**4** 某證券之期望報酬率為12.5%，β值為1.15。若市場組合期望報酬率為10%，無風險利率為5%，則根據CAPM，此證券為：　**(C)**

(A)正常訂價　　　　　　　(B)價格高估

(C)價格低估　　　　　　　(D)選項(A)(B)(C)皆非。

名師攻略：以CAPM計算的期望報酬率

=5%+1.15×(10%－5%)=10.75%，10.75%<12.5%，表示其價格被低估。

（　）**5** A股票之期望報酬率等於13%，其貝它係數為1.2，設無風險利率為5%，市場預期報酬率等於10%。根據CAPM，該證券的價格為：　**(A)**

(A)低估　(B)高估　(C)公平　(D)無法得知。　【108年第4次】

名師攻略：以CAPM計算的期望報酬率=5%+1.2×(10%－5%)=11%，11%<13%，表示其價格被低估。

（　）**6** 假設無風險利率是7%，市場期望報酬率為15%，若此時小明發現一支股票其β是1.3，期望報酬率有12%，請問小明應該：　(A)買進該股票，因其價格被高估　(B)融券賣出該股票，因其價格被高估　(C)買進該股票，因其價格被低估　(D)觀望，因其價格是公允的。　【109年第1次】　**(B)**

名師攻略：以CAPM計算的期望報酬率＝7％＋1.3×（15％－7％）＝17.4％，17.4％＞12％，表示其價格被高估了，應該融券賣出該股票。

重點 **5** 套利定價理論（APT）

解答

( ) **1** 在二因子之APT理論中，假設投資組合對因子1之貝它係數為0.7，對因子2之貝它係數為1.5，因子1、因子2之風險溢酬分別為1.5％、4％，若無風險利率為6％，請問在無套利空間下，該投資組合之預期報酬率應為何？ (A)13.05% (B)11.15% (C)10.15% (D)9.15%。 【108年第2次】

(A)

名師攻略：由 $E(R_i) = R_f + b_{i,1}F_1 + b_{i,2}F_2$
$$= R_f + b_{i,1}[E(R_1) - R_f] + b_{i,2}[E(R_2) - R_f]$$
$$= 6\% + 0.7 \times (1.5\%) + 1.5 \times (4\%) = 13.05\%$$

( ) **2** 在二因素APT模式中，第一和第二因素之風險溢酬分別為6％及3％。若某股票相對應於此二因素之貝它係數分別為1.5及0.6，且其期望報酬率為16％。假設無套利機會，則無風險利率應為：
(A)6.2% (B)5.2% (C)4.8% (D)8%。 【110年第1次】

(B)

名師攻略：由 $E(R_i) = R_f + b_{i,1}F_1 + b_{i,2}F_2$
$$= R_f + b_{i,1}[E(R_1) - R_f] + b_{i,2}[E(R_2) - R_f] ，$$
$16\% = R_f + 1.5 \times 6\% + 0.6 \times 3\%$ ，得 $R_f = 5.2\%$ 。

( ) **3** 套利定價理論(APT)是根據下列何種觀念？ (A)風險不同的證券，其期望報酬率也可能相同 (B)風險完全相同的證券，其期望報酬率也應該相同 (C)不同種類的證券，即使其風險完全相同，其期望報酬率也不會相同 (D)選項(A)(B)(C)皆是。 【110年第1次、108年第3次】

(B)

名師攻略：由 $E(R_i) = R_f + b_{i,1}F_1 + b_{i,2}F_2$ ，
若甲、乙證券的 $b_{i,1} = b_1$ ， $b_{i,2} = b_2$ ，則 $E(R_甲) = R_f + b_1F_1 + b_2F_2$ ，
$E(R_乙) = R_f + b_1F_1 + b_2F_2$ ，即 $E(R_甲) = E(R_乙)$ 。

Chapter 09　衍生性金融商品

係指其價值由利率、匯率、股權、指數、商品、信用事件或其他利益及其組合等所衍生之交易契約及結構型商品。基本類型有：期貨、遠期、交換、選擇權等四大類。

衍生性金融商品功能：

(一) 風險管理工具。

(二) 價格發現功能。

(三) 促進市場效率性及完整性。

重點 1　期貨

一、期貨契約

(一) 定義：為一標準化遠期契約，指當事人約定於未來特定期間，一特定價格及數量等交易條件買賣約定標的物，或於到期前或到期時結算價差之契約。

(二) 特性：

　1. 標準化契約。

　2. 固定的交易場所。

　3. 大部分採現金交割。

　4. 每日結算保證金，不足維持保證金金額須補足至原始保證金。

(三) 功能：

　1. 避險：規避現貨價格波動的風險。

　2. 投機：預測現貨價格變動的方向。

　3. 套利：賺取期貨價格與現貨價格間失衡所產生的利益。

二、遠期契約

(一) 定義：買賣雙方同意在未來某一時點，以特定價格買賣標的物得交易契約，協議的內容包括標的物定義、品質、數量、交割日、交割地點、交割方式等。

(二) 遠期合約與期貨合約的差異：期貨合約是「標準化」的契約，遠期合約是「非標準化」契約。此外，期貨契約在交易所交易，遠期合約則不在交易所交易。

三、交換契約

交換係指買賣雙方約定在某一段期間內，交換不同的現金流量的特定協議契約。

四、選擇權契約

選擇權是一種權利契約，選擇權的買方支付權利金後便有權利在未來約定的特定日期依約定的履約價格，買入或賣出一定數量的約定標的物。

重點 **2** **股價指數期貨**

台指期貨契約是以台灣證券交易所的「發行量加權股價指數」為交易標的。而股價指數是以各上市股票之發行量為權數計算指數值，因此股本較大的股票對指數的影響會大於股本較小的股票。由於台指期貨契約是以發行量加權指數為標的，因此兩者的連動性非常高，以及加權指數的漲或跌，台指期貨也會同步漲跌。

契約內容

(一) 交易標的：台灣加權股價指數。

(二) 契約月份：自交易當月起連續三個月份，另加上三月、六月、九月、十二月中三個接續的季月，總共六個月份的契約在市場交易。

(三) 最後交易日：各契約的最後交易日為各契約交割月份第三個星期三，翌日為新契約的開始交易日。

(四) 交易時間：營業日8:45～13:45。

(五) 契約價值：台股期貨指數乘上新臺幣<u>200元</u>。

(六) 最小升降單位：1點＝200元。

(七) 到期結算交割：現金交割。

(八) 保證金：原始保證金為83000元，維持保證金為64000元。

(九) 最後結算價：以最後結算日收盤30前分鐘內所提供標的指數之簡單算術平均價訂之

(十) 漲跌幅限制：前一營業日結算價之<u>10%</u>。

小試身手

(　　) **1** 有關台股期貨的交易內容者不正確？　甲.標的為證交所發行量加權股價指數；乙.漲跌幅限制為20%；丙.指數升降單位為50元；丁.最後結算價以最後結算日收盤30前分鐘內所提供標的指數之簡單算術平均價訂之　(A)僅甲、丁　(B)僅乙、丙　(C)僅丙　(D)僅丁。　　　　　　　　　【107年第3次高業】

答 **(B)**。

(　　) **2** 台灣期貨交易所個股選擇權之權利金報價，1點價值為新台幣：(A)50元　(B)100元　(C)500元　(D)2000元。　　【106年第1次高業】

答 **(A)**。

(　　) **3** 我國股價指數期貨類契約之期貨交易稅課徵之實際徵收稅率為十萬分之：　(A)一　(B)二　(C)三　(D)四。

答 **(D)**。

重點 **3**　選擇權

一、選擇權

(一) 定義：選擇權是一種權利的「<u>契約</u>」，當選擇權的買方支付權利金後便有權利在未來約定的特定日期依約定的履約價格，買入或賣出一定數量的約定標的物。

(二) 選擇權的種類：依選擇權可執行的時間分為：

1. 歐式選擇權：指選擇權只能在約定期間之到期日當天方可執行權利。

2. 美式選擇權：指選擇權在到期日之前任何時間，買方均有權利執行其選擇權。

(三) 選擇權的交易類型：有買方和賣方，有買權和賣權，故有四種組合。

買權買方（Long Call）：有權利在約定的特定日期依約定的履約價格買入約定標的物，預期標的物（例如；股價）未來會上漲時，會採此策略。

買權賣方（Short Call）：有義務在買方選擇執行買權時，只能被動的依履約價格賣出標的物。

賣權買方（Long Put）：有權利在約定的特定日期依約定的履約價格賣出約定標的物，預期標的物（例如；股價）未來會下跌時，會採此策略。

賣權賣方（Short Put）：有義務在買方選擇執行賣權時，只能被動的依履約價格買入標的物。

(四) 選擇權交易的特性：

1. 買方與賣方的權利與義務：買方擁有權利可以選擇履約或放棄；賣方則負有履約義務，必須依買方要求履行交割義務。

2. 買方與賣方的交易成本：買方支付「權利金」，賣方收取「權利金」且繳交「保證金」。

3. 買方與賣方的損失：買方若選擇不履約則僅損失權利金，賣方若是買方履約最大損失有可能無限。

4. 買方與賣方的獲利：買方若選擇履約則獲利有可能無限，賣方若是買方選擇不履約最大獲利只有權利金收入。

二、選擇權的價格

選擇權的價格即買賣選擇權時，該權利金的價格，權利金的價格高低與所對應的標的物價格有密切關係。

影響選擇權價格的因素：我們可以由賣權買權等價關係，來討論買權（C）與賣權（P）的變化：

$$C = \frac{K}{(1+r_f)^T} = C + S_0$$

因素	買權（C）	賣權（P）
標的物價格S ↑	↑	↓
履約價格K ↑	↓	↑
到期期間長短T ↑	↑	↑
無風險利率r_f ↑	↑	↓
標的物價格的波動性σ ↑	↑	↑

知識補給站

記法：由賣權買權等價關係$C + \dfrac{K}{(1+r_f)^T} = P + S_0$，來思考記憶。

(一) 買權（C）

1. 標的物價格S↑→賣權買權等價關係等號右邊↑→為了維持平衡C↑
2. 履約價格K↑→賣權買權等價關係等號左邊↑→為了維持平衡C↑
3. 到期期間長短T↑→未來價內的機會↑→C↑
4. 無風險利率r_f↑→賣權買權等價關係等號左邊↓→為了維持平衡C↑
5. 標的物價格的波動性σ↑→未來價內的機會↑→C↑

(二) 賣權（P）

1. 標的物價格S↑→賣權買權等價關係等號右邊↑→為了維持平衡P↓
2. 履約價格K↑→賣權買權等價關係等號左邊↑→為了維持平衡P↑
3. 到期期間長短T↑→未來價內的機會↑→P↑
4. 無風險利率r_f↑→賣權買權等價關係等號左邊↓→為了維持平衡P↓
5. 標的物價格的波動性σ↑→未來價內的機會↑→P↑

三、選擇權的價值

買權的價值＝內含價值＋時間價值。

(一) 內含價值＝標的物的價格－履約價格。

(二) 時間價值：當標的物價格與履約價格的差距越大則時間價格越低，當標的物價格與履約價格的差距越小則時間價格越高。

重點 **4** 認股權證

認股權證係由標的股票發行公司所發行，且常附著於特別股或公司債，例如：附認股權特別股或附認股權公司債。

認股權證是持有者有權利以認購價格來購買發行公司的股票，所以認股權證執行後將使發行公司發行新股，因此流通在外股數增加。

選擇權的買權則是持有者有權利以履約價格購買選擇權買權發行者的股票，所以不會使得發行公司的新股增加，只是選擇權買權持有者對賣出買權者所持有的股票從事交易。

一、權證評價

(一) 權證

權證是證券商所發行與持有人之間的一種「契約」，權證持有人在約定的時間有權以約定的價格買入或賣出一定數量的標的證券。權證可以分為：

1. 認購權證：投資人可依事先約定價金，購買某檔股票的權利，類似選擇權的「買進買權」。

2. 認售權證：投資人可依事先約定價金，賣出某檔股票的權利，類似選擇權的「買進賣權」。

(二) 權證的履約價格

1. 標的股票價格>認購權證履約價格 → 價內認購權證
（標的股票價格>認售權證履約價格 → 價外認售權證）

2. 標的股票價格<認購權證履約價格 → 價外認購權證
（標的股票價格<認售權證履約價格 → 價內認售權證）

3. 標的股票價格=認購權證履約價格 → 價平認購權證
（標的股票價格=認售權證履約價格 → 價平認售權證）

標的股票除權、除息、現金增減資時，標的股票價格會進行調整，履約價格也必須同步調整，公式如下：

$$新履約價格 = 調整前履價格 \times \frac{除息（權）參考價}{除息（權）前1日盤價}$$

(三) 影響權證價格的因素

影響的變數	認購權證	認售權證
標的股價S_T ↑	↑	↓
履約價格K ↓	↓	↑
標的股價波動性σ ↑	↑	↑
距離到期日的時間T ↑	↑	↑
利率r_f ↑	↑	↓
現金股利 ↑	↓	↑

二、認購（售）權證的交易實務

(一) 撮合方式：盤中採逐筆競價，開盤第一次及收盤最後一次採集合競價。

(二) 漲跌幅限制：權證今日漲跌停價格＝權證昨日收盤價±標的股今日漲跌停幅度×行使比例。

(三) 履約的結算方式：

　1. 現金結算：交易手續費＋證券交易稅＋股款。

　2. 證券給付：交易手續費＋標的物給付。

(四) 行使比例：每一單位認購(售)權證所能認購(售)之標的股票的數量。

(五) 成本槓桿倍數：成本槓桿倍數＝$\dfrac{標的股票價格×行使比例}{認購（售）權證價格}$。

(六) 避險比率（或稱delta值）

　用來衡量權證價格與標的股價之間的漲跌關係，計算公式如下：

$$避險比率＝\dfrac{認購權證價格變動值}{標的證券價格變動值}$$

　例如：delta＝0.6，表示標的股價變動一元時，買權價格上升0.6元。

　例如：delta＝−0.6，表示標的股價變動一元時，賣權價格上升0.6元。

　　避險比率的另一種表示方式：避險比率＝$\dfrac{現貨避險部位}{賣出選擇權部位}$

例如：避險比率為0.7，代表賣出買權一單位搭配買進0.7單位的股票。

例如：避險比率為－0.7，代表賣出賣權一單位搭配買進0.7單位的股票。

小試身手

( )　某認購權證之發行總認購股數為2000萬股，當期避險比率為0.4時，擇理論上發行券商應持有之避險部位為多少？　(A)800萬股 (B)2100萬股　(C)1500萬股　(D)1000萬股。　　【108年第1次高業】

答 (A)。避險比率 = $\dfrac{現貨避險部位}{賣出選擇權部位}$，$0.4 = \dfrac{現貨避險部位}{2,000}$，現貨避險部位 = 800。

重點 5　結構型金融商品

結構型金融商品的組成是固定收益商品＋選擇權。固定收益商品的部分有保本的功能，而選擇權的收益有可能使獲利超出保本的部分，但損失也有可能侵蝕本金。包括連動型債券、股權連動商品及保本型商品。

一、股權連動商品

也稱為高收益債，它的組成是票券折價發行＋賣出選擇權，它是以賣權權利金為收益來源，最多只賺到賣權的權利金，而當標的價格大於履約價格時造成的損失有可能是無限的，所以一定會侵蝕本金甚至血本無歸。

二、保本型商品

它的組成是票券平價發行＋買入選擇權，它是以買權為收益來源，最多只損失買權的權利金，而當標的價格大於履約價格時造成的獲利有可能是無限的，到期的報償金額＝票面金額×[保本率＋參與率×max（標的股票上漲幅度,0）]。

高手過招

重點 1 期貨契約

(C) **1** 關於期貨價格與現貨價格的關聯性之描述,下列何者「不正確」?
(A)期貨價格與現貨價格變化大多為同向變動　(B)有可能出現某天期貨價格上漲、但現貨價格卻下跌之情形　(C)期貨價格永遠高於現貨價格　(D)接近期貨契約到期日時,理論上期貨價格與現貨價格會趨於一致。　【109年第2次】

名師攻略:期貨價格到期時會等於現貨價格。

(D) **2** 買賣期貨,何者須付權利金?　(A)僅買方　(B)僅賣方 (C)買賣雙方均要　(D)買賣雙方均不要。　【109年第1次】

名師攻略:買賣期貨並無權利金的規定,但雙方皆須支付保證金。

(C) **3** 所謂期貨的「價格發現」功能,意味著期貨價格是現貨價格的:　(A)落後指標　(B)同時指標　(C)領先指標　(D)選項(A)(B)(C)皆非。　【109年第4次、108年第1次】

名師攻略:「價格發現」是指買賣雙方各自任自己的預期和需求進行交易,可利於發現商品的真實價格。故期貨價格是現貨價格的領先指標。

(D) **4** 2019年5月底可以交易的臺指期貨契約到期月份,包括: (A)5月、6月、7月、8月、9月、10月　(B)6月、7月、8月、9月、10月、11月　(C)6月、7月、9月、12月、隔年3月 (D)6月、7月、8月、9月、12月、隔年3月。　【109年第3次】

名師攻略:自交易當月連續三個月份,另加上三月、六月、九月、十二月中三個接續的季月。

(D) **5** 高先生向證券商承作(買進)債券保證金交易,標的債券之存續期間為3.2年,保證金點數為50點(bp),若其承作之面額為5,000萬元,則其保證金為:　(A)550,000元 (B)650,000元　(C)750,000元　(D)800,000元。【108年第3次】

解答

名師攻略：保證金＝面額×保證金點數×存續期間
＝5,000（萬）×50×0.01%×3.2＝800,000。

( ) **6** 何者為臺灣期貨交易所上市的利率期貨商品？ (A)美元兌 **(C)**
日圓期貨 (B)臺股期貨 (C)10年期公債期貨 (D)金融保險
類股價指數期貨。 【109年第2次】

名師攻略：目前是10年期政府公債期貨,標的物取為面額500萬
元,票面利率3%的十年期假設性公債,採百元報價,最小跳動值
為每百元0.005元,約每契約價值250元(5,000,000×0.05%)。

重點 **2** 股價指數期貨

解答

( ) **1** 假設目前臺灣證券交易所股價指數小型期貨（MTX）為 **(D)**
6,500點,則其一口契約價值為新臺幣：
(A)500,000元 (B)300,000元 (C)1,000,000元 (D)325,000
元。 【109年第4次】

名師攻略：6,500×50＝325,000。

( ) **2** 股價指數期貨之契約規格中,其交割方式為何？ **(C)**
(A)股票指數交割 (B)指數交割 (C)現金交割 (D)股票交
割。 【109年第1次】

名師攻略：股價指數期貨之契約,交割方式為現金交割。

重點 **3** 選擇權

解答

( ) **1** 小真支付5元之權利金買進一賣權,該賣權履約價格為100 **(A)**
元,請問標的物價格為多少時,才能使小真損益兩平？
(A)95元 (B)100元 (C)90元 (D)105元。 【110年第1次】

名師攻略：選擇權賣權的獲利＋權利金＝0,
(100－90)＋(－5)＝0,即標的物價格為95元。

( ) **2** 某一標的物市價40元,執行價格43元之賣權價格為5元,則 **(B)**
此賣權之內含價值為何？ (A)5元 (B)3元 (C)2元 (D)0
元。 【109年第3次】

名師攻略：內含價值＝執行價格－標的物市價＝43－40＝3。

解答

( ) **3** 有關股票選擇權權利金報價單位，何者「正確」？
甲.1點價值為新臺幣200元；乙.權利金未滿5點：0.01點；
丙.權利金在15點以上，未滿50點：0.1點
(A)僅甲、乙　(B)僅乙、丙
(C)僅甲、丙　(D)甲、乙、丙。　　【110年第1次、109年第2次】

(B)

名師攻略：甲、1點價值為新臺幣50元。

( ) **4** 一般來說，不論是買權（Call Options）或賣權（Put
Options），距到期日愈近，則時間價值：
(A)視情況而定　(B)愈低　(C)愈高　(D)時間與權利金價格
無關。　　　　　　　　　　　　　　　　【108年第4次】

(B)

名師攻略：愈接近到期日，時間價值愈低。

( ) **5** 何項因素將使買進選擇權的價格提高？　(A)標的物價格越
低　(B)執行價格越高　(C)到期期間越長　(D)股價波動較
小。　　　　　　　　　　　　　　　　　【110年第1次】

(C)

名師攻略：到期期間越長，則買權與賣權的價格皆會提高。

( ) **6** 假設目前市場上對於VR（虛擬實境）很看好，所以投資人
對於從事VR的黑森林公司股價看多，如果當你也認同時，
請問以下幾種方式，可以讓你獲利？　甲、買入黑森林公
司買權；乙、買入黑森林公司賣權；丙、賣出黑森林公司
買權；丁、賣出黑森林公司賣權　(A)1種　(B)2種　(C)3種
(D)4種。　　　　　　　　　　　　　　　【109年第1次】

(B)

名師攻略：對未來的股價看漲，可採買入買權或賣出賣權兩種
方式來獲利。

( ) **7** 一般來說，不論是買權（Call Options）或賣權（Put
Options），距到期日愈近，則時間價值：
(A)視情況而定　(B)愈低　(C)愈高　(D)時間與權利金價格
無關。　　　　　　　　　　　　【108年第2次、108年第3次】

(B)

名師攻略：選擇權隨著到期日的接近，時間價值亦隨著時間的
經過而消逝，選擇權到期或被買方履約時，時間價值將終歸於
零。

(　)　**8** 有關我國「櫃買選擇權契約規定」之敘述，何者為真？ **(C)**
甲.為美式選擇權；乙.到期月份為自交易當月起連續三個月
份，另加上三月、六月、九月、十二月中二個接續的季月
(A)甲、乙皆是　　　(B)僅甲
(C)僅乙　　　　　　(D)甲、乙皆非。　　　　　【110年第2次】

　　名師攻略：甲.為歐式選擇權。

(　)　**9** 某甲買進一口履約價為50元之仁寶賣權，並賣出一口履約價 **(B)**
為39元之仁寶賣權，則某甲應繳保證金為：　　(A)買進與賣
出部位之履約價乘以履約價格乘數　　(B)不需要繳交保證金
(C)僅需繳交賣出部位之保證金　　(D)僅需繳交買進部位之保
證金。

　　名師攻略：選擇權買方（某甲）支付權利金，選擇權賣方收取
權利金，並繳交保證金。

(　)　**10** 假設一個履約價格為50的買權，其市場價格等於2，而標的 **(D)**
股價目前為45，則下列敘述何者正確？　　(A)該買權的內含
價值等於3　　(B)標的股價至少會上漲到52　　(C)買權投資人
已經獲利5　　(D)該買權的時間價值等於2。

　　名師攻略：選擇權價值＝內含價值＋時間價值，2＝0＋時間價
值，得時間價值＝2。

(　)　**11** 下列哪一種變化不會使買權的價值隨之增加？　　(A)發放股 **(A)**
利　　(B)無風險利率高　　(C)標的物價格波動性高　　(D)標的物
價格高。　　　　　　　　　　　　　　　　【108年第1次】

　　名師攻略：發放股利，買權的價值下降。

(　)　**12** 下列何種投資策略可在標的股票下跌時獲利？ **(C)**
(A)買進股票　　　(B)買進股價指數期貨
(C)買進賣權　　　(D)買進買權。　　　　　　【108年第1次】

　　名師攻略：對未來的股價看跌，可買進賣權，若股價下跌可獲
利。

(　) **13** 於臺灣期貨交易所掛牌之股票選擇權權利金，其每日漲跌 **(D)**
幅限制之說明，下列何者「正確」？ (A)無漲跌幅之限
制 (B)每日漲跌幅點數為前一交易日權利金收盤價之10%
(C)每日漲跌幅點數為約定標的物價值之當日最大變動金額
之10% (D)每日漲跌幅點數為約定標的物價值之當日最大
變動金額除以權利金乘數。 【110年第1次】

　　名師攻略：股票選擇權權利金，每日漲跌幅點數為約定標的物
價值之當日最大變動金額除以權利金乘數。

(　) **14** 下列哪一種變化不會使買權的價值隨之增加？ (A)發放股 **(A)**
利 (B)無風險利率高 (C)標的物價格波動性高 (D)標的物
價格高。 【108年第2次】

　　名師攻略：發放股利，買權的價格下降。

(　) **15** 一般而言，風險性愈高之股票，不考慮其他因素時，其買權 **(A)**
價格會： (A)愈高 (B)愈低 (C)不影響 (D)看市場利率
而定。 【108年第2次】

　　名師攻略：風險性愈高之股票，表示股票的價格波動率愈大，
則買權價格愈高。

(　) **16** 有關選擇權之敘述，何者「正確」？ (A)選擇權的買方須 **(D)**
繳交保證金 (B)選擇權的買方風險無限 (C)選擇權之賣方
潛在獲利無限 (D)選項(A)(B)(C)皆非。 【109年第3次】

　　名師攻略：(A)賣方繳交保證金。(B)賣方風險無限。(C)買方潛
在獲利無限。

(　) **17** 有關衍生性商品之敘述何者為真？ I.在其他條件相同下， **(D)**
美式選擇權之價值高於歐式選擇權；II.在其他條件相同下，
期貨價值會高於遠期契約的價值；III.衍生性商品之價值一
定低於其標的物價值 (A)I、II、III (B)僅II (C)僅I、III
(D)僅I。 【108年第1次】

　　名師攻略：美式選擇權可隨實履約，歐式選擇權需到期才履
約，故美式選擇權之價值高於歐式選擇權。

( ) **18** 有關股權連結商品的敘述，何者「正確」？ 甲.投資人為 **(C)**
選擇權之買方；乙.報酬與契約期間長短有關；丙.又稱高收
益債券（High Yield Notes） (A)僅甲、乙 (B)僅甲、丙
(C)僅乙、丙 (D)甲、乙、丙。 【110年第1次、109年第2次】

名師攻略：甲.賣出選擇權。

( ) **19** 投資人購買12月份到期、履約價格為30元之1口A公司買 **(C)**
權，其權利金成交金額為8點。到期日當天A公司收盤價為
35元，且A公司於選擇權存續期間中無償配股20%，若履
約採現金結算方式，則零股部分之結算價格為： (A)30元
(B)33元 (C)35元 (D)38.5元。 【108年第3次】

名師攻略：零股是盤後交易，結算價格是以當日收盤價為標
準，依題意當天A公司收盤價為35元，故零股之結算價格為35
元。

重點 **4** 認購權證

( ) **1** 認購權證價格的上、下限分別為： (A)履約價值、標的 **(B)**
股價 (B)標的股價、履約價值 (C)履約價格、履約價值
(D)履約價值+時間價值、履約價值。 【108年第3次】

名師攻略：標的股價>履約價值，則履約。標的股價<履約價
值，則放棄履約。故標的股價、履約價值為認購權證價格的
上、下限。

( ) **2** 有關認購售權證之敘述何者不正確？ (A)權證投資有時間 **(B)**
限制，到期日後此權證即失去履約的權利 (B)權證交易無
升降幅度限制 (C)開盤及收盤採集合競價 (D)認購（售）
權證盤中採逐筆交易。 【108年第1次、108年第2次】

名師攻略：認購（售）權仍有漲跌幅限制，以標的股票的漲跌
幅（10%）再乘上行使比例為限。

( ) **3** 某認購權證之發行總認購股數為2,000萬股，當其避險比率為 **(A)**
0.4時，則理論上發行券商應持有之避險部位為多少？

解答

(A)800萬股　　(B)2,100萬股
(C)1,500萬股　　(D)1,000萬股。　　　　　【108年第2次】

名師攻略：$2,000×0.4=800$（萬）。

(　) **4** 附認股權證公司債被執行時，以下敘述何者「正確」？　　**(D)**
甲.公司債即不存在；乙.投資人不須再支付任何金額即可取
得普通股；丙.發行公司即償還公司債之本金
(A)甲、乙、丙　　(B)僅乙
(C)僅甲、丙　　(D)甲、乙、丙皆不正確。　　【109年第3次】

名師攻略：甲、被執行，公司債仍存在。
乙、投資人須支付原約定金額才可取待普通股。
丙、發行公司是否即償還公司債本金與附認股權證公司債被執
行無關。

(　) **5** 執行認購權證之權利時，在現金給付之情形下，需交付：　　**(D)**
甲、手續費；乙、認購股款；丙、證券交易稅　　(A)僅乙
(B)僅甲、乙　(C)僅甲、丙　(D)甲、乙、丙。【108年第3次】

名師攻略：履約採現金給付需交付(1)現金結算（認購股款）；
(2)交易手續費（按履約價格的1.425‰）。

(　) **6** 某認購權證之發行總認購股數為2,000萬股，當其避險比率為　　**(A)**
0.4時，則理論上發行券商應持有之避險部位為多少？
(A)800萬股　(B)2,100萬股　(C)1,500萬股
(D)1,000萬股。　　　　【108年第1次、108年第2次、108年第4次】

名師攻略：$2,000$（萬）$×0.4=800$（萬）。

(　) **7** 假設今天N公司股價收盤為38元，其認購權證的價格為6.4　　**(D)**
元，行使比率為1.2，則隔一交易日N公司認購權證的最大漲
幅為：
(A)2.6元　(B)0.4元　(C)3.4元　(D)4.5元。　　【108年第4次】

名師攻略：認購權證最大漲幅=標的股票的漲幅×行使比率
$=38×10\%×1.2=4.56$。

( ) **8** 一般而言，認購權證履約時，結算方式有： 甲、現金結算，需負擔手續費、交易稅並繳股款；乙、現金結算，不須負擔交易稅；丙、標的物給付，需負擔手續費、交易稅並繳股款；丁、標的物給付，不須負擔交易稅 (A)甲、丙 (B)乙、丙 (C)甲、丁 (D)乙、丁。 【108年第4次】 **(C)**

名師攻略：(1)履約採現金結算，需負擔手續費，證券交易稅及繳股款。
(2)履約採證券給付，需負擔手續費，不需負擔證券交易稅。

( ) **9** 標的物市價為81元，執行價格75元，認購權證45元，則該認購權證之槓桿比率為何？
(A)2.5 (B)2 (C)1.8 (D)1.5。 【108年第4次】 **(C)**

名師攻略：$\dfrac{標的物市價}{認購權證價格} = \dfrac{81}{45} = 1.8$。

重點 **5** 結構型金融商品

( ) **1** 有關結構型商品的敘述，「正確」的有：甲.又稱連動型債券；乙.股權連結商品及保本型商品皆屬於結構型商品；丙.保本型商品於商品到期時本金可以完全保障
(A)僅甲 (B)僅乙
(C)僅甲、乙 (D)甲、乙、丙。 【109年第4次、108年第1次】 **(C)**

名師攻略：丙.保本型商品於商品到期時本金不一定可以完全保障。

( ) **2** 證券商從事結構型商品與轉換公司債資產交換交易業務，其承作總額度的限制受何者影響？
甲、市場利率高低
乙、證券商之信用評等；丙、證券商之資本淨值
(A)僅甲、乙 (B)僅甲、丙
(C)僅乙、丙 (D)甲、乙、丙。 【109年第4次、108年第3次】 **(C)**

名師攻略：證券商從事結構型商品與轉換公司債資產交換交易業務時，證券商之信用評等與證券商之資本淨值影響其承作總額度。

第二篇 財務分析

Chapter 01

會計的概念

(一) 會計的意義：會計是一門研究如何提供與決策相關之財務資訊的學問，透過辨認、衡量、記錄、分類、彙總、分析與溝通等稅率，提供財務資訊，以提升決策品質並促進經濟資源運用之效率。

(二) 會計資訊的使用者：

　1. 內部使用者：管理者。

　2. 外部使用者：
　　直接使用者：投資人
　　　　　　　　債權人與潛在的投資人
　　　　　　　　債權人
　　間接使用者：稅務機關
　　　　　　　　證券期貨局
　　　　　　　　顧客
　　　　　　　　工會

重點 1 會計五大要素

會計的要素即為財務報表要素，即構成財務報表的內容，包括資產、負債、股東權益、收益、費損，共五項要素。

小試身手

( )　下列何項不屬於財務報表的「要素」（Element）？
(A)負債　(B)收入
(C)損失　(D)來自營業活動的現金流量。　【108年第3次高業】

答 **(D)**。國際會計準則委員會（IASC）將會計要素歸類為資產、負債、股東權益、收益、費損。

重點 **2** 會計恆等式

資產 = 資產的權利

資產 = 負債 + 權益
          ↑   ↑
        屬於債權人的   屬於投資人的

經營一段期間
┌─ 期初：<u>期初資產</u>＝<u>期初負債</u>＋<u>期初股東權益</u>
│   ＋ 收入
│   － 費用
│   ＋ 增加投資
│   － 分配股利
└─ 期末：<u>期末資產</u>＝<u>期末負債</u>＋<u>期末股東權益</u>

重點 **3** 會計基本原則

基本的會計原則係指通用於所有交易事項之普遍性原則。

一、收入認列原則

任一項目同時符合下列條件時即應予認列。

(一) 與該項目相關之未來經濟效益很有可能流入或流出企業。

(二) 該項目之成本或價值能可靠衡量。

二、配合原則

<u>費用</u>應與<u>收入配合</u>，為賺得收入而發生之費用應與收入在<u>同一報導期間認列</u>，以適當衡量各期之損益。

三、成本原則

<u>歷史成本</u>為會計衡量之最原始基礎，企業之資產、負債、股東權益及損益，應以交易發生時之<u>現金交換價格</u>為最初認定（入帳）之依據。

四、行業特性原則

對於特殊行業的會計事項有些會計原則並不適用時，<u>應參酌實際情況</u>，採行其它適當的會計處理方法。

小試身手

( )　鐵路局之鐵軌枕木採汰舊法或重置法計提折舊，此係依據：(A)經濟個體假設　(B)客觀原則　(C)行業特性原則　(D)成本原則。　　　　　　　　　　　　　　　　　　　　　　　【110年第1次高業】

答 **(C)**。行業特性原則：係指對特定行業採用特殊的會計處理方式，以配合該行業的需要，達到財務報表的用途。

重點 **4** 財務報表

一、財務報表的種類

<u>靜態報表</u>：是指某一時間點，例如2022年12月31日。例如：資產負債表。
<u>動態報表</u>：是指某一期間，例如2022年1月1日至12月31日。例如：綜合損益表、權益變動表、現金流量表。

(一) 綜合損益表：表達企業某段期間經營損益之情況。
(二) 權益變動表：表達期初至期末股東權益變動之狀況。
(三) 資產負債表：表達期末的資產、負債與股東權益之狀況，<u>資產類別是按流動性由高至低排列</u>。
(四) 現金流量表：表達期初至期末現金增減之原因、金額及全期之淨變動金額。

小試身手

( )　企業之主要財務報表為綜合損益表、資產負債表、權益變動表及現金流量表，其中動態報表有幾種？　(A)一種　(B)二種　(C)三種　(D)四種。

答 **(B)**。靜態報表：資產負債表。
動態報表：綜合損益表、權益變動表、現金流量表。

二、一般公認會計原則

為使不同企業間成同一企業不同期間之財務資訊得以比較，並使會計人員有所遵循，這種被大家所接受的會計處理規則，稱為一般公認會計原則。

美國發布的一般公認會計原則。

我國發布「財務會計準則公報」。

2001年國際會計準則理事會IASB發布的IFRS，與國際會計準則委員會IASC發布的IAS，便於不同國家之企業間財務報表的比較。

三、財務報表的基本目的

以提供一般資訊用途之資訊為原則，以投資者及債權人之資訊需求為考量。

(一) 投資與決策的有用資訊。

(二) 評估企業未來的現金流量。

(三) 對企業的經濟資源（資產），對經濟資源之請求權（負債與股東權益），及各項交易對經濟與請求權具有影響之資訊。

(四) 評估企業運用資源之責任及績效之資訊。

四、財務報表之品質特性

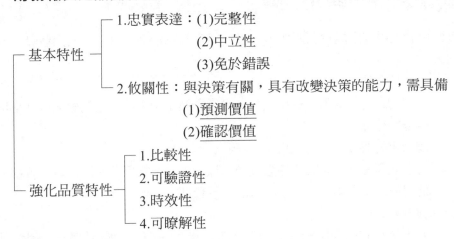

五、有關財務報導之限制

(一) 成本與效益之平衡：當提供某項會計資訊之成本高於其所產生之效益時，此項資訊便不值得提供。

(二) 重大性：會計上對於「誤述或遺漏不影響使用者決策」事項，得為權宜之
處理。

老師叮嚀

我國自2013年起，上市、上櫃公司及某些金融業，開始採用IFRS
作為編製財務報表的依據，而2015年，其他公開發行公司也必須
採用IFRS。

(三) 附註揭露事項

下列事項不需調整財報，僅需以附註露：

(1)重要會計政策匯總說明

(2)關係人間重大交易

(3)期後事項。

重點 5 會計基本假設

為使會計處理程序能順利運作，一般公認會計原則係基於下列四大假設而制定
的。

(一) 企業個體假設

企業的資產、負債、費用損益，應與企業主個人或其他個體之會計事項完
全分開處理。

(二) 繼續經營假設

會計處理係假設企業將持續經營，以實現其營業目標並履行各項義務，因
此對於結束營業可能發生的狀況不予預期。

(三) 會計期間假設

將企業存在的期間劃分成若干相等的時段，每一個時段稱為一個會計期
間，於各時段結束時編製各項財務報表，定期提供予資訊使用者。

(四) 貨幣單位假設

會計為了記錄上的需要，故假設貨幣價值不變成變動甚少而可暫時不予考
慮。

高手過招

重點 **1** 會計五大要素

解答

( ) **1** 下列何項不屬於財務報表的「要素」（Element）？
(A)負債　(B)收入　(C)損失　(D)來自營業活動的現金流量。　　　　　　　　　　　　　　　　　　【108年第3次】

(D)

名師攻略：國際會計準則委員會（IASC）將會計要素歸類為資產、負債、權益、收益和費用五個要素。

( ) **2** 下列何項不屬於財務報表的「要素」（Element）？
(A)負債　(B)收益　(C)費損　(D)來自營業活動的現金流量。　　　　　　　　　　　　　　　　　　【109年第4次】

(D)

名師攻略：依商業會計法規定：第28條財務報表之要素包括資產、負債、權益、收益、費損。

重點 **2** 財務報表的種類

解答

( ) **1** 企業之主要財務報表為綜合損益表、資產負債表、權益變動表及現金流量表，其中動態報表有幾種？　(A)一種　(B)二種　(C)三種　(D)四種。【109年第3次、110年第2次、110年第1次】

(C)

名師攻略：靜態報表：資產負債表。
動態報表：綜合損益表、權益變動表、現金流量表。

( ) **2** 在資產負債表中的各項資產是依何種順序排列？　(A)取得之時間先後　(B)金額之大小　(C)流動性之高低　(D)重大性之大小。　　　　　　　　　　【108年第2次、109年第4次】

(C)

名師攻略：資產類別是按流動性由高至低排列。

( ) **3** 企業之主要財務報表為綜合損益表、資產負債表、權益變動表及現金流量表，其中動態報表有幾種：　(A)一種　(B)二種　(C)三種　(D)四種。　　　　　　　【108年第4次】

(C)

名師攻略：一段時間，如2013/1/1～2013/12/31，是一種流量概念，為動態報表，如：綜合損益表、權益變動表、現金流量表。

重點 3 會計基本原則

(　　) **1** 將某一金額以下的支出一律作為費用支出，是合乎：
(A)可驗證性　(B)一致性原則　(C)成本原則　(D)重大性原則。　　　　　　　　　　　　　　　　　　【108年第1次】

(D)

名師攻略：重大性原則：太不重要，一定「金額」以下的支出，即使使用效益超過一年，仍一律做為費用支出，而不依一般資產入帳導致需分年攤提。

(　　) **2** 鐵路局之鐵軌枕木採汰舊法或重置法計提折舊，此係依據：
(A)經濟個體假設　(B)客觀原則　(C)行業特性原則　(D)成本原則。　　　　　　　　　　　　　　　　　【110年第1次】

(C)

名師攻略：行業特性原則：係指對特定行業採用特殊的會計處理方法，以配合該行業之需要，達到財務報表之用途。

(　　) **3** 以下幾項魯班建設公司的會計處理實務中，哪一項最有可能違反一般公認會計原則？　(A)魯班將其租賃收入，列入其營業收入　(B)魯班將其利息收入，列入其營業收入　(C)魯班將其違約金收入，列入其營業外收入　(D)魯班將其營建成本，列入營業成本。　　　　　　　　　　【110年第1次】

(B)

名師攻略：利息收入列入營業收入，將使營業利益高估，也使稅前淨利高估。

(　　) **4** 將一定金額以下的資本支出視為收益支出處理，是合乎：
(A)比例性原則　(B)成本原則　(C)客觀性原則　(D)重大性原則。　　　　　　　　　　　　　　　　　　【109年第3次】

(D)

名師攻略：重大性原則：太不重要，一定「金額」以下的支出，即使使用效益超過一年，仍一律做為費用支出，而不依一般資產入帳導致需分年攤提。

重點 4 財務報表

~財務報表之品質特性~

(　　) **1** 具有決策攸關性之財務報表，必須具備以下哪些條件？
甲、有預測價值；乙、有確認價值；丙、中立性　(A)僅甲

(A)

和乙　(B)僅乙和丙　(C)僅甲和丙　(D)甲、乙和丙皆須具
備。　　　　　　　　　　　　　　　　　　　　【108年第4次】

名師攻略：攸關性：與決策有關，具有改變決策的能力，需具
備(1)預測價值；(2)確認價值。

(　) **2** 有用的財務資訊應同時具備攸關性與忠實表述兩項基本品質　　**(A)**
特性，下列何者屬於「攸關性」的內容？　(A)財務資訊能
讓使用者用以預測未來結果　(B)讓使用者了解描述現象所
須之所有資訊，包括所有必要之敘述及解釋　(C)財務資訊
對經濟現象的描述，能讓各自獨立且具充分認知的經濟現象
觀察者，達成對經濟現象的描述為忠實表述的共識　(D)財
務資訊應清楚簡潔的分類、凸顯特性及表達。　【110年第1次】

名師攻略：攸關性：與決策有關，具有改變決策的能力，需具
備(1)預測價值；(2)確認價值。

~有關財務報導之限制~

(　) **1** 下列那一個項目不須在財務報表之附註中揭露？　(A)關係　　**(D)**
人交易　(B)期後事項　(C)會計政策　(D)有可能發生之或有
資產。　　　　　　　　　　　　　　　　　　【108年第2次】

名師攻略：需附註揭露的事項：(1)重要會計政策匯總說明；(2)
關係人間重大交易；(3)期後事項。

(　) **2** 玉泉公司購入一組鋼釘，其使用年限為10年，但公司仍借　　**(C)**
記為費用，此符合何種原則？　(A)配合原則　(B)成本原則
(C)重大性原則　(D)收入認列原則。　　　　　【108年第4次】

名師攻略：重大性原則：太不重要，一定「金額」以下的支
出，即使使用效益超過一年，仍一律做為費用支出，而不依一
般資產入帳導致需分年攤提。

(　) **3** 下列那一個項目可不須在財務報表之附註中揭露？　　　　**(D)**
(A)關係人交易　(B)期後事項　(C)會計政策　(D)有可能發
生之或有資產。　　　　　　　　　　　　　　【108年第3次】

名師攻略：需附註揭露：(1)重要會計政策匯總說明；
(2)關係人間重大交易；(3)期後事項。

解答

(　) **4** 下列何者為財務報表揭露之可能成本？ 　(A)在與同業競
爭時，變得較不利　(B)政治成本　(C)訴訟成本　(D)選項
(A)(B)(C)皆是。　　　　　　　　　　　　　　　【109年第4次】

(C)

名師攻略：財報揭露的可能成本：(1)與同業競爭時，變得較不
利；(2)政治成本；(3)訴訟成本。

重點 5 　國際會計準則

解答

(　) **1** 根據國際會計準則第32號「金融工具：表達」，下列敘述何
者不正確？ 　(A)企業以本身權益商品之收取或交付完成交
割之合約，若該合約權利或義務為一固定金額，或者部分或
全部隨著企業本身權益商品市價以外之變數變動，以收取或
交付變動數量之企業本身權益商品，則該合約應屬金融資產
或金融負債　(B)企業之合約以收取或交付固定數量之本身
權益商品方式交割，以交換固定數額之現金或其他金融資產
者應屬金融資產或金融負債　(C)企業以現金或其他金融資
產購買本身權益商品之合約義務，應以贖回金額之現值列為
金融負債。即使該合約本身為權益商品，企業仍應認列金融
負債　(D)企業之合約以收取或交付固定數量之本身權益商
品，交換變動數量之現金或其他金融資產方式交割者，屬企
業之金融資產或金融負債。　　　【110年第2次、108年第2次】

(B)

名師攻略：企業之合約以收取或交付固定數量之本身權益商品
方式交割，以交換固定數額之現金或其他金融資產應分類為權
益。

(　) **2** 根據國際財務報導準則第7號「金融工具：揭露」之規定，
因外幣匯率變動而導致金融工具之公允價值或未來現金流量
波動之風險為： 　(A)市場風險　(B)流動性風險　(C)信用風
險　(D)利率風險。　　　　　　　　　　　　　【108年第1次】

(A)

名師攻略：因外幣匯率變動而導致金融工具之公允價值或未來
現金流量波動之風險為市場風險。

(　) **3** 根據國際會計準則第32號「金融工具：表達」，當股票選擇權發行人可選擇以現金淨額交割或以本身股份交換現金方式交割時，該股票選擇權宜歸類為：　(A)金融資產　(B)金融負債　(C)權益　(D)一般資產。　【108年第1次、108年第2次】　**(B)**

名師攻略： 當股票選擇權發行人可選擇以現金淨額或以本身股份交換現金方式交割時，該股票選擇權歸類為「金融負債」。

(　) **4** 根據國際會計準則第32號「金融工具：表達」，可轉換為企業固定數量普通股之公司債券，以金融工具發行人之觀點而言，此等工具包含哪幾項組成要素？　(A)金融負債及權益商品　(B)金融資產及金融負債　(C)金融資產及權益商品　(D)金融資產、金融負債及權益商品。　【108年第2次】　**(A)**

名師攻略： 可轉換為企業固定數量普通股之公司債券的金融商品，組成的要素包含金融負債及權益商品。

NOTE

Chapter 02　流動資產

重點 1　流動資產的條件

一、企業因營業所產生之資產，預期將於正常營業週期中變現、消耗、或意圖出售。

二、因交易目的而持有者。

三、預期將於資產負債表日後十二個月變現者。

四、現金或約當現金，但於資產負債表日後逾十二個月用以交易，清償負債，或受有其他限制者除外。

資產負債表

資產	負債
流動資產	流動負債
基金及長期投資	長期負債
固定資產	其他負債
無形資產	**股東權益**
遞延資產	資本
其他資產	未實現損益
	保留盈餘

科目名稱	定義
現金及約當現金	可轉換為固定金額之現金，且到期日在三個月以內之短期票券，例如短期票券之變現能力幾乎與現金相當，故歸類為約當現金。
應收票據	因主要營業活動之賒銷商品或提供給客戶後，對客戶產生貨幣請求權，若該請求權有正式債權憑證者，稱之為應收票據。

科目名稱	定義
應收帳款	企業對顧客或他人之貨幣、商品或勞務之請求權。
存貨	準備提供正常營運出售之製成品或商品,即為存貨。此外,正在生產中之再製品,將於未來加工完成後出售者,或直接或間接用於生產供出售之商品或材科等,亦屬存貨。
預付費用	不應由本期負擔而於本期先行支付之費用。

知識補給站

現金及約當現金:管理當局可自由運用支配其用途,具備十足購買力之支付工具,主要具備三大特性:貨幣性、通用性,可自由運用。

重點 2　銀行往來調節表

一、功能

(一) 為加強企業對於現金的內部控制,以預防舞弊事件發生。

(二) 對「公司帳上現金餘額」與「銀行對帳單餘額」兩者間的差異進行調節,獲得正確數字後再將此數字載入資產負債表內。

二、銀行存款存在差異之原因

時間性差異	公司已記帳	在途存款	B⁺
	銀行未記帳	未兌現支票	B⁻
	銀行已記帳	銀行借記代付款或扣取各項費用	C⁻
	公司未記帳	銀行貸記代付款或支付利息給公司	C⁺
錯誤	公司	記帳金額和存入或支票金額不符	C⁻
		誤將甲銀行之存款或支票記為乙銀行	C⁻
	銀行	記帳金額和存入或支票金額不符	B⁻
		誤將他人存款或支出計入本公司存款帳戶	B⁺

調整:B⁺(銀行加回),B⁻(銀行扣除),C⁺(公司加回),C⁻(公司扣除)

重點 3 應收票據

應收票據貼現

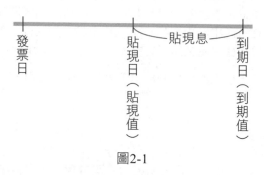

圖2-1

到期值＝面額＋面額×票據到期期間×票面利率。

貼現期間＝到期日－貼現日。

貼現息＝到期值×貼現率×貼現期間。

貼現值＝到期值－貼現息。

小試身手

( )　新城公司將2個月期，年利率8%，面額$480,000的應收票據一紙，持往花奇銀行申請貼現該票據在貼現時，尚有1個月到期。貼現時收到現金$481,536，則其貼現率應為：　(A)9%　(B)10%　(C)11%　(D)12%。　【108年第2次高業】

答 **(D)**。

到期值＝$480,000+480,000×8%×\dfrac{2}{12}=486,400$

貼現息＝到期值－貼現金額＝$486,400-481,536=4,864$

貼現息＝$486,400×x×\dfrac{1}{12}=4,864$，得x＝12%

重點 **4** 應收帳款

一、應收帳款認列

1. 應收帳款成因與入帳：

(1)商業折扣：大量折扣之價格，以折扣後的價格入帳。

(2)現金折扣：現金價的價格，例如：2/10，n/30表示付款期限為30天，但 若能在10日內還款者，可享2%之現金折扣。

(3)應收帳款入帳金額：

以商業折扣或現金折扣後之金額入帳，若客戶未享有折扣者，則收其 他收入項下之「客戶未享折扣」入帳。

(4)銷貨折扣之隱含利率計算。

例 應收帳款金額為1,000元，在2/10，n/30的條件下，求隱含利率為何？

解 10天內還款，應收帳款只要還1,000(1－2%)＝980，

超過10天，應收帳款為1,000，所以30－10＝20（天）

本金×利率×期間＝支付的代價

$980 \times r \times \dfrac{20}{360} = 20$，r＝36.73%

二、應收帳款評—壞帳估計

1. 直接沖銷法

壞帳於實際發生時認列：

壞帳費用　　　XXX

　　應收帳款　　　XXX

2. 備抵法

(1)會計處理

A.估計壞帳：

壞帳費用　　　XXX

　　應收帳款　　　XXX

B.發生壞帳：

$$\begin{cases} 備抵壞帳 & XXX \\ \quad 應收帳款 & XXX \end{cases}$$

C.壞帳沖銷後又收回

$$\begin{cases} 應收帳款 & XXX \\ \quad 備抵壞帳 & XXX \end{cases}$$

$$\begin{cases} 現金 & XXX \\ \quad 應收帳款 & XXX \end{cases}$$

(2)壞帳估計方法：

A.銷貨百分比法

賒銷淨額×壞帳率＝當期壞帳費用

B.應收帳款餘額百分比法

應收帳款		備抵壞帳	
1/1期初應收 賒銷			1/1期初備抵
	收現 銷貨退回與折讓 壞帳沖銷	壞帳沖銷	壞帳提列（本期）
12/31期末應收帳款			12/31備抵壞帳

期末應收帳款×壞帳率＝備抵壞帳

1/1期初備抵＋壞帳提列（本期）－壞帳沖銷＝12/31備抵壞帳
得壞帳提列（本期）＝12/31備抵壞帳－1/1期初備抵＋壞帳沖銷

小試身手

(　　)　千葉公司X6年初應收帳款餘額$360,000，備抵損失貸餘$10,800，
X6年中賒銷淨額$780,000，帳款收現$640,000，應收帳款實際發
生減損損失$20,000，該公司每年採用相等之備抵損失率按應收帳
款餘額百分比法提列。千葉公司X6年底應提列減損損失為：

(A)$5,200　　　　(B)$5,800

(C)$23,600　　　　(D)$24,200。　　　　　　　【109年第4次高業】

答 **(C)**。

	應收帳款		備抵損失		
1/1	360,000	640,000	20,000	1/1	10,800
	780,000	20,000			x
12/31	480,000			12/31	14,400

$480,000 \times 0.03$

備抵損失率 $= \dfrac{10,800}{360,000} = 0.03$，令應提列減損損失為x

$10,800 + x - 20,000 = 14,400$，得x $= 23,600$

重點 5 存貨

一、存貨盤存制度

(一) 定期盤存制：係指每隔一段期間經由盤點方式決定存貨數量與金額的存貨制度。又稱為「實地盤存制」。

(二) 永續盤存制：係指持續不斷地在帳面上清點存量，以隨時得知存貨的現況。又稱為「帳面盤存制」。

二、存貨評價

(一) 成本流動假設

依據成本原則，使存貨達到可供銷售狀態下的一切必要合理支出均屬存貨成本。

1. 先進先出法：假設較早購入之商品成本，隨商品之出售而較先賣出（即轉成銷貨成本）。

2. 平均法：假設相同的商品，單位成本應該相同，因此每次結轉銷貨成本，都要重新計算平均單位成本。

(二) 存貨之期末評價與調整

成本與淨變現價值孰低法

1. 成本的決定：依個別認定法或從可使用之成本流程假設中選擇適用者，決定存貨成本。

2. 淨變現價值的決定：淨變現價值係指商品之估計售價減除可能發生之處分費用後之淨額。

3. 比較成本與淨變現價值以較低者

當淨變現價值較成本低時，應認列存貨跌價損失，並以備抵存貨跌價作為存貨之減項。

$$
\begin{cases}
存貨跌價損失 \quad XXX \quad \rightarrow 銷貨成本的加項 \\
\quad 備抵存貨跌價 \quad XXX \quad \rightarrow 存貨的減項
\end{cases}
$$

三、存貨的估計方法

毛利率法：以過去的毛利率估計本期毛利率，並間接推算期末存貨的估計價值。

$$毛利率 = \frac{銷貨淨額 - 銷貨成本}{銷貨淨額}$$

銷貨淨額 = 銷貨收入 − 銷貨退回與折讓 − 銷貨折扣。

由　銷貨成本 = 期初存貨 + 進貨淨額 − 期末存貨。

即　期末存貨 = 期初存貨 + 進貨淨額 − 銷貨成本。

　　　　　　 = 可供銷售商品成本 − 銷貨淨額（1 − 毛利率）。

小試身手

（　）　存貨的淨變現價值是指：
(A)預期售價　(B)購買的成本加上完成製造及銷售所需的支出
(C)預期售價加上完成製造及銷售所需的支出　(D)預期售價減去完成製造及銷售所需的支出。　　　　　　　　　　　　　　【109年第2次高業】

答 (D)。淨變現價值：在正常情況之下估計售價減除至完工尚須投入之成本及銷售後之餘額。

四、存貨錯誤更正

情況1：期末存貨高估

由　銷貨成本＝期初存貨＋本期進貨－期末存貨

　　　　↓　　　　　　　　　　　　　　　↑

本期　本期期末存貨高估，則本期銷貨成本低估→本期損益高估

　　　本期期末存貨＝下期期初存貨

　　　　↑　　　　　　↑

下期　下期期初存貨高估，則下期銷貨成本高估→下期損益低估

　　　本期損益高估＋下期損益低估＝保留盈餘無影響

情況2：期末存貨低估

由　銷貨成本＝期初存貨＋本期進貨－期末存貨。

　　　　↓　　　　　　　　　　　　　　　↑

本期　本期期末存貨低估，則本期銷貨成本高估→本期損益低估

　　　本期期末存貨＝下期期初存貨。

　　　　↓　　　　　　↓

下期　下期期初存貨低估，則下期銷貨成本低估→下期損益高估

　　　本期損益低估＋下期損益高估＝保留盈餘無影響

情況3：進貨未入帳，但期末盤點正確。

由　銷貨成本＝期初存貨＋本期進貨－期末存貨。

　　　　↓　　　　　　　　　　　　　　　↓

本期　本期進貨低估，則本期銷貨成本低估

　　　→本期損益高估→保留盈餘高估。

此外，應付帳款低估，即流動負債低估。

小試身手

（　　）　採用定期盤存制的萬吉公司，在去年度盤點時存貨少記100萬元，假設該公司的適用稅率為17%，這項錯誤將使：　(A)去年度銷貨成本減少100萬元　(B)去年度淨利虛增100萬元　(C)今年度淨利虛增50萬元　(D)去年度淨利虛減83萬元。　【109年第1次高業】

> **答**(D)。由　銷貨成本＝期初存貨＋本期進貨－期末存貨。
> 若期初存貨↓100萬，則銷貨成本↑100萬，造成銷貨毛利↓100萬
> 而淨利↓100(1－17%)＝83（萬）

高手過招

重點1 流動資產的條件

解答

(　) **1** 下列哪一項不能列為流動資產？　(A)正常分期付款銷貨所收到之應收票據，到期日在12個月以內者　(B)預付一年內將徵收之財產稅　(C)以交易為目的之金融資產　(D)人壽保險之解約現金價值，總經理為受益人。　【108年第4次】

(D)

名師攻略：人壽保險之解約現金價值，應列為公司的長期投資項目，即非流動資產。

(　) **2** 下列何者為非？　(A)6個月到期之負債，雖到期時擬發行普通股之方式清償，在資產負債表上仍應列為流動負債　(B)無提列償債基金的長期負債，其即將於一年內到期償還部分，在資產負債表上應列為短期負債　(C)公司開出半年內到期之期票，持向銀行貼現（不附追索權方式），應列為公司或有負債　(D)提撥償債基金準備，並不會使權益總額發生變動。　【108年第4次】

(C)

名師攻略：半年內到期之期票，持向銀行貼現，應列為公司的流動負債。

(　) **3** 下列何者為非？
(A)6個月到期之負債，雖到期時擬發行普通股之方式清償，在資產負債表上仍應列為流動負債　(B)無提列償債基金的長期負債，其即將於一年內到期償還部分，在資產負債表上應列為短期負債　(C)公司開出半年內到期之期票，持向銀行貼現，應列為公司或有負債　(D)提撥償債基金準備，並不會使權益總額發生變動。　【108年第3次】

(C)

名師攻略：應列為公司的流動負債。

解答

( ) **4** 房地產公司購入而尚未出售之房屋應列為： **(D)**
(A)無形資產　　(B)不動產、廠房及設備
(C)基金與投資　(D)流動資產。　　　　　【109年第1次】

名師攻略：準備提供正常營運出售之製成品，或商品，即為存
貨。此外，正在生產中之再製品，將於未來加工完成後出售
者，或直接或間接用於生產供出售之商品或材料等，亦屬存
貨，為流動資產。

( ) **5** 採用權責基礎記帳，期末應將當期應負擔之費用由下列何者 **(A)**
轉為費用：
(A)資產　(B)負債　(C)權益　(D)收入。　　　【108年第3次】

名師攻略：資產轉列為費用，例如：預付費用為資產科目，期
末轉為費用。

重點 **2** 銀行往來調節表

解答

( ) 下列哪一項目可能在銀行對帳單中已有記載，但存款戶的 **(B)**
帳載記錄要等到收到對帳單後才做調整？　(A)在途存款
(B)手續費　(C)未兌現支票　(D)已兌現支票。【109年第2次】

名師攻略：手續費是銀行已經扣款，存款戶要收到對帳單才知
道有手續費扣款。

重點 **3** 應收票據

解答

( ) **1** 道奇公司於1月1日收到票額$15,000，利率8%之2個月期票 **(B)**
據，1月16日持往銀行貼現，貼現率10%，則貼現可得現金
若干（假設一年為365天）？　(A)$15,000　(B)$15,012.60
(C)$15,250　(D)$15,478.75。　　　【108年第3次、109年第2次】

名師攻略：

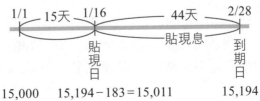

到期值：$15,000 + 15,000 \times 8\% \times \dfrac{59}{365} = 15,194$

貼現息：$15,194 \times 10\% \times \dfrac{44}{365} = 183$

貼現金額：$15,194 - 183 = 15,011$

( )　**2** 新城公司將2個月期，年利率8%，面額$480,000的應收票據一紙，持往花奇銀行申請貼現，該票據在貼現時，尚有1個月到期。貼現時收到現金$481,536，則其貼現率應為：(A)9%　(B)10%　(C)11%　(D)12%。　【108年第2次】　**(D)**

名師攻略：

到期值：$480,000 + 480,000 \times 8\% \times \dfrac{2}{12} = 486,400$

貼現息＝到期值－貼現金額＝$486,400 - 481,536 = 4,864$

貼現息＝$486,400 \times x \times \dfrac{1}{12} = 4,864$，得$x = 12\%$

( )　**3** 假設6個月的利率為5%，國庫券的現貨價格為96，在未來6個月裡國庫券利息給付之現值為4，則6個月的國庫債券期貨的價值為多少？

(A)92　(B)96.6　(C)97.65　(D)99.84。　【108年第1次】　**(B)**

名師攻略：現貨價格－貼現息＝$96 - 4 = 92$
未來6個月後的國庫券價值為：$92 \times (1 + 5\%) = 96.6$

重點 **4** 應收帳款

( )　**1** 紫金公司X6年初應收帳款總額為$100，當年度賒銷金額$1,000，應收帳款收現金額為$950，該公司帳列備抵損失餘額均為應收帳款的5%，X6年度確定無法收回之帳款計$10。　**(B)**

紫金公司X6年度提列之壞帳費用為：

(A)$12.50　(B)$12.00　(C)$7.00　(D)$7.50。【108年第2次】

名師攻略：

應收帳款			備抵損失		
1/1	100	950	10	1/1	5
	1,000	10			x
12/31	140				7

140×5%

1/1的備抵損失：100×5%＝5，令x為當年度提列之壞帳費用，
5＋x－10＝7，得x＝12。

（　）**2** 賒銷$3,000並代顧客支付運費$60，付款條件2/10，n/30，若顧客於10天內將貨款與運費一併支付，則應收現金若干？

(A)$3,060　　　(B)$3,030

(C)$3,000　　　(D)$2,940。　　　【109年第1次、110年第1次】

名師攻略： 3,000×(1－2%)＋60＝3,000

（　）**3** 某公司106年底調整前部分帳戶金額如下：應收帳款$250,000、銷貨$5,000,000、備抵損失$1,000（貸餘）、銷貨退回$220,000、銷貨運費$20,000，若估計壞帳為銷貨淨額的0.5%，則106年之壞帳費用為：　(A)$23,900　(B)$25,000 (C)$15,000　(D)$24,000。　　　【109年第3次】

名師攻略： 銷貨淨額＝銷貨－銷貨退回
　　　　　　＝5,000,000－220,000＝4,780,000
壞帳費用＝銷貨淨額×0.5%＝4,780,000×0.5%＝23,900

（　）**4** 千葉公司X6年初應收帳款餘額$360,000，備抵損失貸餘$10,800，X6年中賒銷淨額$780,000，帳款收現$640,000，應收帳款實際發生減損損失$20,000，該公司每年採用相等之備抵損失率按應收帳款餘額百分比法提列。千葉公司X6年底應提列減損損失為：　(A)$5,200　(B)$5,800 (C)$23,600　(D)$24,200。　　　【109年第4次】

右欄解答：(C)、(A)、(C)

名師攻略：

應收帳款		備抵損失		
1/1　360,000	640,000	20,000	1/1	10,800
780,000	20,000			x
12/31　480,000			12/31	14,400

480,000×0.03

備抵損失率＝$\dfrac{10,800}{360,000}$＝0.03，令應提列減損損失為x

$10,800+x-20,000=14,400$，得$x=23,600$

( )　**5** 吉祥公司107年底應收帳款中包括一筆應向如意公司收取之$2,000,000。如意公司因財務狀況逐漸惡化，於108年1月間宣布倒閉，但上述之呆帳費用在107年底時並未加估計。假設吉祥公司財務報表於108年2月底發布，則該公司107年度之財務報表：　(A)不須認列此筆呆帳費用，也不須在附註中揭露　(B)須依一般應收帳款認列呆帳費用比例再補認列　(C)須再認列呆帳費用$2,000,000　(D)不須認列此筆呆帳費用，但須在附註中加以說明。　【109年第3次】

(C)

名師攻略： 107年的應收帳款2,000,000，在該年底並未估計呆帳費用，但如意公司因財務狀況逐漸惡化，於108年1月間宣布倒閉，則吉祥公司應記將應收帳款2,000,000全數認列呆帳費用，並沖銷應收帳款2,000,000。

重點 **5** 存貨

( )　**1** 一企業存貨之經濟採購量在下列何者較高時應降低？(A)營業額　(B)持有成本　(C)每次採購之成本　(D)選項(A)(B)(C)皆是。　【108年第4次】

(B)

名師攻略：

經濟訂購量（EOQ）＝$\sqrt{\dfrac{2\times 年需求量 \times 採購成本}{每單位的持有成本}}$

當持有成本較高，則經濟訂購量（EOQ）就降低。

( ) **2** 持有存貨的成本包括： (A)資金之機會成本 (B)儲存成本 (C)過時成本 (D)選項(A)(B)(C)皆是。 【108年第4次】 **(D)**

名師攻略：持有存貨所產生之成本，包括倉庫及其設備之折舊、租金保險、存貨陳舊過時損失以及資金，投資在存貨所產生的機會成本。

( ) **3** 當我們去超市買牛奶的時候，許多人總是習慣拿放置在冷凍櫃較後面的牛奶，而不願拿取置於前列的牛奶，這是因為我們會假設超市的存貨管理方式為： (A)移動平均法 (B)先進先出法 (C)個別認定法 (D)加權平均法。 【109年第2次】 **(B)**

名師攻略：假設超市對存貨管理是採先進先出法，消費者會認為放在前列的牛奶是早先的存貨，而後面的牛奶是晚進的牛奶，故會去拿較新鮮放後面牛奶。

( ) **4** 存貨的淨變現價值是指： (A)預期售價 (B)購買的成本加上完成製造及銷售所需的支出 (C)預期售價加上完成製造及銷售所需的支出 (D)預期售價減去完成製造及銷售所需的支出。 【109年第2次】 **(D)**

名師攻略：淨變現價值：在正常情況之下估計售價減除至完工尚須投入之成本及銷售後之餘額。

( ) **5** 採用定期盤存制的萬吉公司，在去年度盤點時存貨少記100萬元，假設該公司的適用稅率為17%，這項錯誤將使： (A)去年度銷貨成本減少100萬元 (B)去年度淨利虛增100萬元 (C)今年度淨利虛增50萬元 (D)去年度淨利虛減83萬元。 【109年第1次】 **(D)**

名師攻略：由銷貨成本＝期初存貨＋本期進貨－期末存貨。
若期末存貨↓100萬，則銷貨成本↑100萬，造成銷貨毛利↓100萬，而淨利＝銷貨毛利×(1－稅率)＝100×(1－17%)＝83↓，即淨利低估83萬。

( ) **6** 若某企業採用定期盤存制，若在X1年的期末存貨被高估$8,000，若該公司當年度所適用的稅率為17%，請問其對該公司當年度的銷貨毛利影響為何？ (A)毛利被高估$8,000 **(A)**

解答

(B)毛利被低估$8,000　(C)毛利被高估$9,700　(D)毛利被低估$9,700。　　　　　　　　　　　　　　　　【109年第2次】

名師攻略： 由 銷貨成本＝期初存貨＋本期進貨－期末存貨
若期末存貨↑則銷貨成本↓，造成銷貨毛利↑，即存貨高估8,000，則毛利高估8,000。

( ) **7** 若某企業採用定期盤存制，若在X1年的期末存貨被高估 **(A)**
$8,000，若該公司當年度所適用的稅率為17%，請問其對該公司當年度的銷貨毛利影響為何？　(A)毛利被高估$8,000
(B)毛利被低估$8,000　(C)毛利被高估$9,700　(D)毛利被低估$9,700。　　　　　　　　　　　　　　　　【108年第1次】

名師攻略： 由 銷貨成本＝期初存貨＋本期進貨－期末存貨
若期末存貨↑則銷貨成本↓，造成銷貨毛利↑，即存貨高估8,000，則毛利高估8,000。

( ) **8** 阿寶公司於109年第一季末發現108年底存貨低列了 **(C)**
$500,000，已知該公司適用的稅率均為20%，則：　(A)108年度損益表應予重編，增加銷貨成本$500,000及減少所得稅費用$100,000　(B)108年度損益表應予重編，直接調整淨利$400,000　(C)109年第一季的期初保留盈餘金額應調整增加$400,000　(D)108年度的錯誤會在109年度自動抵銷，故不需任何調整。　　　　　　　　　　　　　　　【110年第1次】

名師攻略： 108年底，銷貨成本＝期初存貨＋本期進貨－期末存貨，若期末存貨↓500,000，則銷貨成本↑500,000，稅前淨利↓500,000，在109年第一季應增加
保留盈餘＝500,000(1－20%)＝400,000。

( ) **9** 阿寶公司於X8年第一季末發現X7年底存貨低列了$500,000， **(C)**
已知該公司適用的稅率均為30%，則：　(A)X7年度綜合損益表應予重編，增加銷貨成本$500,000及減少所得稅費用$150,000　(B)X7年度綜合損益表應予重編，直接調整淨利$350,000　(C)X8年第一季的期初保留盈餘金額應調整增加$350,000　(D)X7年度的錯誤會在X8年度自動抵銷，故不需任何調整。　　　　　　　　　　　　　　　　【109年第2次】

解答

名師攻略：X7年底，銷貨成本＝期初存貨＋本期進貨－期末存貨，若期末存貨↓500,000，則銷貨成本↑500,000，稅前淨利↓500,000，在X8年第一季
應該增加保留盈餘500,000×(1－30%)＝350,000。

( ) **10** 南投公司年底有批賒購的進貨漏未入帳，但期末存貨盤點正確，則該批進貨未入帳對當期財務報表之淨利、銷貨成本、應付帳款及保留盈餘影響各為何？ (A)高估、低估、低估、高估 (B)低估、高估、高估、低估 (C)高估、低估、高估、低估 (D)低估、高估、低估、高估。 【110年第2次】

(A)

名師攻略：由銷貨成本＝期初存貨＋本期進貨－期末存貨，若本期進貨↓，則銷貨成本↓，淨利↑，保留盈餘↑，應付帳款↓。

NOTE

_____

_____

_____

_____

_____

_____

_____

_____

_____

_____

_____

_____

Chapter 03 非流動資產

重點 1 非流動資產項目

一、基金與投資
(一) 以獲取財務上或營業上之利益為目的，非供營業使用而預計長期持有之投資。
(二) 未供特定用途所累積或提撥之基金，例如償債基金以及長期投資。

二、固定資產：不動產、廠房及設備。

三、遞耗資產：礦產。

四、生物資產：農產品。

五、無形資產：商譽、商標權、專利權。

六、其他資產：無法歸屬於前述五種資產類別者，例如：存出保證金、暫付款。

重點 2 固定資產

一、固定資產的特性
(一) 供營業使用非以投資或出售為目的。
(二) 可長期使用。
(三) 具有實際形體。

二、固定資產的分類

1. 不動產、廠房及設備 ─┬─ 土地
　　　　　　　　　　　　├─ 土地改良物
　　　　　　　　　　　　├─ 建築物
　　　　　　　　　　　　└─ 設備

2. 礦產資源

3. 生物資產

小試身手

(　　) 下列何者屬資產負債表上之不動產、廠房及設備？
(A)非供營業使用之土地　(B)運輸設備　(C)無形資產　(D)遞延所得稅資產。　　　　　　　　　　　　　　　　【110年第1次高業】

答 **(B)**。土地、土地改良、建築物、設備。

三、各項不動產、廠房及設備的成本

種類	成本
土地	1. 現金購買價格＋過戶相關之規費與手續費＋經紀人佣金，即一切為使土地達到預期可使用狀態之支出。 2. 為建屋而購入土地之成本： 土地成本＋(拆除土地舊屋費用－相關廢料的售價)＋土地的清理、整平費用。
土地改良物	土地改良物包括鋪設水泥使成停車場，築圍牆、裝置照明設備。
設備	設備的成本＝現金購買價格＋運費＋運送中的保險費＋安裝費＋試車費。 即一切使設備達到可供使用之地點與狀態之必要支出。 ※注意：設備開始使用後投保意外險之費用，以及疏忽所致之損失等均不得列入設備成本。
建築物	建築物的成本：現金購買價格＋過戶規費與手續費＋經紀人佣金，即一切為使建築物達到預期可使用狀態之合理必要支出。

小試身手

( ) 某機器設備定價$1,000,000，購入時現金折扣為$50,000，支付運費$40,000，安裝費$80,000，搬運不慎發生損壞而付出修理費$20,000，則該機器設備之帳面成本應為： (A)$1,000,000 (B)1,050,000 (C)$1,070,000 (D)$1,090,000。 【108年第3次高業】

答 (C)。機器設備入帳成本＝定價－現金折扣＋支付運費＋安裝費。
＝1,000,000－50,000＋40,000＋80,000＝1,070,000

重點 3 不動產、廠房及設備之折舊

一、折舊之意義

依據成本與收入配合之原則，必須將取得該項服務之成本，以合理而有系統的方式分攤到享受服務的各期，作為費用處理。此種分攤成本之程序稱為提列折舊，而每期分攤之費用即稱為折舊費用。

二、折舊方法

(一) 直線法

$$每年折舊費用＝\frac{成本－殘值}{估計耐用年限}。$$

(二) 加速折舊法

1. 年數會計法

假設耐用年限為n年，則年數合計值$＝1+2+3+\cdots\cdots+n＝\frac{n(n+1)}{2}$

$$第一年折舊費用＝(成本－殘值)\times \frac{n}{\frac{n(n+1)}{2}}$$

$$第二年折舊費用＝(成本－殘值)\times \frac{n-1}{\frac{n(n+1)}{2}}$$

第三年折舊費用=(成本-殘值)$\times \dfrac{n-2}{\dfrac{n(n+1)}{2}}$

2. 倍數餘額遞減法

折舊率=$\dfrac{2}{n}$，折舊基礎=上期期末帳面價值

每年折舊費用=上期期末帳面價值$\times \dfrac{2}{n}$

3. 以營運為基礎之折舊計算

(1) 工作時間法：

折舊費用=工作時間$\times \dfrac{成本-殘值}{總工作時間}$

(2) 生產數量法：

折舊費用=生產數量$\times \dfrac{成本-殘值}{總生產數量}$

三、折舊估計變動

(一) 估計變動：包括折舊方法、耐用年度、及殘值的改變，均不溯及既往。

(二) 假設期初發生的

(三) 計變動後的當年折舊費用=$\dfrac{期初帳面價值-新殘值}{剩餘耐用年限}$

四、折舊錯誤更正

(一) 錯誤更正：將錯誤的會計原則改為正確的會計原則。

(二) 追溯調整至保留盈餘表中之前期損益調整金額：

(錯誤方法-新方法)$\times$(1-稅率)。

(三) 當期折舊：直接以調整後金額，計算當年度折舊。

小試身手

( ) 永鈞公司以\$21,000,000購入房地，房屋估計可用20年無殘值，購入時土地與房屋之公允價值分別為\$12,000,000及\$6,000,000，若採直線法提列折舊，則每年之折舊費用為： (A)\$250,000 (B)\$300,000 (C)\$350,000 (D)\$150,000。 【109年第1次高業】

解 (C)。$21,000,000 \times \dfrac{6,000,000}{12,000,000+6,000,000} = 7,000,000$（房屋的成本）

$7,000,000 \div 20 = 350,000$（房屋每年折舊費用）

重點 4 固定資產的報廢與出售

一、報廢：帳面價值>估計殘值，借記「報廢資產損失」。

二、出售

出售價格>帳面價值，貸記「出售資產利益」。

出售價格<帳面價值，借記「出售資產損失」。

重點 5 固定資產交換

一、具商業價值

步驟1：決定收（付）現……交換雙方「公平價值」比較。

步驟2：計算交換利益（損失）……自己的「帳面價值」和「公平價值」比較。

步驟3：計算換入資產成本……市價＋付現－收現。

二、不具商業價值

步驟1：決定收（付）現……交換雙方「公平值價值」比較。

步驟2：無交換利益（損失）。

步驟3：計算換入資產成本……帳面價值＋付現－收現。

小試身手

( )　雨彤公司以帳面金額$4,500之舊機器，加付現金10,500，換得新機器，該項交易具商業實質，交換日舊、新機器之公允價值分別為$2,500及$13,000，則新機器之入帳成本應為：　(A)$13,000　(B)$14,700　(C)$16,000　(D)$15,300。　【108年第2次高業】

答 **(A)**。新機器之入帳成本＝舊機器之公允價值＋支付現金
＝2,500＋10,500＝13,000。

重點 **6** 資產減損與資產重估

一、資產減損

(一) 減損測試：當帳面價值＞可回收金額，則減損損失＝帳面價值－可回收金額。

(二) 減損損失之認列：

減損損失　　　XXX
　累計減損－資產科目　　　XXX

二、資產重估

國際會計準則規定，不動產、廠房及設備之後續評價，企業應選擇成本模式或重估價模式作為其會計政策。

成本模式：資產帳面價值＝成本－累計折舊。

重估價模式：資產帳面價值＝重估價日公允價值－後續的累計折舊。

當重估後之公允價值＞帳面價值，則重估增值＝重估後之公允價值－帳面價值。

重估增值之認列：

資產科目　　　XXX
　未實現資產重估增值　　　XXX

小試身手

(　) 在成本模式下不動產、廠房及設備之帳面金額係指不動產、廠房及設備之：　(A)重置成本　(B)淨變現價值　(C)清算價值　(D)成本減累計折舊及累積減損之餘。　【108年第4次高業】

答 **(D)**。成本模式：原始成本－累計折舊－累積減損作為資產之帳面價值。

高手過招

重點1 非流動資產項目

( ) **1** 「存出保證金」在財務報表中是屬於：
(A)資產科目　　(B)負債科目
(C)收入科目　　(D)費用科目。　　【109年第1次、110年第1次】

(A)

名師攻略：存出保證金：係指企業交付以供作保證用之現金或其他資產，此類資產依其預期收回之時間，於資產負債表上分類為流動資產或其他資產。

( ) **2** 下列何者屬無形資產？　(A)預付費用　(B)應收帳款　(C)商標權　(D)研究支出。　　【108年第1次】

(C)

名師攻略：商標權屬於無形資產。

( ) **3** 下列敘述，何者正確？
(A)公司債發行成本應列於營業費用　(B)企業有商譽，係指企業過去有超額利潤　(C)無形資產之攤銷，若無明確的經濟效益消耗型態，一般採直線法　(D)因專利權與人訴訟，如為勝訴，訴訟費應資本化。　　【109年第2次】

(C)

名師攻略：
(A)公司債發行成本應列為公司債成本。
(B)商譽＝公司總價值－（有形及可個別辨認無形資產公平價值－負債總額）。
(D)無論勝訴或敗訴，皆列為當期費損。

( ) **4** 零用金、特約權、累計折舊、備抵呆帳、存貨、租賃權益、土地改良、應收收入、預收收入、用品盤存、進貨折讓、利息收入、預付貨款，根據上列各項科目，說明下列何者正確？　(A)流動資產有4項，不動產、廠房及設備有2項，無形資產有2項　(B)流動資產有6項，不動產、廠房及設備有2項，無形資產有2項　(C)流動資產有5項，不動產、廠房及設備有3項，無形資產有1項　(D)流動資產有8項，不動產、廠房及設備有2項，無形資產有1項。　　【109年第3次】

(B)

解答

名師攻略：流動資產：零用金、備抵呆帳、存貨、用品盤存、應收收入、預付貨款。

不動產、廠房及設備：土地改良、累計折舊。

無形資產：特約權、租賃權益。

重點 **2** 固定資產

~固定資產的分類~

解答

( ) **1** 下列何者屬資產負債表上之不動產、廠房及設備？ (A)非供營業使用之土地 (B)運輸設備 (C)無形資產 (D)遞延所得稅資產。 【108年第2次、109年第4次、110年第1次】 **(B)**

名師攻略：折舊性資產：機器設備、房屋、辦公設備、資本、租賃之租賃資產。

( ) **2** 下列幾項屬投資性不動產？ (甲)目前尚未決定未來用途所持有之土地；(乙)供員工使用之建築物；(丙)以融資租賃出租予另一企業之廠房；(丁)以營業租賃出租予另一企業之建築物，且對租用該建築物之承租人提供清潔服務，該服務相較租賃合約不具重大性 (A)一項 (B)二項 (C)三項 (D)四項。 【110年第2次】 **(B)**

名師攻略：

(甲) 屬於投資性不動產

(乙) 屬於固定資產

(丙) 屬於固定資產

(丁) 屬於投資性不動產

~固定資產的成本~

解答

( ) **1** 太原公司最近由國外進口自動化機器一台，發票金額為$500,000，進口關稅$100,000，太原公司並支付了貨櫃運費$70,000，此機器估計耐用年限為8年、殘值為$20,000，請問此機器的可折舊成本為多少？ (A)$650,000 (B)$670,000 (C)$480,000 (D)$81,250。 【109年第2次】 **(A)**

名師攻略：可折舊成本＝500,000＋100,000＋70,000－20,000

＝650,000

解答

(　) **2** 雨彤公司以帳面金額\$4,500之舊機器，加付現金\$10,500，換
得新機器，該項交易具商業實質，交換日舊、新機器之公允
價值分別為\$2,500及\$13,000，則新機器之入帳成本應為：
(A)\$13,000　　　(B)\$14,700
(C)\$16,000　　　(D)\$15,300。　　　　　　　【109年第2次】

(A)

名師攻略：新機器之入帳成本＝舊機器之公允價值＋支付現金
＝2,500＋10,500＝13,000。

(　) **3** 某機器設備定價\$1,000,000，購入時現金折扣為\$50,000，
支付運費\$40,000，安裝費\$80,000，搬運不慎發生損
壞而付出修理費\$20,000，則該機器設備之帳面成本應
為：　(A)\$1,000,000　(B)\$1,050,000　(C)\$1,070,000
(D)\$1,090,000。　　　　　　　【108年第1次、108年第3次】

(C)

名師攻略：機器設備入帳成本＝定價－現金折扣＋支付運費＋安
裝費＝1,000,000－50,000＋,40,000＋80,000＝1,070,000

(　) **4** 金門公司在自有土地上拆除舊屋改建新屋。下列敘述何者正
確？　(A)拆除費用應增加新屋之成本　(B)拆除費用應增加
土地之成本　(C)拆除費用減舊屋殘值後之金額，應列入新
屋之成本　(D)拆除費用減舊屋殘值後之金額，應列為舊屋
之處分損益。　　　　　　　【110年第2次】

(D)

名師攻略：自有房屋拆除改建新屋，拆除費用扣除殘值後之金
額，應列為舊屋之處分損益。

重點 3　不動產、廠房及設備之折舊

解答

(　) **1** 在不動產、廠房及設備使用之初期，採用年數合計法提列
折舊所得淨利應較使用直線法：　(A)低　(B)高　(C)相等
(D)不一定。　　　　　　　【109年第4次】

(A)

名師攻略：年數合計法與直線法提列折舊，在初期年數合計法
的折舊費用高於直線法，故淨利相對較低。

解答

( ) **2** 松羅企業今年初決定將其主要生產機器的估計耐用年限增長 **(D)**
一倍，請問此舉對松羅企業的影響是什麼？ (A)增加本年
度的折舊費用 (B)不利於企業的淨值 (C)節省本年度的所
得稅費用 (D)增加本年度的銷貨毛利。 【108年第2次】

名師攻略：耐用年限增加一倍，則當年底的折舊費用減少，增
加本年度的銷貨毛利。

( ) **3** 政府允許企業報稅時採用加速折舊法，其目的在於： **(A)**
(A)鼓勵企業從事投資 (B)收較多的稅 (C)讓企業儘量不要
投資於長期性資產 (D)讓企業資產在使用期間裡所提列折
舊的總數增加。 【109年第4次】

名師攻略：採加速折舊法可使機器設備加速汰舊換新。

( ) **4** 永鈞公司以$21,000,000購入房地，房屋估計可用20年無殘 **(C)**
值，購入時土地與房屋之公允價值分別為$12,000,000及
$6,000,000，若採直線法提列折舊，則每年之折舊費用為：
(A)$250,000 (B)$300,000
(C)$350,000 (D)$150,000。 【109年第1次】

名師攻略：$21,000,000 \times \dfrac{6,000,000}{12,000,000+6,000,000} = 7,000,000$（房
屋的成本），$7,000,000 \div 20 = 350,000$（房屋每年折舊費用）

( ) **5** 在不動產、廠房及設備使用之初期，採用年數合計法提列折 **(A)**
舊所列報的淨利應較使用直線法： (A)低 (B)高 (C)相等
(D)不一定。 【109年第2次】

名師攻略：初期採年數合計法提列折舊費用較直線法提列折舊
費用高，則淨利相對低。

重點 **4** 固定資產的報廢與出售

解答

( ) **1** 衛勤企業認列出售不動產、廠房及設備損失，此顯示其不動 **(B)**
產、廠房及設備售價是： (A)低於買進成本 (B)低於帳面
金額 (C)低於累計折舊 (D)低於合理市值。 【108年第4次】

名師攻略：不動產、廠房及設備出售損失＝帳面金額－售價。

(　) **2** 設有機器設備一部,其原始成本為$700,000,累計折舊 **(A)**
$620,000,因設備功能已不適用,必須提早報廢,估計其殘
值$42,500,則報廢時其「處分損益」之部分,應: (A)借
記:資產報廢損失$37,500 (B)借記:資產報廢損失$42,500
(C)貸記:資產報廢利益$37,500 (D)貸記:資產報廢利益
$42,500。 【108年第1次、110年第2次】

　　名師攻略:報廢損失=估計殘值－帳面價值。
$$=42,500-(700,000-620,000)=-37,500$$

重點 **5**　固定資產交換

(　) **1** 公司於109年初以成本$4,000,000,累計折舊$2,500,000之 **(D)**
機器交換汽車,並收到現金$500,000,該項交易具商業實
質,換入之汽車公允價值為$1,800,000,則換入汽車之成
本為何? (A)$1,000,000 (B)$1,200,000 (C)$1,500,000
(D)$1,800,000。 【110年第1次】

　　名師攻略:換入汽車的成本=換出汽車的公允價值－收到現金。
僅可能決定換入資產公平價值時,以換入資產公平價值作
為換入資產成本,故換入汽車的成本=換入汽車公允價值
=1,800,000。

(　) **2** 以帳面金額$2,000,000、公允價值$3,000,000之房屋交換一公 **(A)**
允價值$1,600,000之較小房屋(與舊屋同作為辦公室用),
並向對方收取現金$1,400,000,若此項交易不具商業實質,
則此交換交易將產生利益若干? (A)$0 (B)$600,000
(C)$800,000 (D)$1,000,000。 【109年第2次、108年第3次】

　　名師攻略:不具商業實質,則不認列資產交換損益。

(　) **3** 投資公司對被投資公司具有重大影響者,其股權投資應按 **(C)**
何種方法處理? (A)公允價值法 (B)成本法 (C)權益法
(D)權益法,並編製合併報表。 【110年第2次】

　　名師攻略:投資公司對被投資公司具「重大影響者」,其股權
投資應採權益法處理。

( ) **4** 浩雲公司以成本$500,000，累計折舊$300,000之舊機器一部 **(A)**
及現金$350,000換入新機器一部，若此項交易具商業實質，
但新舊機器均無法得知公允價值，則該新機器成本為：
(A)$550,000 　　(B)$450,000
(C)$400,000 　　(D)$350,000。　　　　【108年第1次】

名師攻略：換出資產和換入資產不能可靠決定時，改用換出資
產帳面價值衡量
新機器成本＝換出資產帳面價值＋支付現金
　　　　　　＝(500,000−300,000)＋350,000＝550,000

( ) **5** 雨彤公司以帳面金額$4,500之舊機器，加付現金$10,500，換 **(A)**
得新機器，該項交易具商業實質，交換日舊、新機器之公允
價值分別為$2,500及$13,000，則新機器之入帳成本應為：
(A)$13,000 　　(B)$14,700
(C)$16,000 　　(D)$15,300。　　　　【108年第2次】

名師攻略：新機器之入帳成本＝舊機器之公允價值＋支付現金
　　　　　　　　　　＝2,500＋10,500＝13,000

( ) **6** 公司於106年初以成本$4,000,000，累計折舊$2,500,000之 **(D)**
機器交換汽車，並收到現金$500,000，該項交易具商業實
質，換入之汽車公允價值為$1,800,000，則換入汽車之成
本為何？　(A)$1,000,000　(B)$1,200,000　(C)$1,500,000
(D)$1,800,000。　　　　【109年第3次】

名師攻略：換入汽車的成本＝換出汽車的公允價值−收到現金
僅可能決定換入資產公平價值時，以換入資產公平價值作為換入
資產成本，故換入汽車的成本＝換入之汽車公允價值＝1,800,000。

( ) **7** 以帳面金額$600,000之國產汽車交換公允價值$980,000之進 **(B)**
口汽車，並支付現金$300,000，若此項交易不具商業實質，
則進口汽車之入帳金額為若干？
(A)$980,000 　　(B)$900,000
(C)$600,000 　　(D)選項(A)(B)(C)皆非。　　【110年第2次】

名師攻略：換入資產成本＝帳面價值＋支付現金
　　　　　　＝600,000＋300,000＝900,000。

重點 **6** **資產減損與資產重估**

( ) **1** 在國際會計準則第36號「資產減損」中的「耐用年限」非
指下列何者： (A)企業預期使用個別資產之期間 (B)企業
預期由個別資產取得之產量或類似單位 (C)以上二者皆可
(D)企業預期之存續期間。 【108年第3次】

(D)

名師攻略：耐用年限足以企業「預期」，使用個別資產之期間
或由個別資產取得之產量或類似單位。

( ) **2** 根據國際會計準則第36號「資產減損」，在評估折現率時，
當類似資產於當時市場交易所隱含之報酬率無法由市場直接
取得時，宜將下列何者納入？ (A)企業用以決定業主權益
要求之報酬率 (B)企業之增額借款利率 (C)其他市場借款
利率 (D)選項(A)(B)(C)皆是。 【109年第1次】

(D)

名師攻略：該折現率（貼現率）的取得可由：(1)股東權益的報
酬率；(2)增額借款利率；(3)其他市場借款利率。

( ) **3** 甲公司擁有一部機器，成本為$750,000，帳面金額為$400,000。
下列何種情況發生時，即可能產生資產減損？ (A)可回收金
額為$700,000 (B)可回收金額為$630,000 (C)可回收金額
為$410,000 (D)可回收金額為$360,000。 【109年第1次】

(D)

名師攻略：資產減損＝帳面價值－可回收金額
　　　　　　＝400,000－360,000＝40,000

( ) **4** 在成本模式下不動產、廠房及設備之帳面金額係指不動產、
廠房及設備之： (A)重置成本 (B)淨變現價值 (C)清算價
值 (D)成本減累計折舊及累積減損之餘額。 【108年第4次】

(D)

名師攻略：成本模式：原始成本－累計折舊－累積減損，
作為資產之帳面價值。

( ) **5** 辦理折舊性資產重估價時，將使： (A)資產不變，折舊費
用增加 (B)資產及折舊費用增加 (C)資產增加，折舊費用
不變 (D)資產及折舊費用均不變。 【110年第2次】

(B)

名師攻略：

資產重估的分錄：$\begin{cases} 資產 \\ \quad 資本公積－資產重估增值準備 \end{cases}$

影響資產增加，折舊費用增加，資本公積增加。

Chapter 04 流動負債與非流動負債

重點 1 流動負債

符合下列條件之一者,1.企業營運所發生之債務,預計將於企業之正常營業週其中清償者;2.因交易目的而發生者;3.於資產負債表日後十二個月內清償者;4.企業無法繼續延期至資產負債表日逾十二個月內清償者。

例如:短期借款、應付帳款、費用、預收款項、一年內到期之長債、負債準備。

非流動負債:應付公司債、長期應付票據、應付租賃款、應計退休金負債。

負債的性質:

負債依 ─┬─ 是否存在現時義務
　　　　├─ 經濟資源流出可能性高低
　　　　└─ 償付時點與金額之確定程度

區分成確定負債、負債準備、或有負債三類。

一、確定負債

(一) 已存在現時義務。

(二) 確定經濟資源流出。

(三) 償付之金額與時點已完全確定或相當確定。

　　例如:銀行透支、應付帳款、應付票據、應計負債、預收收入及代收款。

二、負債準備

(一) 已存在現時義務。

(二) 很有可能經濟資源流出。

(三) 金額能可靠估計。

例如：產品售後服務保證。

估計負債準備 $\begin{cases} \text{XX費用} & \text{XXX} \\ \quad\text{XX負債} & \text{XXX} \end{cases}$

實際履行義務 $\begin{cases} \text{XX負債} & \text{XXX} \\ \quad\text{XX現金、材料等} & \text{XXX} \end{cases}$

小試身手

（　　）　下列何者屬於負債準備？
　　　　(A)公司債發行溢價部分　　(B)可轉換公司債
　　　　(C)產品售後服務保證負債　(D)應付租賃款。　　【108年第4次高業】

答 **(C)**。負債準備是指未確定時點或金額之負債，典型的例子為產品保證負債，估計贈品負債等。

三、或有負債

符合下列條件之一者：

(一) 產生之可能義務且存在與否有賴於一個以上不確定未來事件之發生或不發生以證實，而該不確定未來事件係不能完全由該企業控制。例如：企業對他人之債務提供保證，銀行為客戶開立信用狀。

(二) 已存在現時義務，非很有可能經濟資源流出，金額無法可靠估計。
　　例如：公司因侵犯他人專利權，應對受害人賠償，但賠償金額尚未協議，亦無法可靠預估。

四、會計處理

	入帳	揭露
確定負債	✓	
負債準備	✓	
或有負債		✓

五、或有負債與或有資產的揭露

		或有負債	或有資產
發生可能性	很有可能	✓	✓
負債準備	有可能	✓	✘
或有負債	極少可能	✘	✘

✓：揭露，✘：不揭露

知識補給站

長期負債：長期負債的項目－應付公司債、長期應付票據、應付租賃款、應計退休金負債。

重點 **2** 應付公司債

一、公司債的發行

票面利率＝市場利率，則債券面額＝債券市值，將平價發行。
票面利率＜市場利率，則債券面額＞債券市值，將折價發行。
票面利率＞市場利率，則債券面額＜債券市值，將溢價發行。

小試身手

( )　若公司債之票面利率高於市場利率，則該公司債應：
(A)平價發行　(B)溢價發行　(C)折價發行　(D)發行價格不受利率影響。　　　　【109年第1次高業】

答 **(B)**。票面利率＞市場利率，則債券面額＜債券市值，將溢價發行。

二、發行的分錄

平價發行 $\left\{\begin{array}{l}\text{現金} \qquad\qquad \text{XXX} \\ \qquad \text{應付公司債} \qquad\qquad \text{XXX}\end{array}\right.$

折價發行 $\left\{\begin{array}{l}\text{現金} \qquad\qquad \text{XXX} \\ \text{應付公司債折價} \quad \text{XXX} \\ \qquad \text{應付公司債} \qquad\qquad \text{XXX}\end{array}\right.$

溢價發行 $\left\{\begin{array}{l}\text{現金} \qquad\qquad \text{XXX} \\ \text{應付公司債} \qquad \text{XXX} \\ \qquad \text{應付公司債溢價} \qquad \text{XXX}\end{array}\right.$

三、期末調整

折價發行：係指發行公司以低於面額的方式取得資金，視為額外的成本，除了每期支付利息外，尚須將此成本作攤銷，造成利息費用的增加。

每期之利息費用＝每期利息支付金額＋該期折價攤銷數。

A：每期付息支付金額＝公司債面額×票面利率×付息期間。

B：該期利息費用＝期初公司債帳面金額×市場利率×付息期間。

分錄 $\left\{\begin{array}{ll}\text{利息費用} & B \\ \quad \text{應付公司債折價} & B-A \\ \quad \text{現金} & A\end{array}\right.$

溢價發行：係指發行公司以高於面額的方式取得資金，額外增加的資金可作為未來利息費用的減少。

每期之利息費用＝每期利息支付金額－該期溢價攤銷數。

A：每期付息支付金額＝公司債面額×票面利率×付息期間。

C：該期利息費用＝期初公司債帳面金額×市場利率×付息期間。

分錄 $\left\{\begin{array}{ll}\text{利息費用} & C \\ \text{應付公司債溢價} & A-C \\ \quad \text{現金} & A\end{array}\right.$

┌─────────── 小試身手 ───────────┐

(　　) 奧蘭多公司X8年度認列利息費用$9,000，已知期末應付利息比期
初增加$4,000，另有公司債溢價攤銷$1,000。假設無利息資本化
情況，則奧蘭多公司X8年度支付利息的現金金額為：　(A)$6,000
(B)$7,000　(C)$10,000　(D)$11,000。　　　【109年第2次高業】

答 **(A)**。

公司債每期付息時–溢價分錄 {
利息費用　　　9,000
公司債溢價　　1,000
　現金　　　　　　x＋4,000
}

9,000＋1,000＝x＋4,000，得x＝6,000

└────────────────────────────┘

重點 3 租賃負債

一、租賃之類別 { 營業租賃 / 融資租賃 }

二、承租人營業租賃之帳務處理

分錄 { 租金費用…………列損益表的費用 / 應付租金………列流動負債項下 }

三、承租人融資租賃之帳務處理

租賃期間開始日：分錄 { 租賃資產……………列非流動資產項下 / 應付租賃款………列長期負債項下 }

每期支付租金：　分錄 { 利息費用　　XXX / 　應付租賃款　　XXX }

分錄 { 應付租賃款　　XXX / 　現金　　　　XXX }

高手過招

重點 **1**　流動負債

(　　) **1** 長江公司有一筆$8,000,000之負債將於X6年3月1日到期,該 **(A)**
公司預訂於X6年3月5日發行長期債券,並以取得之資金補
充因償還前述$8,000,000負債所造成之資金短缺。假設長江
公司X5年12月31日資產負債表於X6年3月11日發布,則上述
之$8,000,000負債應列為:
(A)流動負債　(B)長期負債　(C)長江公司可自行選擇分類方
式　(D)或有負債。　　　　　　　　　　　　　【109年第4次】

名師攻略:對於資產負債表日後十二個月內到期之金融負債,
企業若於資產負債表日後,始完成長期性再融資或展期者,應
列為流動負債。

(　　) **2** 非營業之流動負債通常表示公司應在未來多久期間內需償付 **(D)**
的債務?　(A)視債務內容及項目而定　(B)9個月　(C)3個月
(D)1年。　　　　　　　　　　　　　　　　　　【108年第2次】

名師攻略:非營業之流動負債通常表示公司應在12個月內需償
付的債務。

(　　) **3** 香山雜誌社於X1年8月收到訂戶匯入之款項共$12,000, **(D)**
並自9月起寄發一年份雜誌。X1年度財務報表中應列報:
(A)收入$12,000　(B)收入$8,000　(C)資產$8,000　(D)負債
$8,000。　　　　　　　　　　　　【109年第2次、109年第3次】

名師攻略:$\left\{\begin{array}{ll} 現金 & 8,000 \\ \quad 預收款項 & 8,000 \end{array}\right.$,預收款項列為流動負
債。

(　　) **4** 長期負債若將於12個月內到期,並將以現金或另創流動負債 **(C)**
償還之部分:　(A)仍列長期負債,不必特別處理　(B)仍列
長期負債,另設「一年內到期長期負債」科目　(C)轉列流
動負債　(D)以上作法皆非。　　　　　　　　　【109年第4次】

名師攻略:長期負債將於12個月內到期,並將以現金或另創流
動負債償還之部分應轉列為流動負債。

解答

( ) **5** 新竹公司X9年帳列銷貨收入$2,400,000，銷貨成本$1,400,000，期末存貨比期初存貨增加$20,000，期末應收帳款比期初應收帳款減少$18,000，期末應付帳款比期初應付帳款餘額增加$16,000，則新竹公司X9年支付貨款的現金為何？
(A)$1,364,000　　(B)$1,396,000
(C)$1,404,000　　(D)$1,576,000。　　【110年第1次】

(C)

名師攻略：銷貨成本＝期初存貨＋進貨－期末存貨，移項
銷貨成本＝進貨－（期末存貨－期初存貨），
1,400,000＝進貨－(20,000)，得進貨＝1,420,000
支付貨款＝進貨－應付帳款增加＝1,420,000－16,000＝1,404,000

( ) **6** 一般公司最常應付短期資金不足的方式為：
(A)發行特別股　　(B)向銀行借款
(C)發行公司債　　(D)發行普通股。　　【110年第2次】

(B)

名師攻略：發行特別股，發行公司債，發行普通股皆是籌措長期資金的方式。

( ) **7** 下列何者屬於負債準備？
(A)公司債發行溢價部分　(B)可轉換公司債　(C)產品售後服務保證負債　(D)應付租賃款。　【108年第4次、110年第2次】

(C)

名師攻略：負債準備是指未確定時點或金額之負債，典型的例子為產品保證負債，估計贈品負債等。

重點 **2** **應付公司債**

解答

( ) **1** 下列哪一項目在財務報表中是列為資產或負債的附加科目？
(A)累計折舊　(B)備抵損失　(C)處分廠房設備利益　(D)應付公司債溢價。　　【110年第2次】

(D)

名師攻略：應付公司債溢價是應付公司債的附加科目。

( ) **2** 下列何者非為舉債可能導致之影響？　(A)利息費用增加　(B)負債比率提高　(C)營業情況佳時產生槓桿利益　(D)所得稅將提高。　　【110年第1次、109年第4次】

(D)

名師攻略：舉債的利息費用可以節稅，不會造成繳納的所得稅提高。

(　　) **3** 下列敘述何者為真？ 　(A)舉債經營必定使公司普通股每股 　**(C)**
盈餘提高 　(B)資產重估增值並按增值資產攤提折舊並不會
使當年度利息保障倍數下降 　(C)所得稅率提高有利於舉債
經營之租稅成本 　(D)選項(A)(B)(C)皆正確。 　【109年第4次】

　　名師攻略：所得稅率提高舉債具有節稅效果。

(　　) **4** 奧蘭多公司108年度認列利息費用$9,000，已知期末應付利息 　**(A)**
比期初增加$4,000，另有公司債溢價攤銷$1,000。假設無利息
資本化情況，則奧蘭多公司108年度支付利息的現金金額為：
(A)$6,000 (B)$7,000
(C)$10,000 (D)$11,000。 　【108年第3次、109年第2次、109年第3次】

　　名師攻略：公司債每期付息時－溢價分錄：

$$\left\{\begin{array}{ll} \text{利息費用} & 9,000 \\ \text{公司債溢價} & 1,000 \\ \qquad\text{現金} & x+4,000 \end{array}\right.$$

　　$9,000+1,000=x+4,000$，得$x=6,000$

(　　) **5** 可轉換公司債之發行日與開始轉換日間的期間稱為： 　**(B)**
(A)轉換期間 　(B)凍結期間
(C)到期期間 　(D)執行期間。 　【108年第1次】

　　名師攻略：可換轉公司債之發行日與開始轉換日間的期間稱為
「凍結期間」。

(　　) **6** 新屋公司於106年7月1日折價發行公司債一批，原擬採用有 　**(A)**
效利率法攤銷折價，但誤用直線法。此項攤銷方法之誤用，
在107年初，對下列項目造成何種影響？ 　(A)公司債帳面金
額高估；保留盈餘低估 　(B)公司債帳面金額低估；保留盈
餘低估 　(C)公司債帳面金額高估；保留盈餘高估 　(D)公司
債帳面金額低估；保留盈餘高估。 　【109年第3次】

　　名師攻略：107年初 直線法折價攤銷＜有效利率法折價攤銷，
故公司債的帳面價值高估，且直線法認列之利息費用，於期初
時高於有效利率，故造成淨利低估，以致保留盈餘低估。

(　　) **7** 40元的永續年金在10%的資金成本率之下，現值為若干？ 　**(C)**
(A)$3.2 (B)$37.04 (C)$400 (D)$500。 　【108年第3次】

名師攻略：年金現值總和 $= \dfrac{40}{(1+10\%)^1} + \dfrac{40}{(1+10\%)^2} + \cdots = \dfrac{40}{10\%}$
$= 400$。

( ) **8** 應付公司債折價攤銷為： (A)利息費用之減少 (B)利息費用之增加 (C)公司債到期日應償還金額之增加 (D)負債之減少。 【108年第2次】 **(B)**

名師攻略：應付公司債攤銷=利息費用－應付利息，即利息費用大於應付利息。

( ) **9** 下列何者決定公司債每期債息的現金支出金額？ (A)市場利率水準 (B)債券的折現率 (C)債券的票面利率 (D)有效的實質利率。 【109年第1次、108年第1次】 **(C)**

名師攻略：應付利息（現金）=應付公司債面額×票面利率×期數。

( ) **10** 假設一債券是以面值發行，如果市場利率在發行後下降，則債券的價格很可能會： (A)大幅下降 (B)小幅下降 (C)上升 (D)不變。 【109年第2次】 **(C)**

名師攻略：債券價格與殖利率呈現反向關係，殖利率越低，債券市價越高。

( ) **11** 若以有效利率法（Effective Interest Method）攤銷公司債之溢價，則每期所攤銷之溢價金額為： (A)遞減 (B)遞增 (C)不變 (D)不一定。 【109年第3次、109年第4次】 **(B)**

名師攻略：每期所攤銷的溢價或折價金額，均為「逐年遞增」。

( ) **12** 某企業因計畫興建廠房，發行10年期長期公司債，發行時票面利率低於市場利率故折價發行，其帳上應該如何處理？ (A)一次認列折價總額為利息費用 (B)一次認列折價總額為利息收入 (C)折價總額應列為長期負債的減項再分期攤銷 (D)折價總額應列為長期負債的加項再分期攤銷。 【109年第2次】 **(C)**

名師攻略：票面利率<市場利率，則面額>市值，即折價發行，期末應將折價總額列為應付公司債減項，期末再將應付公司債折價總額攤銷。

( ) **13** 若公司債之票面利率高於市場利率，則該公司債應： **(B)**
(A)平價發行 (B)溢價發行 (C)折價發行 (D)發行價格不
受利率影響。

　　名師攻略：票面利率>市場利率，則債券面額<債券市值，將
溢價發行。

( ) **14** 下列何者會增加可轉換公司債的價值？ (A)凍結期間變長 **(B)**
(B)股票價格波動變大 (C)股票股息的發放多 (D)轉換期間
短。 【108年第3次、109年第1次】

　　名師攻略：公司債的轉換價值＝轉換比例×股價。
當股價上升則公司債的轉換價值上升。

( ) **15** 採有效利息法攤銷應付公司債折、溢價時，下列關係何者正 **(C)**
確？ (A)折價發行時折價攤銷額逐期遞減 (B)溢價發行時
溢價攤銷額逐期遞減 (C)折價發行時折價攤銷額逐期遞增
(D)選項(A)(B)(C)皆不正確。 【108年第4次】

　　名師攻略：不論是折價或溢價發行，每期之攤銷額將逐年增加。

重點 3 租賃負債

解答

( ) 下列何者並非使用租賃較佳之理由？ (A)租賃可保留資金 **(A)**
(B)租約標準化後可降低管理及交易之成本 (C)可得到較佳
稅盾的利用 (D)短期租賃有其便利性。 【108年第3次】

　　名師攻略：營業租賃的承租人須支付租金費用。資本租賃的承
租人年底須支付利息費用和分攤應付租賃款。分錄如下：

營業租賃		資本租賃	
租金費用　XXX		應付租賃款　XXX	
現金　　　XXX		利息費用　　XXX	
		現金　　　　XXX	

Chapter 05 股東權益

重點 1 股東權益的內容

資產負債表

資產　　　　　負債

　　　　　　　股東權益 ⟶　股本　　　XXX
　　　　　　　　　　　　　　資本公積　XXX
　　　　　　　　　　　　　　保留盈餘　XXX
　　　　　　　　　　　　　　其它權益　XXX

一、投入資本

(一) 股本
  1. 特別股股本
  2. 普通股股本
  3. 認股權
  4. 應分配股票股利
(二) 資本公積：
  1. 股票發行溢價
  2. 庫藏股票交易
  3. 股票收回註銷
  4. 股票分割
  5. 特別股轉換

二、保留盈餘

(一) 已指撥保留盈餘
(二) 未指撥保留盈餘

三、其他權益

(一) 庫藏股成本
(二) 未實現資產重估增值
(三) 備供出售證券投資未實現損益
(四) 累積換算調整數

重點 2　投入資本

投入資本在資產負債表的分類有股本與資本公積。

一、股票之發行

$$
溢價發行股票 \begin{cases} 現金 & \text{XXX} \\ \quad 普通股股本 & \text{XXX} \\ \quad 資本公積－普通股溢價 & \text{XXX} \end{cases}
$$

二、受領贈與

$$
受贈辦公設備 \begin{cases} 辦公設備 & \text{XXX} \\ \quad 資本公積－捐贈 & \text{XXX} \end{cases}
$$

小試身手

(　　)　下列何者不屬於權益項目？

(A)股本 　　　　　　　　(B)應付現金股利

(C)保留盈餘 　　　　　　(D)資本公積。　【109年第4次高業】

答 **(B)**。應付現金股利乃流動負債項下。

重點 **3** 庫藏股票交易

一、庫藏股票之買回

分錄 $\begin{cases} 庫藏股票 \qquad XXX \\ \quad 現金 \qquad\qquad XXX \end{cases}$

二、庫藏股票之再發行

情況1：再發行價格>庫藏股票買回成本

$\begin{cases} 現金 \qquad\qquad\qquad\qquad XXX \qquad step(1) \\ \quad 庫藏股票 \qquad\qquad\qquad XXX \qquad step(1) \\ \quad 資本公積－普通股票交易 \quad XXX \qquad step(2) \end{cases}$

情況2：再發行價格<庫藏股票買回成本

$\begin{cases} 現金 \qquad\qquad\qquad XXX \qquad step(1) \\ 資本公積－庫藏股票交易 \quad XXX \qquad step(2) \\ （保留盈餘） \\ \quad 庫藏股票 \qquad\qquad\qquad XXX \qquad step(2) \end{cases}$

三、庫藏股票之註銷

$\begin{cases} 普通股股本 \qquad\qquad XXX \qquad step(2) \\ 資本公積－普通股溢價 \quad XXX \qquad step(2) \\ （保留盈餘） \\ \quad 庫藏股票 \qquad\qquad\qquad XXX \qquad step(1) \\ \quad 資本公積－普通股票交易 \quad XXX \qquad step(1) \end{cases}$

四、庫藏股票成本之表達與揭露

庫藏股票成本在資產負債表上應列為股東權益之減項。

股東權益
普通股股本 $\qquad$ XXX
資本公積 $\qquad$ XXX

　　　　保留盈餘　　　　XXX
　　　　其他權益
　　　　庫藏股票成本　　　(○○○)
　　　　　　　　　　　　　XXX

小試身手

(　)　保安公司權益的帳面金額資料如下：普通股股本（面額為$10）
　　　　$100,000、資本公積$104,000、保留盈餘$200,000、庫藏股（成本
　　　　法）$50,000，合計$354,000，假設公司再以每股$15的價錢出售
　　　　庫藏股5,000股，則股本的金額將為：
　　　　(A)$50,000　　　　　　　　　(B)$75,000
　　　　(C)$100,000　　　　　　　　(D)$175,000。　【109年第3次高業】

答 (C)。
出售庫藏股分錄 ⎰ 現金　　　 75,000
　　　　　　　　⎱ 　庫藏股　　　50,000
　　　　　　　　　 　資本公積　　25,000

原股本金額為：普通股股本100,000
出售庫藏股後：普通股股本100,000

重點 4 保留盈餘

一、保留盈餘的增減

(一) 保留盈餘增加：
　1. 本期淨利
　2. 前期損益調整（稅後淨額）

(二) 保留盈餘減少：
　1. 本期淨損
　2. 前期損益調整（稅後淨額）
　3. 股利分配
　4. 庫藏股票交易
　5. 特別股之收回與轉換

二、保留盈餘之指撥

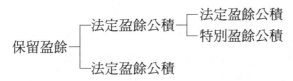

例如：

(一) 提列法定盈餘公積

保留盈餘－未指撥　　　XXX
　　法定盈餘公積　　　　　　XXX

(二) 為償還公司債所作之指撥

保留盈餘－未指撥　　　XXX
　　特別盈餘公積　　　　　　XXX

小試身手

(　)　下列各項中那一項將使未指撥保留盈餘增加？
(A)本期淨損　(B)宣告現金股利　(C)發現前期淨利低估　(D)宣告
股票股利。　　　　　　　　　　　　　　　　　【109年第4次高業】

答 (C)。未指撥保留盈餘即未分配盈餘；若發現前期淨利低估，將前
期損益調整會使保留盈餘增加。

重點 5　股利

一、現金股利

宣告日 ⎰ 保留盈餘　　　XXX
　　　　⎱ 　應付股利　　　　XXX

應付股利放在流動負債項下。

發放日 ⎰ 應付股利　　　XXX
　　　　⎱ 　現金　　　　　　XXX

二、股票股利

$$
宣告日（市價法）\begin{cases} 保留盈餘 \quad\quad\quad XXX \\ \quad\quad 待分配股票股利 \quad\quad\quad\quad XXX \\ \quad\quad 資本公積－普通股溢價 \quad\quad XXX \end{cases}
$$

待分配股票股利放在股東權益項下。

$$
發放日\begin{cases} 待分配股票股利 \quad\quad\quad XXX \\ \quad\quad 普通股股本 \quad\quad\quad\quad XXX \end{cases}
$$

三、股票股利與股票分割的比較

項目	股票股利	股票分割
股票面額	不變	減少
流通在外股數	增加	增加
保留盈餘	減少	不變
投入資本總額	增加	不變
股東權益總額	不變	不變
各股東持股比例	不變	不變

四、特別股

(一) 特別股：
　1. 可參加特別股：除特別股本身的股利分配外，亦得參加普通股之股利分配。
　2. 非參加特別股：特別股股東只能享有固定金額或比率之股利，不得再參與普通股之股利分配。
　3. 累積特別股：公司過去年度未發放之股利，須累積至日後有盈餘年度補發。
(二) 特別股積欠股利的處理：
　　公司若因去年無盈餘可發放特別股股利，因所積欠之特別股股利非屬公司負債，故僅須於財務報表附註揭露，不正式列為公司負債。

小試身手

( ) 大村公司發行面額100元3%累積優先股20,000股及面額10元普通股200,000股,保留盈餘250,000元,且已經兩年未發放股利,今年底可供作為發放普通股利之金額為: (A)$110,000 (B)$120,000 (C)$130,000 (D)$70,000。 【109年第3次高業】

答 **(D)**。特別股股利(每年):$100 \times 3\% \times 20,000 = 60,000$,

3年的特別股股利為$3 \times 60,000 = 180,000$

普通股可分配的股利＝保留盈餘－3年的特別股股利

$= 250,000 - 180,000 = 70,000$

重點 **6** 每股帳面金額

情況1:公司僅有普通股流通在外時,

$$每股帳面價值 = \frac{股東權益總數}{普通股流通在外股數}$$

情況2:公司同時有特別股與普通股流通在外時,

特別股股東權益＝特別股收回價值＋特別股之積欠股利

$$每股帳面價值 = \frac{股東權益總數 - 特別股股東權益}{普通股流通在外股數}$$

小試身手

( ) 請由以下通宵企業的財務資料,計算出該企業普通股的每股權益帳面金額:總資產$250,000、淨值$180,000、普通股股本$50,000(5,000股)、特別股股本$10,000(1,000股) (A)$34 (B)$30 (C)$24 (D)$20。 【109年第4次高業】

解 **(A)**。普通股每股淨值(每股帳面金額)$= \dfrac{普通股股東權益總額}{在外流通股數}$

$$= \frac{180,000 - 10,000}{3} = 34$$

高手過招

重點 1 股東權益的內容

解答

(　) **1** 下列何者不屬於權益項目？
(A)股本
(B)應付現金股利
(C)保留盈餘
(D)資本公積。　　　　　　　　【108年第4次、109年第4次、110年第1次】

(B)

名師攻略：應付現金股利乃流動負債項下。

(　) **2** 下列何者會使權益總額發生變動？　(A)辦理資產重估增值
(B)以資本公積彌補虧損　(C)宣告股票股利　(D)自保留盈餘
提撥意外損失準備公積。　　　　　　　　　【108年第1次、108年第3次】

(A)

名師攻略：重估增值 $\left\{\begin{array}{l}\text{設備} \\ \quad\quad\text{資產重估增值}\end{array}\right.$
資產重估增值列入股東權益總額。

(　) **3** 下列何者非為權益項目？　(A)庫藏股　(B)特別盈餘公積
(C)償債基金　(D)保留盈餘。　　　　　　　　　　　　　【108年第1次】

(C)

名師攻略：償債基金是資產類的其他非流動資產。償債基金準
備是股東權益類。

重點 2 投入資本

解答

(　) **1** 下列的會計處理，何者正確？　(A)公司宣布發放股票股利
時，分錄中「待分配股票股利」已列入負債科目　(B)處分
不動產、廠房及設備的收益，應以稅後淨額轉入資本公積，
不列為當年度的營業外收入　(C)投資以後年度收到被投資
公司所發放的股票股利時，以股利收入入帳，列為營業外收
入　(D)公司發行累積特別股，其積欠股利未列入負債，僅
以附註揭露。　　　　　　　　　　　　　　　　　　　【110年第1次】

(D)

名師攻略：

(A)待分配股票股利應列在股本項下。

(B) 處分不動產、廠房及設備的收益，應列在綜合損益表的非常項目。

(C) 僅作備忘分錄。

( ) **2** 下列敘述何者錯誤？ (A)發放普通股股票股利會降低普通股每股帳面金額 (B)股票股利發放後，企業現金會減少 (C)積欠累積優先股股利不須入帳，僅附註揭露 (D)股票分割會降低普通股每股帳面金額。 【109年第1次】　**(B)**

名師攻略：股票股利發放後，股本增加，保留盈餘減少，但股東權益總數不變。

重點 3 庫藏股票交易

( ) **1** 下列敘述何者正確？ (A)庫藏股交易可能減少但不會增加保留盈餘 (B)庫藏股交易可能減少但不會增加資本公積 (C)庫藏股交易可能減少但不會增加本期淨利 (D)庫藏股成本應列為保留盈餘之加項。 【110年第2次】　**(A)**

名師攻略：庫藏股交易時，有損失時，會先從資本公積裡面拿來用，再不足，就會用到保留盈餘，但有利益時，會進到資本公積，絕不會進到保留盈餘，因此，保留盈餘只會減少，但不會增加。

( ) **2** 企業買回流通在外股票，如果未再賣出，而買價高於報導期間結束時該股票市場價格，下列何者之帳面金額會下降？ (A)當期稅後淨利 (B)權益 (C)庫藏股帳面金額 (D)資本公積。 【108年第3次、109年第1次】　**(B)**

名師攻略：庫藏股於資產負債表中是作為股東權益的減項，所以庫藏股的買入將造成股東權益的帳面價值的減少。

( ) **3** 企業買回流通在外股票並再發行，如果買回價高於再發行價，下列何者帳面金額會下降？ (A)當期稅後淨利 (B)庫藏股每股帳面金額 (C)權益 (D)普通股發行溢價。 【109年第3次】　**(C)**

名師攻略：庫藏股於資產負債表中是作為股東權益的減項，所以庫藏股的買入將造成股東權益的帳面價值的減少。

( ) **4** 保安公司權益的帳面金額資料如下：普通股股本（面額為 **(C)**
$10）$100,000、資本公積$104,000、保留盈餘$200,000、庫
藏股（成本法）$50,000，合計$354,000，假設公司再以每股
$15的價錢出售庫藏股5,000股，則股本的金額將為：
(A)$50,000　　　(B)$75,000
(C)$100,000　　(D)$175,000。　　　　　　　【109年第3次】

名師攻略：

出售庫藏股分錄 $\left\{\begin{array}{l}\text{現金} \qquad\qquad 75,000 \\ \qquad \text{庫藏股} \qquad 50,000 \\ \qquad \text{資本公積} \qquad 75,000\end{array}\right.$

原股本金額為：普通股股本100,000。
出售庫藏股後：普通股股本100,000。

( ) **5** 採用成本法的企業在公開市場上買回自己公司的股票時，會 **(B)**
影響到下列那一個項目？　(A)股本　(B)現金　(C)保留盈餘
(D)資本公積。　　　　　　　　　　　　　　　【108年第3次】

名師攻略：採成本法購入分錄 $\left\{\begin{array}{l}\text{庫藏股票} \\ \qquad \text{現金}\end{array}\right.$，

影響流動資產減少，股東權益減少。

( ) **6** 公司買回庫藏股採成本法處理時，有關庫藏股之入帳金額， **(A)**
以下何者敘述正確？　(A)若以市價購回，則應以購入之市
價入帳　(B)若以市價購回，則仍應以面額入帳，差額為資
本公積　(C)若以市價購回，則仍應以面額入帳，差額為票
券買賣損益　(D)若以市價購回，購買價格與面額的差價應
認列其他收入。　　　　　　　　　　　　　　【108年第4次】

名師攻略：採成本法購入分錄 $\left\{\begin{array}{l}\text{庫藏股票} \\ \qquad \text{現金}\end{array}\right.$

出售分錄 $\left\{\begin{array}{l}\text{現金} \\ \qquad \text{庫藏股} \\ \qquad \text{資本公積}\end{array}\right.$ 或 $\left\{\begin{array}{l}\text{現金} \\ \qquad \text{庫藏股} \\ \qquad \text{資本公積} \\ \qquad \text{保留盈餘}\end{array}\right.$

(　) **7** 計算每股盈餘時之庫藏股票法，係假設認股權證持有人行使　**(C)**
　　　權利，且公司並將因此所得之現金如何處理？
　　　(A)投資一年期政府公債
　　　(B)按股票年底市價購買庫藏股票
　　　(C)按股票平均市價購買庫藏股票
　　　(D)清償流動負債。　　　　　　　　　　　【108年第4次】

名師攻略： $\dfrac{認購股數 \times 認購價}{平均市價} = $ 從市場買回的股數。

(　) **8** 買回庫藏股後，交易採用成本法處理，若買回價格高於面　**(B)**
　　　額，將使權益總數？　(A)增加　(B)減少　(C)不變　(D)或
　　　增或減視情況而定。　　　　　　　　　　【109年第3次】

名師攻略： 庫藏股於資產負債表中是作為股東權益的減項，所
以庫藏股的買入將造成股東權益的帳面價值的減少。

重點4 保留盈餘

(　) **1** 下列何者不屬於盈餘分配之項目？　　　　　　　　　　**(D)**
　　　(A)法定盈餘公積　(B)特別盈餘公積
　　　(C)股東股利　(D)資本公積配股。　　　　　【110年第1次】

名師攻略： 資本公積並非保留盈餘的項目。

(　) **2** 下列各項中那一項將使未指撥保留盈餘增加？　(A)本期淨　**(C)**
　　　損　(B)宣告現金股利　(C)發現前期淨利低估　(D)宣告股票
　　　股利。　　　　　　　　　　　　　　　　　【109年第4次】

名師攻略： 未指撥保留盈餘即未分配盈餘；
若發現前期淨利低估將前期損益調整會使保留盈餘增加。

(　) **3** 下列何者分錄與保留盈餘有關？　(A)宣告發放現金股利　**(A)**
　　　(B)實際發放現金股利　(C)宣告作股票分割　(D)實際作股票
　　　分割。　　　　　　　　【108年第1次、108年第2次、108年第3次】

名師攻略： 宣告發放現金股利分錄，影響保留盈餘的減少。

( ) **4** 指撥保留盈餘與發放股票股利對權益報酬率之影響分別為 | **(D)**
何？ (A)降低，降低 (B)不變，降低 (C)降低，不變
(D)不變，不變。 【109年第2次】

名師攻略：
(1) 發放股票股利使保留盈餘減少，股本增加，故股東權益總數
不變。
(2) 指撥保留盈餘使保留盈餘減少，但股東權益總數不變。

( ) **5** 下列何者不會影響公司流通在外普通股之股數？ | **(A)**
(A)宣告並發放現金股利 (B)宣告並發放盈餘轉增資股票股
利 (C)宣告並發放資本公積轉增資股票股利 (D)股票分
割。 【109年第4次】

名師攻略：宣告並發放現金股利分錄 $\left\{\begin{array}{l}保留盈餘\\現金\end{array}\right.$，影響保留盈
餘減少，流動資產減少。

重點 5 股利

( ) **1** 公司宣告並發放現金股利，則： | **(C)**
(A)純益增加 (B)營運現金流量增加
(C)現金減少 (D)選項(A)(B)(C)皆是。 【110年第1次】

名師攻略：宣告並發放現金股利則分錄為

$\left\{\begin{array}{lll}現金 & 75,000 & \\ \quad 庫藏股 & 50,000 \\ \quad 資本公積 & 25,000\end{array}\right.$，即現金和保留盈餘減少。

( ) **2** 取得轉投資事業之資本公積配股時，應如何列帳？ (A)按 | **(D)**
市價入帳 (B)按平均成本入帳 (C)按面額入帳 (D)不入
帳，僅註記股數增加。 【109年第2次】

名師攻略：被投資公司發放股票股利需作正式分錄，投資公司
收到股票股利僅作備忘分錄。

( ) **3** 大村公司發行面額100元3%累積優先股20,000股及面額10元 | **(D)**
普通股200,000股，保留盈餘250,000元，且已經兩年未發放
股利，今年底可供作為發放普通股利之金額為：

(A)$110,000　　(B)$120,000

(C)$130,000　　(D)$70,000。　　　　　　　【109年第3次】

名師攻略：特別股股利（每年）：100×3%×20,000＝60,000，
3年的特別股股利為3×6,000＝180,000
普通股可分配的股利＝保留盈餘－3年的特別股股利
　　　　　　　　　　＝250,000－180,000＝70,000。

(　) **4** 立力公司有35,000股普通股流通在外，發行面額為$10。另　**(D)**
有按面額$100發行之5%累積特別5,000股流通在外。立力
公司過去四年及今年皆未發放股利，若本年度預宣告發放
$100,000之股利，則今年底分配給特別股之股利是多少？

(A)$150,000　　(B)$125,000

(C)$360,000　　(D)$100,000。　　　　　　　【109年第3次】

名師攻略：特別股股利（每年）：100×5%×5,000＝25,000，
5年特別股股利5×25,000＝125,000
本年度　告發放100,000股利，故全歸特別股股東即100,000。

(　) **5** 投資公司收到被投資公司所發放的股票股利時，應：　**(B)**
(A)貸記股利收入　(B)不作分錄、僅作備忘記錄　(C)貸記投
資收益　(D)貸記股本。　　　　　　　　　　【110年第1次】

名師攻略：收到股票股利不作正式分錄，僅作備忘記錄。

(　) **6** 田中公司於X1年1月1日按溢價20%發行20,000股，每股面值　**(B)**
$10的普通股，若X1年12月14日發放10%股票股利，則該項
股票股利將造成12月31日結帳時：
(A)流動負債增加與保留盈餘減少　(B)權益不變與股本增加
(C)權益增加與保留盈餘減少　(D)每股面值下跌與流通在外
股數增加。　　　　　　　　　　　　　　　　【108年第2次】

名師攻略：股票股利：20,000×10×10%＝20,000。

宣告日的分錄 $\begin{cases} \text{保留盈餘} & 20,000 \\ \quad \text{應分配股票股利} & 20,000 \end{cases}$

解答

A	L
	股本↑20,000
	保留盈餘↓20,000
	股東權益不變

( )　**7** 富岡公司持有新豐公司股票10,000股，每股面額$10元。新豐
公司於X1年4月1日宣告將發放2元股票股利，當日新豐公司
股票市價為每股40元。富岡公司於4月1日應認列收入：
(A)$20,000　　　(B)$80,000
(C)$60,000　　　(D)$0。　　　　　　　　【109年第4次】

(D)

名師攻略：收到股票股利，不作正式分錄，僅作備忘分錄。

( )　**8** 下列哪一項有關權益法的敘述是正確的？
(A)投資後續依公允價值評價　(B)投資公司依原始投資成本
來記錄投資，且期末不需作任何調整　(C)當被投資公司分
配現金股利時，投資公司應貸記股利收入　(D)在期末時，
投資公司應依被投資公司之損益及其投資比例調整投資科
目。　　　　　　　　　　　　　　　　　【108年第2次】

(D)

名師攻略：
(A)期末應依持股比例對被投資公司損益認列投資損益。
(B)期末需作投資損益與現金股利認列，調整長期投資的帳面價
　　值。
(C)收到現金股利，應貸記長期投資，視同投資退回。

( )　**9** 累積特別股之積欠股利在資產負債表上如何表達？
(A)列為權益　(B)列為長期負債　(C)列為流動負債　(D)以
附註說明。　　　　　　　　　　【108年第1次、108年第3次】

(D)

名師攻略：累積特別股所積欠的股利僅作附註說明。

( )　**10** 秋田公司宣告並發放所持有的100,000股福島公司股票做為財
產股利，當時帳列之福島公司股票成本為每股$20，市價則
為每股$30，而福島公司股票面額為每股$10。假設宮城公司
收到1,000股福島公司股票，則宮城公司應認列之股利收入

(C)

解答

金額為：　(A)$10,000　(B)$20,000　(C)$30,000　(D)依福
島公司每股淨值而定。　　　　　　　　　　【109年第1次】

名師攻略：投資公司（宮城公司）收到的股利收入應以市價認
列，即1,000（股）×30（市價）＝30,000。

(　　) **11** 被投資公司發放股票股利時，投資公司之會計處理為：
(A)一律貸記「投資收入」　(B)一律借記「長期投資」　(C)不
做任何分錄，僅註記增加之股數　(D)成本法下貸記「投資收
入」，權益法下則貸記「長期投資」。　　　　【109年第1次】 **(C)**

名師攻略：被投資公司發放股票股利要作正式分錄，投資公司
收到股票股利僅作備忘分錄。

(　　) **12** 香川公司發放去年宣告的現金股利，則：　(A)總資產報
酬率不變　(B)權益報酬率不變　(C)長期資本報酬率增加
(D)權益成長率下降。　　　　　　　　　　【109年第2次】 **(B)**

名師攻略：發放宣告的現金股利分錄 $\left\{\begin{array}{l}\text{應付股利}\\\text{現金}\end{array}\right.$ 影響，流動負
債減少，流動資產減少。

(　　) **13** 下列敘述何者錯誤？　(A)發放普通股股票股利會降低普通
股每股帳面金額　(B)股票股利發放後，企業現金會減少
(C)積欠累積優先股股利不須入帳，僅附註揭露　(D)股票分
割會降低普通股每股帳面金額。　　　　　　【108年第3次】 **(B)**

名師攻略：股票股利發放後，股本增加，保留盈餘減少，但股
東權益總數不變。

重點 6 每股帳面金額

解答

(　　) **1** 請由以下通宵企業的財務資料，計算出該企業普通股的每
股權益帳面金額：總資產$250,000、淨值$180,000、普通股
股本$50,000（5,000股）、特別股股本$10,000（1,000股）
(A)$34　(B)$30　(C)$24　(D)$20。　　　　【109年第4次】 **(A)**

名師攻略：普通股每股淨值（每股帳面金額）

$$=\frac{\text{普通股股東權益總額}}{\text{在外流通股數}}=\frac{180,000-10,000}{5,000}=34。$$

(　) **2** 下列有關普通股每股淨值的敘述，何者正確？　甲.每股淨值不能低於每股之面額；乙.每股淨值不能為負值；丙.每股淨值為總資產除以流通在外股數；丁.每股淨值等於普通股權益除以流通在外股數　(A)僅甲和乙　(B)僅乙和丙　(C)僅乙和丁　(D)僅丁。　　　　　　　　　　　　　　　　　　　【109年第4次】　**(D)**

名師攻略：普通股每股淨值 $= \dfrac{普通股權益}{普通股流通在外股數}$。

(　) **3** 下列有關每股帳面金額的敘述何者最正確？　(A)每股市價是每股帳面金額的最佳估計數　(B)每股帳面金額是反映企業過去的財務資訊，而每股市價主要是反映投資人對企業未來獲利的預期　(C)每股市價大於每股帳面金額是股價被高估的徵兆　(D)每股帳面金額代表當公司被另外一家公司收購時，每位股東每股可能分配到的補償。　【108年第4次】　**(B)**

名師攻略：每股帳面金額 $= \dfrac{普通股股東權益總額}{普通股流通在外股數}$。

(　) **4** 花壇公司X1年底權益內容為普通股股本3,000,000元，股本溢價600,000元，法定盈餘公積600,000元，累積盈餘300,000元，若有普通股300,000股流通在外，則X1年底每股帳面金額為：　(A)$10　(B)$12　(C)$14　(D)$15。　【109年第3次】　**(D)**

名師攻略：每股帳面金額

$= \dfrac{股東權益總額}{流通在外股數} = \dfrac{3,000,000+600,000+600,000+300,000}{300,000} = 15$。

Chapter 06 買賣業會計與綜合損益表

一、買賣業的定義：買賣業購入商品並轉售他人，而以買賣商品之價差為利潤之主要來源，它扮演製造商與消費者間橋樑的角色。

二、買賣業的期中會計處理：

(一) 銷貨收入：銷售商品賺得之收入。

　　銷貨淨額＝銷貨收入－銷貨退回與折讓－銷貨折扣。

(二) 進貨：企業購入商品以供出售。

　　進貨淨額＝進貨－進貨退出與折讓－進貨折扣＋<u>進貨運費</u>。

(三) 銷貨成本：為賺得銷貨收入而發生之直接費用。

　　銷貨成本＝期初存貨＋進貨淨額－期末存貨。

(四) 銷貨毛利：商品買賣的價差。

　　銷貨毛利＝銷貨淨額－銷貨成本。

小試身手

( )　某公司帳上期初存貨$150,000，期末盤點時剩下$100,000，已知本期淨進貨共$100,000，進貨折扣共$1,000，進貨運費共$2,000，銷貨運費共$3,000，銷貨收入共$300,000，請問該公司本期的銷貨成本應為多少？ (A)$210,000 (B)$151,000 (C)$90,000 (D)$120,000。　　【109年第2次高業】

答 **(B)**。本期進貨＝100,000－1,000＋2,000＝101,000

　　　銷貨成本＝期初存貨＋本期進貨－期末存貨

　　　　　　　＝150,000＋101,000－100,000＝151,000

重點 1　多站式損益表

一、多站式損益表的組成

(一) 營業收入：係指企業自<u>主要營業活動</u>所獲得收入，買賣業的銷貨收入即是營業收入。

(二) 營業成本：係指與營業收入「<u>直接</u>」關連之費用，買賣業的銷貨成本即是營業成本。

(三) 營業費用：係指為<u>獲得營業收入而發生的費用，及為維持企業收益能力而</u>應由本期負擔之費用。區分成<u>一般管理費用</u>；<u>銷售費用</u>；<u>研發費用</u>。

　1. 一般管理費用：辦公室租金或折舊費用及保險費，員工午餐補助費，福委會成本，管理人員薪資。

　2. 銷售費用：產品銷售業務員薪水、廣告費、銷貨運費、門市（店面）之租金或折舊費用、運費設備之折舊費用及保險費等。

(四) 營業外收入：係指企業自非主要營業活動所獲得之收入。例如：<u>投資收益</u>、<u>處分資產利益</u>、<u>利息收入</u>等。

(五) 營業外費用：係指非因營業之直接關係所發生的費用及損失。例如：投資損失、處分資產損失、利息費用等。

小試身手

(　　)　泰安企業一年的採購經費是5億元，透過網際網路進行採購，可以輕鬆省下1,000萬元。也就是說，網際網路採購服務，可以幫助降低泰安企業的：　(A)營業成本　(B)研究發展費用　(C)折舊費用　(D)推銷費用。　【110年第2次高業】

答 **(A)**。採購經費是屬於營業成本，採購經費的節省，即是營業成本的降低。

二、損益表

IAS規定，損益項目可按<u>功能</u>或<u>性質</u>分類。功能別損益表與多站式損益表類似；而性質別則與單站類似。

單站式損益表：僅分為收入及費用二類。

　　多站式損益表：分成五大類：營業收入、營業成本、營業費用、營業外收入及營業外費用。

小試身手

( )　下列有關綜合損益表格式與費用分類方式的組合，何者可直接顯示「毛利」之金額？　(A)「多站式」與「功能別」的綜合損益表　(B)「多站式」與「性質別」的綜合損益表　(C)「單站式」與「功能別」的綜合損益表　(D)「單站式」與「性質別」的綜合損益表。　　　　　　　　　　　【110年第2次高業】

答 (A)。

重點 **2** 部分損益表

　　營業收入（銷貨淨額）
-)　營業成本（銷貨成本）
　　銷貨毛利
-)　營業費用
　　營業利益
+)　營業外收入
-)　營業外支出
　　稅前淨利

小試身手

( )　民雄公司去年底財務報表上列有銷貨毛利5,000萬元，營業費用1,000萬元，營業外收入200萬元，營業外費用2,000萬元，遞延所得稅1,000萬元，所得稅費用500萬元，則其稅後淨利為：
(A)2,700萬元　　(B)1,700萬元
(C)1,300萬元　　(D)3,200萬元。　　　　　　【108年第3次高業】

答 **(B)**。營業利益＝銷貨毛利－營業費用，

營業利益＝5,000－1,000＝4,000

稅前淨利＝營業利益＋營業外收入－營業外支出

＝4,000＋200－2,000＝2,200

稅後淨利＝稅前淨利－所得稅費用＝2,200－500＝1,700

重點 3 毛利率與營利率的計算

$$毛利率 = \frac{銷貨毛利}{銷貨淨額}。$$

$$成本率 = 1 - 毛利率 = 1 - \frac{銷貨毛利}{銷貨淨額} = \frac{銷貨淨額 - 銷貨毛利}{銷貨淨額} = \frac{銷貨成本}{銷貨淨額}$$

$$營利率 = \frac{營業利益}{銷貨淨額}$$

小試身手

( ) 大林公司X1年度的銷貨毛利為1,500萬元，毛利率為20%，稅前純益率為10%，企業的所得稅率為17%，該公司X1年度的淨利為：

(A)622.5萬元 (B)102萬元

(C)124.5萬元 (D)84萬元。 【108年第4次高業】

解 **(A)**。$毛利率 = \frac{銷貨毛利}{銷貨淨額}$，$20\% = \frac{1,500}{銷貨淨額}$，

銷貨淨額＝1,500÷20%＝7,500

$稅前純益率 = \frac{稅前純益}{銷貨淨額}$，$10\% = \frac{稅前純益}{7,500}$，

稅前純益＝7,500×10%＝750

淨利＝750(1－17%)＝622.5（萬元）

重點 **4** 綜合損益表的組成

損益表

```
         營業收入（銷貨淨額）
    -)   營業成本（銷貨成本）
         ─────────────────────
         銷貨毛利
    -)   營業費用
         ─────────────────────
         營業利益
    +)   營業外收入
    -)   營業外支出
         ─────────────────────
         繼續經營部門稅前淨利
    -)   所得稅費用
         ─────────────────────
         繼續營業單位稅後淨利
    +)   停業部門損益（稅後）
    +)   非常損益（稅後）
    +)   會計原則變數累積影響數（稅後）
         ─────────────────────
         本期淨利
```

綜合損益

```
         其他綜合損益
         本期淨利歸屬於
         母公司權益
         非控制權益
         本期綜合損益歸屬於
         母公司權益
         非控制權益
```

每股盈餘（基本及稀釋每股盈餘）

小試身手

(　　)　以下哪一個會計科目，不可能在綜合損益表中出現？　(A)普通股發行溢價　(B)停業單位損益　(C)銷貨退回與折讓　(D)研究發展費用。　　　　　　　　　　　　　　　　　　　　　【110年第1次高業】

答 **(A)**。普通股發行溢價屬於資產負債表的股東權益項下的科目。

重點 5　所得稅

一、分類

(一) 財務所得：財務報表所認列的所得。

(二) 課稅所得：在稅法上所承認的所得。

二、造成財務所得與課稅所得的差異可區分成：(一)永久性差異、(二)暫時性差異。

(一) 永久性差異：一方承認收益（或費用），另一方不承認收益（或費用）。

例如：免稅公債利息收入、分離課稅短期票券利息收入、研究發展支出投資抵減。

(二) 暫時性差異：雙方承認收益（或費用）在時間點上有落差。

例如：報稅上與財務報表上所使用計提折舊的方法不同。

知識補給站

課稅所得＞會計所得，本期應繳較多之所得稅故未來可少繳所得稅，此項列為遞延所得稅資產。

課稅所得＜會計所得，本期應繳較少之所得稅故未來要多繳所得稅，此項列為遞延所得稅負債。

高手過招

重點 1　多站式損益表

解答

(　　) 1 以下那個部門的成本，最不可能被計入麥特電腦公司的營業成本項下？　(A)封裝作業部　(B)主機板測試作業組　(C)職工福利委員會　(D)機器加工作業組。　【109年第1次】

(C)

名師攻略：職工福利委員會的成本，應列在營業費用項目內。

解答

( ) **2** 泰安企業一年的採購經費是5億元，透過網際路進行採購可 | **(A)**
以輕鬆省下1,000萬元。也就是說，網際路採購服務，可以
幫助降低泰安企業的： (A)營業成本 (B)研究發展費用
(C)折舊費用 (D)推銷費用。 【108年第2次、110年第2次】

名師攻略：採購經費是屬於營業成本，採購經費的節省，即是
營業成本的降低。

( ) **3** 某公司的會計人員發現去年度有一筆$50,000文具用品費誤 | **(C)**
記為水電費用，請問這項錯的更正會： (A)影響本期淨利
(B)不影響本期淨利，但影響前期損益 (C)不影響本期淨
利，也不影響前期損益或保留盈餘 (D)不影響本期淨利，
但影響保留盈餘。 【110年第2次】

名師攻略：僅分類錯誤，不影響本期淨利，也不影響前期損益
或保留盈餘。

( ) **4** 因市政府要徵收企業自用的土地興建公共停車場，企業出售 | **(B)**
土地給市政府所得之利益應歸於其財務報表上的那一個項
目下？ (A)停業單位損益 (B)營業外損益 (C)營業毛利
(D)選項(A)(B)(C)皆非。 【108年第2次】

名師攻略：出售土地利益應列在營業外損益內。

( ) **5** 卡麥隆工業財務報表的營業費用包含銷售費用與一般管理費 | **(B)**
用兩大項，以下那一個部門的費用最有可能被列在一般管理
費用項下？ (A)打光工程組 (B)出納科 (C)工程品管課
(D)工業工程課。 【108年第3次、108年第4次、110年第1次】

名師攻略：出納科的費用將列在一般管理費用內。

( ) **6** 將一項營業收入誤列為利息收入，將使當期淨利： | **(C)**
(A)虛增 (B)虛減
(C)不變 (D)選項(A)、(B)、(C)皆非。 【109年第2次】

名師攻略：僅分類錯誤，對當期淨利不受影響。

( ) **7** 製造業公司發行10年期公司債所產生的利息費用在財務報表 | **(D)**
上應列為哪個項目之下？ (A)銷售費用 (B)管理費用

解答

(C)長期負債　(D)營業外費用。　　　　　　　　【108年第1次】

名師攻略：利息費用應列在營業外費用。

(　) **8** 偉特公司因泰銖貶值發生未實現匯兌利得（Unrealized
Foreign Exchange Gains）5,000萬元，其影響為：　(A)銷
貨毛利會增加　(B)營業費用會減少　(C)營業外收入會增加
(D)選項(A)(B)(C)皆非。　　　　　　　　　　【109年第4次】

(C)

名師攻略：未實現匯兌利得列在營業外收入項目內。

(　) **9** 企業提前清償公司債所造成的損益，在綜合損益表中的報
導方式為：　(A)列為營業費用的調整項目，因為這是營
業活動之一　(B)列為營業外損益，因為這不是主要營業項
目　(C)列為營業淨利的調整項目，因為會計原則的規定如
此　(D)因為其性質特殊且不常發生，應以稅後淨額表達，
列於停業單位損益之下。　　　　　　　　　　【109年第4次】

(B)

名師攻略：處分公司債的損益，乃營業外損益，因為這不是該
企業的主要營業項目。

(　) **10** 以下那一個會計項目，不會影響製造業損益表銷貨毛利項的
金額？　(A)銷貨收入　(B)銷貨折扣　(C)預期信用減損損失
(D)銷貨成本。　　　　　　　　　　　　　　　【109年第4次】

(C)

名師攻略：預期信用減損損失即呆帳費用，是列在營業費用項
目內。

(　) **11** 霍普金斯證券公司處分交易目的持有之10,000張臺灣水泥股
票，獲利2億3千萬元，應記入：　(A)營業利益　(B)其他綜
合利益　(C)公司內部移轉　(D)營業外收入。　【108年第2次】

(A)

名師攻略：證券公司處分證券的獲利乃本業的利益，故應計入
營業利益。

(　) **12** 企業提列應收帳款預期信用損失應歸類於：
(A)停業單位損益　(B)營業收入　(C)營業費用　(D)營業外
損益。　　　　　　　　　　　　　　　　　　【109年第2次】

(C)

名師攻略：企業提列應收帳款預期信用損失稱為呆帳費用，應
該歸類在營業費用。

( ) **13** 紐澤西食品財務報表的營業費用包含銷售費用與一般管理費 **(A)**
用兩大項，以下那一個部門的費用最有可能被列在銷售費用
項下？ (A)媒體廣告課 (B)股務室 (C)總務課 (D)法務
室。 【109年第4次】

　　名師攻略：媒體廣告課的費用列在銷售費用項下。

( ) **14** 下列哪一項不算在銷貨成本當中？ (A)公司生產機器設備 **(C)**
所購買的保險 (B)企業生產部門廠長的年薪 (C)企業零售
店面的折舊費用 (D)工廠廠房的租金。 【108年第1次】

　　名師攻略：企業零售店面的折舊費用屬於營業費用。

( ) **15** 太平洋電腦財務報表的營業費用包含銷售費用與一般管理 **(D)**
費用兩大項，以下那一個部門的費用最不可能被列在營業
費用項下？ (A)會計室 (B)經濟研究組 (C)資金調度課
(D)機器設定組。 【108年第3次】

　　名師攻略：機器設定組的費用是屬於製造費用。

( ) **16** 將一項營業收入誤列為利息收入，將使當期淨利： **(C)**
(A)虛增 (B)虛減
(C)不變 (D)選項(A)(B)(C)皆非。 【108年第2次】

　　名師攻略：僅分類錯誤，對當期淨利不受影響。

重點 **2** 部分損益表

( ) **1** 下列何者在損益表上係以稅後金額表達？ **(C)**
(A)銷貨收入 (B)營業利益 (C)停業單位損益 (D)研究發
展費用。 【109年第1次】

　　名師攻略：停業單位損益是以稅後金額表達。

( ) **2** 海洋企業的營業利益遠低於其銷貨毛利，其可能的原因應 **(C)**
該不包括以下那一項？ (A)本期海洋企業總管理處的折舊
費用頗為可觀 (B)海洋企業的銷貨運費頗為可觀 (C)本
期海洋企業所收受訂單多屬多樣少量性質，生產線上
的設定成本過高 (D)海洋企業的研究發展費用頗為可
觀。 【108年第1次、108年第4次、109年第1次】

名師攻略：銷貨收入－銷貨成本＝銷貨毛利，營業利益＝銷貨毛利－營業費用，若營業利益遠低於其銷貨毛利，即 銷貨毛利大於營業利益，表示營業費用是大的。

( ) **3** 某公司帳上期初存貨$150,000，期末盤點時剩下$100,000，已知本期淨進貨共$100,000，進貨折扣共$1,000，進貨運費共$2,000，銷貨運費共$3,000，銷貨收入共$300,000，請問該公司本期的銷貨成本應為多少？ **(B)**
(A)$210,000　　(B)$151,000
(C)$90,000　　(D)$120,000。　　【109年第2次、110年第2次】

名師攻略：本期進貨＝100,000－1,000＋2,000＝101,000，
銷貨成本＝期初存貨＋本期進貨－期末存貨
＝150,000＋101,000－100,000＝151,000。

( ) **4** 根據下列資料，銷貨毛利金額應為多少？ **(C)**
期初存貨$18、進貨折扣$3、銷貨折扣$8、期末存貨$23、進貨總額$215、進貨運費$4、銷貨運費$7、進貨退回$2、銷貨退回$6、銷貨總額$440　(A)$210　(B)$212　(C)$217
(D)$221。　　【109年第3次】

名師攻略：銷貨淨額＝銷貨總額－銷貨折扣－銷貨退回＝440－8－6＝426，銷貨成本＝期初存貨＋進貨總額－進貨運費－進貨折扣－進貨退回－期末存貨＝18＋215－4－3－2－23＝209，
銷貨毛利＝銷貨淨額－銷貨成本＝426－209＝217。

( ) **5** 不動產、廠房及設備後續支出之當年度，若將資本誤列為收益支出，當年度財務報表將產生下列哪一種結果？　(A)資產多計，淨利多計　(B)資產少計，淨利少計　(C)資產多計，淨利少計　(D)資產少計，淨利多計。　【110年第2次】 **(B)**

名師攻略：正確分錄 { 不動產、廠房及設備　XXX
　　　　　　　　　　現金　　　　　XXX

錯誤分錄 { 費用　　XXX
　　　　　　現金　　XXX

解答

更正分錄 $\begin{cases} \text{不動產、廠房及設備} & XXX \\ \text{費用} & XXX \end{cases}$

故錯誤的結果，造成資產少計，費用多計，即資產少計，淨利少計。

( ) **6** 威尼斯企業本期的營業收入是21億元，進貨成本是18億元，營業費用是7億元，銷貨毛利是12億元，則其營業利益的金額應該是： (A)5億元 (B)3億元 (C)24億元 (D)-35億元。 【108年第1次】 **(A)**

名師攻略： 營業利益＝銷貨毛利－營業費用＝12-7=5。

( ) **7** 民雄公司去年底財務報表上列有銷貨毛利5,000萬元，營業費用1,000萬元，營業外收入200萬元，營業外費用2,000萬元，遞延所得稅1,000萬元，所得稅費用500萬元，則其稅後淨利為： (A)2,700萬元 (B)1,700萬元 (C)1,300萬元 (D)3,200萬元。 【108年第3次、109年第4次】 **(B)**

名師攻略： 營業利益＝銷貨毛利－營業費用，
營業利益＝5,000-1,000＝4,000，
稅前淨利＝營業利益＋營業外收入－營業外支出
$\qquad$ ＝4,000+200-2,000＝2,200，
稅後淨利＝稅前淨利－所得稅費用＝2,200-500＝1,700。

( ) **8** X1年度利息費用多計$10,000，進貨運費少計$5,000，期末存貨少計$5,000，則X1年度損益表會有何影響？ (A)銷貨成本少計$10,000 (B)銷貨毛利少計$5,000 (C)營業利益少計$10,000 (D)營業利益不變。 【109年第3次】 **(D)**

名師攻略： 銷貨成本＝期初存貨＋本期進貨－期末存貨
$\qquad\qquad\qquad\qquad$ ↓5,000 － ↓5,000
則銷貨成本不變，即銷貨毛利不變若利息費用多計10,000，則營業外支出多計10,000，營業利益＝銷貨毛利－營業費用，所以營業利益不變。

( ) **9** 將利息收入誤列為營業收益，將使當期營業淨利： **(C)**
(A)不變 (B)低估
(C)高估 (D)視利息費用高低而決定。 【108年第4次】

名師攻略：銷貨毛利＝銷貨收入－銷貨成本，
營業利益＝銷貨毛利－營業費用，
稅前淨利＝營業利益＋營業外收入－營業外支出，利息收入應列
為營業外收入，現誤列到銷貨收入，將使銷貨毛利高估，即營
業利益高估，也使得稅前淨利高。

( ) 10 埔心企業在本期當中沒有任何的銷貨，專家林君說其損益 **(B)**
表中：甲、銷貨毛利金額應為零；乙、銷貨折扣金額應為
零；丙、營業利益金額應為零；丁、稅後淨利金額應為零
(A)僅甲與丙正確　(B)僅甲與乙正確　(C)甲、乙、丙與丁都
正確　(D)甲、乙、丙與丁都不正確。　　【108年第3次】

名師攻略：沒有銷貨則銷貨折扣為零，銷貨毛利＝銷貨－銷貨
成本，則銷貨毛利為零，
營業利益＝銷貨毛利－營業費用，故營業利益＝－營業費用，
稅前淨利＝營業利益＋營業外收入－營業外支出，故稅前淨利不
為零。

( ) 11 楊梅公司X1年財務報表上列有營業利益7,400萬元，營業費 **(A)**
用2,000萬元，營業外收入200萬元，營業外費用1,500萬元，
遞延所得稅1,800萬元，則其稅前淨利為：　(A)6,100萬元
(B)5,200萬元　(C)1,300萬元　(D)3,300萬元。【108年第4次】

名師攻略：7,400＋200－1,500＝6,100（稅前淨利）。

( ) 12 若某企業採用定期盤存制，若在X1年的期末存貨被高估 **(A)**
$8,000，若該公司當年度所適用的稅率為17%，請問其對該
公司當年度的銷貨毛利影響為何？　(A)毛利被高估$8,000
(B)毛利被低估$8,000　(C)毛利被高估$9,700　(D)毛利被低
估$9,700。　　　　　　　　　　　　　　【109年第3次】

名師攻略：由 銷貨成本＝期初存貨＋本期進貨－期末存貨，若
期末存貨高估8,000，則銷貨成本低估8,000，即銷貨毛利＝銷貨
淨額－銷貨成本，故毛利高估8,000。

( ) 13 大西洋企業今年度銷貨成本是26億元，營業費用是14億元， **(C)**
屬固定性質之成本總額是22億元，營業利益、營業外收入費
用、所得稅與淨利都是0，則以下那一個數字會最接近其變

動成本總額？ (A)34億元 (B)3億元 (C)18億元 (D)4億元。 【108年第4次】

名師攻略：總成本＝銷貨成本＋營業費用，總成本＝變動成本＋固定成本，總成本＝26＋14＝40，40＝變動成本＋22，得 變動成本＝18。

( ) **14** 請問下列何者敘述為真？ (A)企業毛利率愈大，表示銷貨成本率愈大 (B)企業獲利率愈佳，表示財務狀況愈佳 (C)企業自有資金比率愈低，則短期流動性愈差 (D)企業若發生銷貨損失，則必無法獲得正的營業利益。 【109年第3次】 **(D)**

名師攻略：銷貨收入－銷貨成本＝銷貨毛利，

銷貨毛利－營業費用＝營業利益，

當銷貨收入發生損失，則銷貨毛利為負數，造成營業利益亦為負數。

重點 **3** 毛利率與營利率的計算

解答

( ) **1** 某公司去年度銷貨毛額為600萬元，銷貨退回50萬元，已知其期初存貨與期末存貨皆為110萬元，本期進貨300萬元，另有銷售費用50萬元，管理費用62萬元，銷貨折扣50萬元，請問其銷貨毛利率是多少？ (A)60% (B)40% (C)20% (D)10%。 【109年第1次、110年第1次、110年第2次】 **(B)**

名師攻略：銷貨淨額＝銷貨毛額－銷貨退回－銷貨折扣＝600－50－50＝500

銷貨成本＝期初存貨＋本期進貨－期末存貨＝110＋300－110＝300
銷貨毛利＝銷貨淨額－銷貨成本＝500－300＝200

銷貨毛利率＝$\frac{200}{500}$＝40%

( ) **2** 馬祖公司X9年度進貨$7,000,000，進貨運費為$1,000,000，X9年底期末存貨比期初存貨多$2,000,000，銷貨毛利率為60%，營業費用合計$3,000,000。馬祖公司X9年度營業淨利率為： **(D)**

(A)25% (B)30% (C)35% (D)40%。 【110年第2次】

解答

名師攻略：$1-$銷貨毛利率$=$銷貨成本率$=\dfrac{銷貨成本}{銷貨淨額}$

$1-60\%=\dfrac{期初存貨+進貨+進貨運費-期末存貨}{銷貨淨額}$

$1-60\%=\dfrac{進貨+進貨運費-(期末存貨-期初存貨)}{銷貨淨額}$

$40\%=\dfrac{700,000+100,000-2,000,000}{銷貨淨利}$，銷貨淨利$=15,000,000$

營業利益$=$銷貨毛利$-$營業費用，

營業淨利率$=\dfrac{營業利益}{銷貨淨額}=\dfrac{9,000,000-3,000,000}{銷貨淨額}=40\%$

( ) **3** 某買賣業的銷貨毛利率由去年度的40%下降到今年度的 **(D)**
30%，下列何者是可能的原因？　(A)該公司的利息費用大
幅增加　(B)該公司的營業費用控制不當　(C)該公司的進貨
退出與折讓大幅增加　(D)該公司所使用的存貨評價方法改
變。　　　　　　　　　　　　　　　　　　　【108年第2次】

名師攻略：

銷貨毛利率$=\dfrac{銷貨毛利}{銷貨淨額}=\dfrac{銷貨淨額-銷貨成本}{銷貨淨額}$，

銷貨成本$=$期初存貨$+$本期進貨$-$期末存貨，若期末存貨的成本
下降，則銷貨成本上升，即銷貨毛利下降。

( ) **4** 某公司的稅後淨利為60萬元，已知銷貨毛利率為30%，純益 **(B)**
率為（稅後淨利率）15%，請問該公司的銷貨成本為多少？
(A)320萬元　　　(B)280萬元
(C)480萬元　　　(D)540萬元。　　　　　　　【108年第4次】

名師攻略：純益率$=\dfrac{稅後純益}{銷貨收入}$，$15\%=\dfrac{60（萬）}{銷貨收入}$，

銷貨收入$=400$，

銷貨成本$=$銷貨收入$\times(1-$銷貨毛利率$)=400\times(1-30\%)=280$。

( ) **5** 大林公司去年度的銷貨毛利為1,500萬元，毛利率為20%， **(A)**
稅前純益率為10%，企業的所得稅率為17%，該公司去年
度的淨利為：　(A)622.5萬元　(B)102萬元　(C)124.5萬元
(D)84萬元。　　　　　　　　　　　　【108年第1次、108年第4次】

名師攻略：毛利率 $=\dfrac{銷貨毛利}{銷貨收入}$，$20\%=\dfrac{1,500}{銷貨收入}$，

得銷貨收入 $=7,500$，

稅前純益率 $=\dfrac{稅前純益}{銷貨收入}$，$10\%=\dfrac{稅前純益}{7,500}$，

得稅前純益 $=750$，

稅後淨利 $=$ 稅前純益 $\times(1-$ 稅率 $)=750\times(1-17\%)=622.5$（萬）

重點 4　綜合損益表

解答

(　) **1** 下列有關綜合損益表格式與費用分類方式的組合，何者可直接顯示「毛利」之金額？　(A)「多站式」與「功能別」的綜合損益表　(B)「多站式」與「性質別」的綜合損益表　(C)「單站式」與「功能別」的綜合損益表　(D)「單站式」與「性質別」的綜合損益表。　【110年第2次】

(A)

名師攻略：「多站式」與「功能別」的綜合損益表，可直接顯示毛利的金額。

(　) **2** 在蘇澳公司的損益表中，處分企業停單位所發生之失是列於：　(A)繼續營業單位稅前淨利之後，繼續營業單位淨利之前　(B)繼續營業單位稅前淨利之繼前　(C)本期損益之後，每股盈餘之前　(D)繼續營業單位淨利之後，本期損益之前。　【108年第1次、110年第2次】

(D)

名師攻略：繼續經營單位稅後淨利

$\dfrac{停業單位損益}{本期損益}$

(　) **3** 以下哪一個會計科目，不可能在綜合損益表中出現？(A)普通股發行溢價　(B)停業單位損益　(C)銷貨退回與折讓　(D)研究發展費用。　【110年第1次】

(A)

名師攻略：普通股發行溢價屬於資產負債表的股東權益項下的科目。

(　) **4** 綜合損益表之主要組成分子如下：其正常順序如何？　**(C)**
　　甲.每股盈餘；乙.繼續營業單位損益；丙.停業單位損益
　　(A)甲－乙－丙　(B)丙－乙－甲
　　(C)乙－丙－甲　(D)乙－甲－丙。　　　　　　【109年第2次】

名師攻略：
乙.繼續營業單位損益＋丙.停業單位損益＝本期淨利，
　　本期淨利＋其他綜合損益＝本期綜合損益總額。
甲.每股盈餘則列在本期綜合損益總額之後，
故排列順序為乙—丙—甲。

重點 5 所得稅

(　) **1** 下列何者可能會造成財務所得和課稅所得認列的「暫時性差　**(D)**
　　異」？
　　(A)免稅公債利息收入　(B)分離課稅短期票券利息收入
　　(C)研究發展支出投資抵減　(D)報稅上與財務報表上所使用
　　計提折舊的方法不同。　【108年第1次、109年第1次、109年第3次】

名師攻略：永久性差異：某些財務會計上的收益或費用，在稅
法上並不被認定為收益或費用。
依題意(A)(B)(C)皆屬永久性差異。
暫時性差異：收益或費用在財務會計與稅法的認列年度不同所
造成的依題意(D)屬暫時性差異。

(　) **2** 神奈川公司100年度申報所得稅時有營業虧損$30,000，若該　**(B)**
　　公司預估101年度課稅所得將大於$30,000，則於100年底可
　　認列何種項目？
　　(A)應收退稅款　(B)遞延所得稅資產　(C)預付100年度所得
　　稅　(D)不能認列任何資產。　　　　　　　　【109年第3次】

名師攻略：本期：課稅所得＞會計所得，本期應繳較多之所得
稅未來可少繳所得稅，此項列為遞延所得稅資產。

Chapter 07 損益兩平與財務槓桿

重點 1 固定成本與變動成本

一、固定成本

凡成本之總數在攸關範圍內不隨成本動因之增減而變動者,為固定成本。
例如:營業費用中的一般管理費用、研發費用;營業成本中的廠房租金、保險。

二、變動成本

凡成本之總數隨成本動因之增減而呈正比例變動者,為變動成本。
例如:營業費用中的銷售佣金、產品運費、貨物稅;及營業成本中的原料成本、水電費等。

小試身手

(　　)　下列各項成本中哪一項應歸類為變動成本?　(A)繳納商品的貨物稅　(B)應客戶之要求先墊付的聯邦快遞運費　(C)工廠警衛所領的值班費　(D)廠房設備的折舊費用。　　　【108.4】

答 (A)。變動成本是會隨銷售量而變動的部分。

重點 2 損益兩平計算

損益兩平分析是假設:

一、單位售價不變。

二、單位變動成本不變。

三、生產方法、生產效率與管理政策不變。

π：利潤

P：產品單位售價

TR：銷貨收入

VC：單位變動成本

Q：產品銷售數量

TFC：總固定成本

TVC：總變動成本

P－VC：單位邊際貢獻

$\dfrac{P-VC}{P}$：單位邊際貢獻率

$\pi = TR - TC = P \times Q - (TVC + TFC) = P \times Q - (VC \times Q + TFC)$

損益兩平$\pi = 0$，即$TR - TC = 0$，$TR = TC$

$P \times Q - (VC \times Q + TFC) = 0$

$P \times Q = (VC \times Q + TFC)$

$P \times Q - VC \times Q = TFC$

$Q = \dfrac{TFC}{P-VC} = \dfrac{總固定成本}{單位邊際貢獻}$……損益兩平的銷售量

將上式等號兩邊各乘以P，則得：

$P \times Q = P \times \dfrac{TFC}{P-VC}$

$P \times Q = \dfrac{TFC}{\dfrac{P-VC}{P}} = \dfrac{總固定成本}{\dfrac{單位邊際貢獻}{}}$……損益兩平的銷貨收入

小試身手

（　　）下列那一個項目會影響到損益兩平點？　(A)總固定成本　(B)每
單位售價　(C)每單位變動成本　(D)以上皆是。【108年第3次高業】

答 (D)。由損益兩平銷售量公式：$Q = \dfrac{TFC}{P-VC}$，會影響損益兩平的銷
售量的項目有，TFC（總固定成本），P（每單位售價），VC
（每單位變動成本）。

重點 **3** 槓桿程度分析

一、營業槓桿度

公司使用固定成本的程度，稱為營業槓桿度。

公式：

$$\frac{\frac{\Delta EBIT}{EBIT}}{\frac{\Delta Q}{Q}} = \frac{當期股價平均}{基期股價平均} = \frac{邊際貢獻}{營業利益}$$

$$= \frac{邊際貢獻}{營業收入-變動營業成本及費用-固定成本} = \frac{邊際貢獻}{邊際貢獻-固定成本}$$

式中：EBIT為息前稅前淨利。

表示EBIT對銷售量變化的敏感度。營業槓桿度越高，表示每單位營收變化，會造成較大的EBIT變化。

再把公式改成：$\dfrac{邊際貢獻}{營業收入-變動營業成本及費用-固定成本}$，

所以可以看出：當企業的固定成本越高時，營業槓桿度就越高。

小試身手

( ) 久久公司X1年度的營業收入為\$2,000,000，營業利益為\$400,000，變動營業成本及費用\$600,000，則X1年度其營運槓桿度為：
(A)1.8　(B)2　(C)2.5　(D)3.5。　　　　【109年第1次高業】

答 **(D)**。營業利益=營業收入-變動營業成本及費用-固定成本

400,000=2,000,000-600,000-固定成本，得固定成本=1,000,000

$$營運槓桿 = \frac{邊際貢獻}{邊際貢獻-固定成本} = \frac{2,000,000-600,000}{2,000,000-600,000-1,000,000}$$

$$= \frac{1,400,000}{400,000} = 3.5$$

二、財務槓桿度

公司利用舉債或發行特別股方式，必須支付利息或特別股之程度，稱為財務槓桿度。

公式：

$$\frac{\dfrac{\Delta EPS}{EPS}}{\dfrac{\Delta EBIT}{EBIT}} = \frac{EBIT}{EBIT-利息費用}$$

表示EPS對EBIT（淨利）變動的敏感度。當企業舉債越多時，則利息支出越多時，財務槓桿度就越高。

小試身手

( )　金寶公司X1年度營業利益變動20%，其營業槓桿度1.6，財務槓桿度2.5，則其每股盈餘變動多少？　(A)25%　(B)16%　(C)50%　(D)無法判斷。　【108年第1次高業】

答 (C)。財務槓桿 $=\dfrac{\dfrac{\Delta EPS}{EPS}}{\dfrac{\Delta EBIT}{EBIT}}$，$2.5=\dfrac{\dfrac{\Delta EPS}{EPS}}{20\%}$

得 $\dfrac{\Delta EPS}{EPS}=2.5\times20\%=50\%$

三、綜合槓桿度

結合營業槓桿度與財務槓桿度的觀念，同時衡量公司對固定成本之使用程度、支付利息與特別股之程度等，稱為綜合槓桿度。

公式：

$$\frac{\dfrac{\Delta EBIT}{EBIT}}{\dfrac{\Delta Q}{Q}} \times \frac{\dfrac{\Delta EPS}{EPS}}{\dfrac{\Delta EBIT}{EBIT}} = \frac{\dfrac{\Delta EPS}{EPS}}{\dfrac{\Delta Q}{Q}} = \frac{邊際貢獻}{營業利益-利息費用}$$

表示EPS對銷售量變動的敏感度。

小試身手

( )　智強公司只生產一種產品，X1年時共銷售了56,000個單位，每單位售價10元，每單位變動成本及費用7元，固定營業費用80,000元，當年度利息支出5,000元，則其綜合槓桿度為何？　(A)1.61　(B)2.02　(C)3.61　(D)選項(A)(B)(C)皆非。　【108年第4次高業】

答 **(B)**。綜合槓桿度：公式：$\dfrac{\dfrac{\Delta EPS}{EPS}}{\dfrac{\Delta Q}{Q}}$（或）$\dfrac{邊際貢獻}{營業利益-利息費用}$

$= \dfrac{168,000}{83,000} = 2.02$

邊際貢獻：銷貨收入－總變動成本
$\qquad = Q(P-VC) = 56,000(10-7) = 168,000$

營業利益＝營業收入－變動營業成本及費用－固定成本
$\qquad = 56,000 \times 10 - 56,000 \times 7 - 80,000 = 88,000$

營業利益－利息費用＝88,000－5,000＝83,000

四、財務槓桿指數

用來衡量股東權益報酬率與總資產報酬率的相對大小，企業透過舉債經營是否有利。

財務槓桿指數$= \dfrac{股東權益報酬率}{總資產報酬率}$

財務槓桿指數$= \dfrac{股東權益報酬率}{總資產報酬率} > 1$，即股東權益報酬率＞總資產報酬率，

股東因舉債而獲利，故<u>舉債經營有利</u>。

高手過招

重點 1 固定成本與變動成本

解答

( )　下列各項成本中那一項應歸類為變動成本？
(A)繳納商品的貨物稅　(B)應客戶之要求先墊付的聯邦快遞運費　(C)工廠警衛所領的值班費　(D)廠房設備的折舊費用。　　　　　　　　　　　　　　【108年第2次、108年第4次、109年第2次】

(A)

名師攻略：變動成本是會隨銷售量而變動的部分。

重點 2 損益兩平計算

解答

( )　**1** 某企業今年度的銷貨收入為300萬元，變動成本為180萬元，固定成本為90萬元，預估明年度固定成本為120萬元，邊際貢獻率不變，但企業希望明年度的淨利能達50萬元，請問其目標銷貨收入成長率應為多少？　(A)16.7%　(B)41.7%　(C)0%　(D)33.3%。　　　　　　　【109年第3次、108年第3次】

(B)

名師攻略：邊際貢獻率 $= \dfrac{邊際貢獻}{銷貨收入} = \dfrac{300-180}{300} = \dfrac{120}{300} = 0.4$

由損益兩平銷貨收入 $= \dfrac{TFC}{邊際貢獻率} = \dfrac{TFC+淨利}{邊際貢獻率} = \dfrac{120+50}{0.4} = 425$

銷貨收入成長率 $= \dfrac{425-300}{300} = 41.67\%$

( )　**2** 設甲產品之單位售價由$1調為$1.3，固定成本由$400,000增至$700,000，變動成本仍為$0.6，則損益兩平數量會有何影響？
(A)增加　(B)下降　(C)不變　(D)不一定。　　　【109年第4次】

(C)

名師攻略：由 $Q = \dfrac{TFC}{P-VC}$ ，原來的 $Q = \dfrac{400,000}{1-0.6} = 1,000,000$ ，

變動後，$Q = \dfrac{700,000}{1.3-0.6} = 1,000,000$ ，故損益兩平數量不變。

( )　**3** 雪見公司所生產的礦泉水每瓶售價$20，其中變動成本占80%，已知目前每年產量為40,000瓶，該公司剛好損益兩

(D)

平,請問其固定成本約為多少? (A)$80,000 (B)$100,000 (C)$200,000 (D)$160,000。 【108年第1次】

名師攻略:由$Q=\dfrac{TFC}{P-VC}$,$40,000=\dfrac{TFC}{20-20\times80\%}$,

得$TFC=160,000$。

( ) **4** 要求出損益兩平的銷售金額,我們需要知道總固定成本與: (A)每單位變動成本 (B)每單位售價 (C)每單位變動成本占售價比率 (D)每單位售價減去平均每單位固定成本。 【108年第4次、109年第2次】 **(C)**

名師攻略:由$Q=\dfrac{TFC}{P-VC}$等式左右同乘P,

得$P\cdot Q=\dfrac{TFC}{P-VC}\cdot P=\dfrac{TFC}{\dfrac{P-VC}{P}}=\dfrac{TFC}{(1-\dfrac{VC}{P})}$故要計算損益兩平的

銷售金額,需知道TFC和VC/P。

( ) **5** 採用損益兩平(Breakeven)分析時,所隱含的假設之一是在攸關區間內: (A)總成本保持不變 (B)單位變動成本不變 (C)單位固定成本不變 (D)變動成本和生產單位數間並非直線的關係。 【109年第2次、109年第3次、109年第4次】 **(B)**

名師攻略:損益兩平分析時,假設單位變動成本在攸關區間內是不變的。

( ) **6** 其他情況不變時,下列那一種情況會提高損益兩平點? (A)固定成本上升 (B)變動成本占銷貨的比率下降 (C)邊際貢獻率上升 (D)售價上升。 【108年第2次】 **(A)**

名師攻略:由$Q=\dfrac{TFC}{P-VC}$,當TFC(固定成本)上升,則損益兩平的銷售量就會上升。

( ) **7** 計算一項產品損益平衡的銷售單位數時,不需考慮下列那一項目? (A)單位售價 (B)單位變動成本 (C)總固定成本 (D)淨利率。 【109年第4次】 **(D)**

解答

名師攻略：由$Q = \dfrac{TFC}{P - VC}$，計算損益兩平的銷售量（Q）要考慮 TFC（總固定成本），P（單位售價），VC（單位變動成本）。

( ) **8** 下列何種情況下，邊際貢獻率一定會上升？ (A)損益兩平 銷貨收入上升 (B)變動成本占銷貨淨額百分比下降 (C)損 益兩平銷貨單位數量降低 (D)固定成本占變動成本的百分 比下降。 【108年第3次】 **(B)**

名師攻略：邊際貢獻率$= \dfrac{銷貨收入 - 總變動成本}{銷貨收入}$

$= 1 - \dfrac{總變動成本}{銷貨收入}$，當$\dfrac{總變動成本}{銷貨收入}$下降，則邊際貢獻率會上升。

( ) **9** 因為新臺幣大幅貶值，奇奇皮鞋進口的高級女鞋每雙成本增 加200元，故皮鞋被迫每雙售價提高200元，在該鞋店的固定 成本不變的情況下，請問此舉會造成該店的： (A)邊際貢 獻金額增加 (B)邊際貢獻金額減少 (C)邊際貢獻比率不變 (D)損益兩平的皮鞋銷售件數不變。 【109年第2次】 **(D)**

名師攻略：由$Q = \dfrac{TFC}{P - VC}$，當VC增加200，增加200，

則$Q = \dfrac{TFC}{P + 200 - (VC + 200)} = \dfrac{TFC}{P - VC}$，故$Q = \dfrac{TFC}{P - VC}$，

即損益兩平的皮鞋銷售件數（Q）不變。

( ) **10** 龍龍洗面乳每盒售價$\$60$，該公司沒有生產其他產品，
去年度總固定成本為$\$360,000$，單位變動成本為售價的 40%，請問該公司的損益兩平點為何？ (A)900,000盒 (B)1,500,000盒 (C)7,500盒 (D)10,000盒。 【110年第2次】 **(D)**

名師攻略：由$Q = \dfrac{TFC}{P - VC}$，$Q = \dfrac{360,000}{60 - 60 \times 40\%} = 10,000$。

( ) **11** 一個產品多樣化的廠商要計算營業額的損益兩平點，必須 作那些假設？甲.產品售價不變；乙.每單位產品變動成本 不變；丙.產品組合比率不變 (A)僅甲及乙 (B)僅甲及丙 (C)僅乙及丙 (D)甲、乙、丙。 【109年第3次】 **(D)**

名師攻略：產品組合計算營業額的損益兩平點，要假設產品售價不變，每單位產品變動成本不變，與產品組合比率不變。

(A) **12** 假設有一投資計畫，期初投資100萬元，其折舊年限為5年，無殘值，依直線法提折舊，其生產產品之單位售價為$2,000，單位變動成本為$1,500，每年之付現固定成本為10萬元，稅率為17%，折現率為10%，請問各年度的會計損益兩平點為多少？ (A)200個 (B)300個 (C)400個 (D)600個。 【109年第4次】

名師攻略：由 $Q = \dfrac{TFC}{P-VC} = \dfrac{100,000}{2,000-1,500} = 200$（個）

(C) **13** 已知損益兩平點時之銷貨為$600,000，邊際貢獻為$300,000，則銷貨收入$900,000時之營業槓桿度為：

(A)8　(B)6　(C)3　(D)2。 【110年第2次】

名師攻略：邊際貢獻率 $= \dfrac{邊際貢獻}{銷貨收入} = \dfrac{300,000}{900,000} = 1/3$，

兩平銷貨收入 $= \dfrac{TFC}{邊際貢獻率}$，$600,000 = \dfrac{TFC}{1/3}$，

得TFC=200,000，

營業槓桿 $= \dfrac{邊際貢獻}{邊際貢獻-總固定成本} = \dfrac{300,000}{300,000-200,000} = 3$

(C) **14** 假設其他一切不變，下列財務比率何者通常愈高愈佳？
(A)負債比率　(B)固定成本比率　(C)邊際貢獻率　(D)應收帳款週轉天數。 【110年第1次、110年第2次】

名師攻略：邊際貢獻率 $= \dfrac{P-VC}{P}$

P：售價，VC：單位變動成本

(C) **15** 要求出損益兩平的銷售金額，我們需要知道總固定成本與：
(A)每單位變動成本
(B)每單位售價
(C)每單位變動成本占售價比率
(D)每單位售價減去平均每單位固定成本。 【109年第4次】

名師攻略：由 $Q=\dfrac{TFC}{P-VC}$ ，同乘P得 $PQ=\dfrac{TFC}{P-VC} \cdot P$ ，

即 $PQ=\dfrac{TFC}{\dfrac{P-VC}{P}}$ ，整理得 $PQ=\dfrac{TFC}{(1-\dfrac{VC}{P})}$ ，PQ＝損益兩平的銷售金

額，TFC為總固定成本， $\dfrac{VC}{P}$ 表示為單位變動成本占售價比率。

(A) **16** 其他情況不變時，下列那一種情況會提高損益兩平點？
(A)固定成本上升　(B)變動成本佔銷貨的比率下降　(C)邊際
貢獻率上升　(D)售價上升。　　　　　　　【109年第3次】

名師攻略：（損益兩平點）

$$銷售量 = \dfrac{固定成本}{產品單位價格-單位變動成本}$$ ，當固定成本上升，

則損益兩平點的銷售量也會提高。

重點 3　槓桿程度分析

(B) **1** 智強公司只生產一種產品，X1年時共銷售了56,000個單位，
每單位售價10元，每單位變動成本及費用7元，固定營業費用
80,000元，當年度利息支出5,000元，則其綜合槓桿度為何？
(A)1.61　　　　　(B)2.02
(C)3.61　　　　　(D)選項(A)(B)(C)皆非。　　【108年第4次】

名師攻略：邊際貢獻：銷貨收入－總變動成本＝
　　　　　　　Q(P－VC)＝56,000(10－7)＝168,000
營業利益－利息費用＝邊際貢獻－固定營業費用－利息費用
　　　　　　　＝56,000(10－7)－80,000－5,000＝83,000。

綜合槓桿度公式： $\dfrac{\dfrac{\Delta EPS}{EPS}}{\dfrac{\Delta Q}{Q}}$ 或 $\dfrac{邊際貢獻}{營業利益-利息費用} = \dfrac{168,000}{8,300} = 2.02$

(C) **2** 金寶公司X1年度營業利益變動20%，其營業槓桿度1.6，財
務槓桿2.5，則其每股盈餘變動多少？　(A)25%　(B)16%
(C)50%　(D)無法判斷。　　　　　　【108年第1次、108年第3次】

名師攻略：財務槓桿＝$\dfrac{\dfrac{\Delta EPS}{EPS}}{\dfrac{\Delta EBIT}{EBIT}}$，$2.5=\dfrac{\dfrac{\Delta EPS}{EPS}}{20\%}$，

得$\dfrac{\Delta EPS}{EPS}=2.5\times20\%=50\%$。

( )　**3** 已知豐富公司邊際貢獻率為60%，銷貨收入$\$100,000$，其營　**(B)**
運槓桿度為1.5，試問該公司當年度固定成本及費用為何？

(A)$\$10,000$　(B)$\$20,000$

(C)$\$80,000$　(D)選項(A)(B)(C)皆非。　【108年第2次】

名師攻略：邊際貢獻率＝$\dfrac{銷貨收入-總變動成本}{銷貨收入}$，

$60\%=\dfrac{100,000-總變動成本}{100,000}$，得總變動成本＝40,000，

營運槓桿＝$\dfrac{邊際貢獻}{邊際貢獻-固定成本}$，

$1.5=\dfrac{100,000-40,000}{100,000-40,000-固定成本}$，得固定成本＝20,000。

( )　**4** 某一投資組合部位的信用槓桿倍數為2倍，若此一投資組合　**(B)**
的現金部位可創造4%的獲利，則其槓桿組合的投資收益為

何？　(A)10%　(B)8%　(C)6%　(D)1.75%。　【109年第4次】

名師攻略：槓桿倍數＝$\dfrac{貸款}{自有資金}$，$2=\dfrac{槓桿組合}{4\%}$
槓桿組合＝8%。

( )　**5** 久久公司X1年度的營業收入為$\$2,000,000$，營業利益為　**(D)**
$\$400,000$，變動營業成本及費用$\$600,000$，則X1年度其營運
槓桿度為：

(A)1.8　(B)2　(C)2.5　(D)3.5。　【109年第1次、109年第2次】

名師攻略：營業利益＝營業收入-變動營業成本及費用-固定成
本，400,000＝2,000,000-600,000-固定成本，
得固定成本＝1,000,000，

$$營運槓桿 = \frac{邊際貢獻}{邊際貢獻-固定成本} = \frac{2,000,000-600,000}{2,000,000-600,000-100,000}$$

$$= \frac{1,400,000}{400,000} = 3.5。$$

( ) **6** 牛津公司只生產並銷售一種產品,當銷貨量增加30%, **(A)**
則營業利益增加90%,X1年銷貨額$800,000,稅後淨利
$124,500,無利息費用亦無其他營業外的收入與費用,稅率
17%,則其變動成本及費用為何?
(A)$350,000　(B)$250,000
(C)$200,000　(D)選項(A)(B)(C)皆非。　　【108年第2次】

名師攻略:營業槓桿度:

$$\frac{\frac{\Delta EBIT}{EBIT}}{\frac{\Delta Q}{Q}} = \frac{邊際貢獻}{營業利益} = \frac{銷貨收入-變動成本及費用}{營業利益}$$

$$\frac{90\%}{30\%} = \frac{800,000-變動成本及費用}{124,500 \div (1-17\%)}$$,得變動成本及費用=350,000。

( ) **7** 財務槓桿指數之計算公式為:　(A)總資產報酬率÷權益報酬 **(D)**
率　(B)總資產報酬率÷總資產週轉率　(C)負債之利率÷總
資產報酬率　(D)權益報酬率÷總資產報酬率。【109年第1次】

名師攻略:財務槓桿指數 = $\frac{股東權益報酬率}{總資產報酬率}$

( ) **8** 財務槓桿指數大於1,表示: **(D)**
(A)借款增加　(B)舉債經營不利　(C)負債比率超過總資產報
酬率　(D)舉債經營有利。　　　　　　　　　【108年第3次】

名師攻略:財務槓桿指數 = $\frac{股東權益報酬率}{總資產報酬率} > 1$,

即股東權益報酬率>總資產報酬率,股東因舉債而獲利,故舉
債經營有利。

Chapter 08 每股盈餘與評估

重點 **1** 每股盈餘

一、定義：在會計期間內，平均每股普通股所賺得之盈餘或承擔之損失。

二、每股盈餘之計算

(一) 基本每股盈餘 $= \dfrac{\text{本期淨利} - \text{特別股股利}}{\text{普通股加權平均流通在外股數}}$

(二) 分子項：特別股股利不論當年是否宣告發放一律要先從本期淨利扣除，若是累計特別股有過去應發放而未發放的股利也僅扣除當期的股利。

(三) 分母項：發放股票股利與股票分割，必須往前追溯調整。

> 例　桃園公司於1/1流通在外普通股共10000股，4/1公司購回庫藏股1,500股，5/1分派20%之股票股利，7/1現金增資發行新股2,000股，9/1出售1,500庫藏股，10/1以2：1進行股票分割，試求加權平均流通在外股數？

解

流通在外股數		加權期間		股票股利20%		股票分割1：2		加權平均
10,000	×	12/12	×	1.2	×	2	=	24,000
(1,500)	×	9/12	×	1.2	×	2	=	(2,700)
2,000	×	6/12	×		×	2	=	2,000
1,500	×	4/12	×		×	2	=	1,000
								24,300

　　加權平均流通在外股數為24,300

小試身手

(　　)　林內公司流通在外之普通股共100,000股，且在當年度沒有發生應調整股數事項；其認購權證的履約價格為每股50元；當期普通股的每股平均市價為100元。所有認購權證履約可取得普通股總股數為10,000股。則其用以計算稀釋每股盈餘之約當股數為：

(A)20,000股　　(B)85,000股

(C)100,000股　　(D)105,000股。　　　　　　【110年第2次高業】

答 **(D)**。稀釋每股盈餘＝

$$\frac{本期淨利-特別股股利+可轉換特別股股利+可轉公司債利息(1-稅率)}{普通股加權平均流通在外股數+稀釋性普通股股數}$$

稀釋性普通股股數：

認購股數$-\dfrac{認購股數\times認購價}{平均市價}=10,000-\dfrac{10,000\times50}{100}=5,000$（股）

稀釋每股盈餘之約當股數（即稀釋每股盈餘的分母項）

$=100,000+5,000=105,000$（股）

(四) 稀釋每股盈餘

$$=\frac{期淨利-特別股股利+可轉換特別股股利+可轉公司債利息(1-稅率)}{普通股加權平均流通在外股數+稀釋性普通股股數}$$

稀釋分子分母影響數：

	分子項增加	分母項增加
認股權		認購股數$-\dfrac{認購股數\times認購價}{平均市價}$
可轉換特別股	特別股股利	特別股可轉換股數
可轉換公司債	可轉換公司債利息費用$\times(1-稅率)$	公司債可轉換股數

小試身手

(　　)　小林公司X1年初流通在外普通股股數為60,000股。該公司X1年初另有按面額發行之6%可轉換公司債3,500張，每張面額$100，每張公司債可轉換3股普通股，X1年無實際轉換發生。X1年度淨利為$700,000，稅率為20%，則小林公司X1年度之稀釋每股盈餘為：

(A)$5,125　　(B)$8,230

(C)$5,625　　(D)$10,167。　　　　　　【109年第2次高業】

答 **(D)**。稀釋的每股盈餘 $= \dfrac{700{,}000 + 3{,}500 \times 100 \times 6\%(1 - 20\%)}{60{,}000 + 3{,}500 \times 3} = 10{,}167$

重點 2 盈餘品質評估與預測

一、盈餘品質

一家公司盈餘數字的高低，固然是投資者關心的焦點；然而財報上的盈餘數字是否真能化為穩定的現金收益，才是公司能持續成長及維持股價長期向上的關鍵。

盈餘品質真正反應公司的競爭力，為股東創造出投資的長期價值。

盈餘品質 $= \dfrac{\text{營業現金流量}}{\text{稅後淨利}}$，表示稅後淨利轉換成來自營業的現金流量，

當稅後淨利轉換成來自營業的現金流量越多，即來自營業的現金流量越高代表盈餘品質越高。

影響盈餘品質的因素：

(一) 會計政策的選擇。

(二) 資產變現之風險。

(三) 現金流量與盈餘關係。

小試身手

( )　下列何者是會影響盈餘品質的因素？　(A)會計政策的選擇　(B)資產變現之風險性　(C)現金流量與盈餘關係　(D)選項(A)、(B)、(C)皆是。　　　　　　　　　　　　　【109年第2次高業】

答 **(D)**。盈餘品質 $= \dfrac{\text{營業現金流}}{\text{稅後淨利}}$，會計政策的選擇，資產變現之風險性，現金流量與盈餘關係，皆會影響盈餘品質。

二、盈餘管理

盈餘管理就是管理當局為了極大化個人的效用或公司的市場價值等目的進行會計政策的選擇，從而調節公司盈餘的行為。

(一) 影響盈餘管理的因素：
1. 籌措資金的需求。
2. 避免盈餘過高或過低，即盈餘平穩化。
3. 節省稅負。
4. 與利害關係人維持良好的關係。

(二) 盈餘管理的方式：
1. 透過事件的發生或承認達到平滑的目的。
2. 透過不同期間的分類達到平滑的目的。
3. 透過分類達到平滑的目的。

三、盈餘操縱

盈餘操縱是管理當局出於某種動機，利用法令的漏洞甚至違反法令對企業盈餘進行操縱行為。

四、盈餘預測

盈餘預測是過去的歷史財務資料來測預未來的盈餘。

五、財務預測

財務預測是企業依其計畫及經營環境，對未來財務狀況、經營成果及現金流量所做得最適估計。對企業銷貨收入的預測是和現金流量的預測最為密切。

小試身手

( )　基於以下哪一項假設性的消息，投資人可能會調高其對善化商業銀行盈餘預測值？　(A)中時頭條：經建會預測明年起國內經濟成長將趨緩　(B)善化銀行月刊頭條：會計師陳君指出：「為了顧及帳務處理的簡便，在沒有違反重要性原則的前提下，去年度善化銀行有幾項資本支出被逕行列認為費用」　(C)工商頭條：央行宣布大幅調升貼現率　(D)經濟頭條：存款準備率下限將進一步降低。

【108年第1次高業】

> 答 **(D)**。中央銀行的存款準備率下限若進一步降低則商業銀行可貸放的資金增加，可提高商業銀行的收益，故投資人可能會調高其對該銀行的盈餘預測值。

高手過招

重點 1 每股盈餘

( ) **1** 所謂的稀釋每股盈餘是指企業在計算每股盈餘時要另行考慮下列那些影響？ (A)淨利受到企業當年度的停業單位損益的影響 (B)停業單位損益可能增加或減少的流通在外普通股股利的影響 (C)可轉換證券可能增加企業流通在外普通股股數的影響 (D)可轉換證券可能對企業所帶來的潛在利益的影響。 【108年第1次、108年第4次】 **(C)**

名師攻略：可轉換證券將來轉換成普通股，將使企業流通在外的股數增加，在稅後淨利不變的情況下，稀釋每股盈餘會下降。

( ) **2** 某公司X6年底流通在外之普通股有120,000股，X7年5月1日發行新股12,000股，10月31日收回24,000股，X7年度獲利$421,600，則X7年底每股盈餘為何？ (A)$3 (B)$3.40 (C)$2.90 (D)$3.50。 【108年第2次、109年第1次】 **(B)**

名師攻略：$120,000 \times \dfrac{12}{12} + 12,000 \times \dfrac{8}{12} - 24,000 \times \dfrac{2}{12} = 124,000$，

$EPS = \dfrac{421,600}{124,000} = 3.4$。

( ) **3** 林內公司流通在外之普通股共100,000股，且在當年度沒有發生應調整股數事項；其認購權證的履約價格為每股50元；當期普通股的每股平均市價為100元。所有認購權證履約可取得普通股總股數為10,000股。則其用以計算稀釋每股盈餘之約當股數為： (A)20,000股 (B)85,000股 (C)100,000股 (D)105,000股。 【110年第1次、110年第2次】 **(D)**

解答

名師攻略：稀釋每股盈餘＝

$$\frac{\text{本期淨利－特別股股利＋可轉換特別股股利＋可轉公司債利息×}(1-\text{稅率})}{\text{普通股加權平均流通在外股數＋稀釋性普通股股數}}$$

稀釋性普通股股數：

認購股數$-\dfrac{\text{認購股數×認購價}}{\text{平均市價}}=10,000-\dfrac{10,000×50}{100}=5,000$（股）

稀釋每股盈餘之約當股數（即稀釋每股盈餘的分母項）

＝$100,000+5,000=105,000$（股）

(C) **4** 每股盈餘之計算公式為： **(C)**

(A)普通股股利／普通股期末流通在外股數　(B)保留盈餘／普通股期末流通在外股數　(C)普通股享有之淨利／加權平均流通在外普通股股數　(D)普通股享有之淨利／普通股期末流通在外股數。　　　　　　　　　　　　　　　　【108年第1次、110年第2次】

名師攻略：$EPS=\dfrac{\text{稅後淨利－特別股股利}}{\text{普通股加權平均流通在外股數}}$

$=\dfrac{\text{普通股享有之淨利}}{\text{普通股加權平均流通在外股數}}$

(D) **5** 小林公司X1年初流通在外普通股股數為60,000股。該公司X1 **(D)**
年初另有按面額發行之6%可轉換公司債3,500張，每張面額
$100，每張公司債可轉換為3股普通股，X1年無實際轉換發
生。X1年度淨利為$700,000，稅率為20%，則小林公司X1年
度之稀釋每股盈餘為：（小數點第三位四捨五入）

(A)$5.13　　　　　　(B)$8.23

(C)$5.63　　　　　　(D)$10.17。　　　　　【109年第1次、109年第2次】

名師攻略：公司債面額＝$3,500×100=350,000$，可轉換公司債
利息＝$350,000×6\%=21,000$，

稀釋每股盈餘＝$\dfrac{\text{本期淨利－特別股股利＋可轉換特別股股利＋可轉公司債利息×}(1-\text{稅率})}{\text{普通股加權平均流通在外股數＋稀釋性普通股股數}}$

$=\dfrac{70,000+21,000×(1-20\%)}{60,000+3,500×3}$

重點 2 盈餘品質評估與預測

(　) **1** 基於以下哪一項假設性的消息,投資人可能會調高其對善化 **(D)**
商業銀行盈餘預測值?　(A)中時頭條:經建會預測明年起
國內經濟成長將趨緩　(B)善化銀行月刊頭條:會計師陳君
指出:「為了顧及帳務處理的簡便,在沒有違反重要性原則
的前提下,去年度善化銀行有幾項資本支出被逕行列記為費
用」　(C)工商頭條:央行宣布大幅調升貼現率　(D)經濟頭
條:存款準備率下限將進一步降低。　【108年第1次】

名師攻略:中央銀行的存款準備率下限若進一步降低,則商業
銀行可貸放的資金增加。可提高商業銀行的收益,故投資人可
能會調高其對該銀行的盈餘預測值。

(　) **2** 資產負債表外負債愈多,則其盈餘品質:　(A)愈高　(B)沒 **(C)**
有影響　(C)愈低　(D)不一定。　【109年第4次】

名師攻略:盈餘品質 $= \dfrac{\text{營業現金流}}{\text{稅後淨利}}$,若資產負債表外負債

愈多,則營業現金流下降,即盈餘品質降低。

(　) **3** 在缺少其他相關訊息時,基於以下哪一項新聞報導,投資人 **(C)**
最不可能調低其對天山企業盈餘預測值?　(A)上游廠商宣
布未來將大幅減少產量　(B)下游廠商宣布未來將大幅減少
產量　(C)競爭廠商宣布未來將大幅減少產量　(D)天山企業
宣布未來將大幅減少產量。　【110年第1次】

名師攻略:當競爭廠商宣布未來將大幅減少產量,對該企業而
言市場占有率可望提升,有助於企業營收增加,所以投資人最
不可能因此調低該企業的盈餘預測。

(　) **4** 下列何者是會影響盈餘品質的因素?　(A)會計政策的選擇 **(D)**
(B)資產變現之風險性　(C)現金流量與盈餘關係　(D)選項
(A)、(B)、(C)皆是。　【109年第2次】

名師攻略:盈餘品質 $= \dfrac{\text{營業現金流}}{\text{稅後淨利}}$,會計政策的選擇,資

產變現之風險性,現金流量與盈餘關係,皆會影響盈餘品質。

( ) **5** 一般而言，下列哪一項目和企業現金流量的預測最為密切？
(A)預測之進貨金額　(B)預測之銷貨金額　(C)預估資金成本
(D)預測之營業費用金額。　　　　　　　　　　　【109年第2次】

(B)

名師攻略： 銷貨收入可能來自：賒銷或現銷，所以預測之銷貨
收入和現金流量的預測最為密切。

( ) **6** 大橋企業欲對其下一年度的營業額作預測，以下敘述何者是
最好的答案？
(A)其預估市場總規模將成長15%，市場佔有率將成長15%，
故營業額將成長15%　(B)其預估市場總規模將成長15%，市
場佔有率將成長15%，故營業額將成長32%　(C)其預估市場
總規模將成長15%，營業額將成長15%，故市場佔有率將成
長15%　(D)其預估市場總規模將成長15%，營業額將成長
15%，故市場佔有率將成長32%。　　　　　　　【108年第2次】

(B)

名師攻略： 營業額的成長=(1+預估市場總規模的成長)×(1+市
場占有率的成長)−1=(1+15%)(1+15%)−1=32.25%

( ) **7** 斯里蘭卡企業在X0年的全年營業額為40億元，到X2年度營
業額已高達80億元，請問：　(A)兩年總共成長率為200%
(B)兩年間，平均每年成長150%　(C)兩年間，平均每年成長
41%　(D)兩年間，平均每年成長100%。　　　　【109年第4次】

(C)

名師攻略： g：成長率

第0年的營業額	第1年的營業額	第2年的營業額
40	$40(1+g)$	$40(1+g)(1+g)=80$

$40(1+g)×(1+g)=80$，得$g=41\%$

Chapter 09 現金流量表

重點 1 　現金流量表之基本觀念

財務報表使用者逐漸發現，許多財務困難的企業並非營運情況不佳或財務狀況不良，而係現金收支調配不當所致，故使現金流量資訊之需求益為殷切。此外，資產負債表損益表及權益變動表均無法完整的提供現金流量的資訊，故另編現金流量表提供有關資訊以供報表使用者作為決策的參考。

一、現金流量表之用途

(一) 本期損益與營業活動所產生之現金流量發生差異之原因。

(二) 由營業活動產生淨現金流入的能力。

(三) 本期現金與非現金之投資及籌資活動對財務狀況之影響。

(四) 償還負債與支付股利之能力，即向外界籌資之需求。

二、現金流量的分類

現金流量表將現金流量區分成營業活動、投資活動與籌資活動三類：

(一) 營業活動：企業主要營收活動及非屬投資或籌資之其他活動。

(二) 投資活動：係指對長期資產及非屬約當現金之其他投資之取得與處分。

(三) 籌資活動：將使企業的股東權益及借款發生增減之活動。

小試身手

(　　) **1** 下列何者並非現金流量表之功能？　(A)評估公司盈餘的品質 (B)評估對外部資金的依賴程度　(C)評估公司的財務彈性　(D)評估資產的管理效能。　【110年第1次高業】

答 **(D)**。現金流量表並無法用評估資產的管理效能。

(　　) **2** 現金流量表上最能衡量企業繼續經營能力的資訊為何？ (A)來自營業活動之現金流量　(B)來自投資活動之現金流量

(C)來自籌資活動之現金流量　(D)不影響現金之投資活動或籌資

活動。　【110年第1次高業】

答 (A)。最能衡量企業繼續經營能力的資訊，應該是來自營業活動之
現金流量。

三、現金與資產負債表之關聯性：

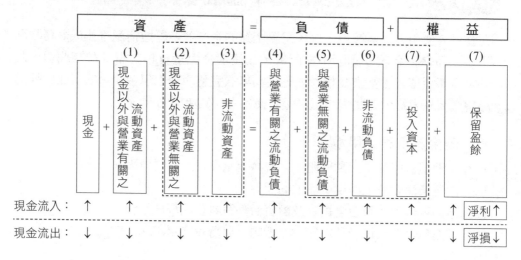

說明：

(1)現金以外與營業有關之流動資產：應收票據、應收帳款、存貨、預付
費用等的增減。

(2)現金以外與營業無關之流動資產：處分非屬交易目的之證券投資。

(3)非流動資產：處分不動產、廠房及設備、無形資產、持有至到期日證
券投資或存出保證金之收回等。

(4)與營業有關之流動負債：應付帳款、預收收入等的增減。

(5)與營業無關之流動負債：舉借短期債務。

(6)非流動負債：發行公司債、舉借長期債務或存入保證金之收取等。

(7) ⎰投入資本：發行新股
　　⎱保留盈餘：本期淨利 。

四、將現金之流入與流出區分為營業、投資與籌資活動。

(一) 營業活動之現金流量

營業活動係指企業應出主要營業收入之活動。

如(1)+(4)+(7)

(二) 投資活動之現金流量

投資活動如(2)+(3)

(三) 籌資活動之現金流量

籌資活動如(5)+(6)+(7)

重點 **2** 營業活動之現金流量

一、間接法

淨利+

(一) 不影響現金流量之損益項目——加：折舊、折耗及無形資產攤銷

(二) 與營業有關之流動資產——加：流動資產↓，流動負債↑

(三) 與營業有關的流動負債——減：流動資產↓，流動負債↓

(四) 處分資產及清償債務之損益項目——

減：處分機器利益、投資收益

加：處分機器損失

(五) 收入、費用之金額因溢折價之攤銷——

減：應付公司債溢價攤銷

加：應付公司債折價攤銷

營業活動現金流入（流出）

二、直接法

(一) 銷貨收現數：銷貨＝賒銷＋現銷＝應收帳款＋現銷→現銷＝銷貨－應收帳款

(二) 進貨付現數：

1. 銷貨成本＝初存＋進貨－末存＝進貨－(末存－初存)

→ 進貨＝銷貨成本＋(末存－初存)

2. 進貨＝賒購＋現購＝應付帳款＋現購 → 現購＝進貨－應付帳款

(三) 折舊費用——不計

(四) 其他營業費用付現：

> 其他營業費用=營業費用付現－預付費用
> 營業費用付現=其他營業費用+預付費用

(五) 利息付現數：

> 利息費用=利息付現數－預付利息費用
> 利息付現數=利息費用+預付利息費用

(六) 利息收現數：

> 利息收入=利息收現數+預收利息收入
> 利息收現數=利息收入－預收利息收入

(七) 處分投資利益——不計

(八) 處分設備損失——不計

(九) 所得稅付現數：

> 所得稅費用=應付所得稅+所得稅付現
> 所得稅付現=所得稅費用－應付所得稅

<u>營業活動現金流入（流出）</u>

小試身手

(　　) 1 聖保羅公司106年度淨利為$30,000、呆帳損失$6,000、應付公司債溢價攤銷$1,000、折舊費用$2,000、應收帳款增加數$10,000、備抵呆帳減少數$4,000，則106年度來自營業活動之淨現金流入為：
(A)$18,000　　(B)$17,000
(C)$12,000　　(D)$7,000。　　　　　【108年第1次高業】

答 (B)。來自營業活動之淨現金=淨利－應付公司債溢價攤銷+折舊費用－應收帳款增加－備抵呆帳減少數
=30,000－1,000+2,000－10,000－4,000=17,000

( ) **2** 長春公司本年度後純益$20,000、折舊費用$10,000、預期信用損失$4,000，已知該公司來自營業現金流入為$30,000，則該公司今年出售土地利益為何？（假設無其他調整項目）

(A)$5,000 (B)$1,000 (C)$4,000 (D)$3,000。【108年第2次高業】

答 **(C)**。20,000＋10,000＋4,000＝34,000

34,000－30,000＝4,000（出售利益）

( ) **3** 以間接法編製現金流量表中的「來自營業活動的現金流量」時，下列何項敘述正確？ (A)應加入存貨增加之金額 (B)應減除預付費用減少之金額 (C)應減除清償公司之利益 (D)應加入再發行庫藏股之金額。 【110年第2次高業】

答 **(C)**。清償公司債之利益已在籌資活動中的現金流量內認列，但淨利將清償公司債利益計入，為了避免重複計算，應該從來自營業活動的淨利中予以減除。

重點 **3** 投資活動之現金流量

加：處分不動產、廠房及設備
加：收回貸款
加：處分持有至到期日證券投資
減：添購不動產、廠房及設備
減：新增投資
減：併購或貸款予其他公司
投資活動之淨現金流入（流出）

小試身手

( ) 立宇公司於X6年底購買土地一筆，價格為$1,000,000，該公司支付現金$400,000，餘款則開立附息票據支應。此項交易在當期現金流量表的揭露方式為： (A)投資活動：－$400,000；籌資活動：－$600,000 (B)投資活動：－$1,000,000；籌資活動：0 (C)投資活動：－$1,000,000；籌資活動：＋$600,000 (D)投資活動：－$400,000；籌資活動：0。 【109年第2次高業】

答 **(D)**。分錄如下

$$\begin{cases} 土地 & 1,000,000 \\ \quad 現金 & 400,000 \text{，屬於投資活動現金流出}400,000 \\ \quad 附息票據 & 600,000 \end{cases}$$

重點 4 籌資活動之現金流量

加：出售庫藏股

加：現金增資

加：長期借款增加

減：償還債務

減：發放現金股利

減：買回庫藏股及退回股本

籌資活動之淨現金流入（流出）

小試身手

(　　) 哥倫比亞公司以$5,000,000發行公司債，由鳳凰城公司購入，上述交易在各公司現金流量表中應列為：　(A)哥倫比亞公司：投資活動；鳳凰城公司：投資活動　(B)哥倫比亞公司：投資活動；鳳凰城公司：籌資活動　(C)哥倫比亞公司：籌資活動；鳳凰城公司：投資活動　(D)哥倫比亞公司：籌資活動；鳳凰城公司：籌資活動。　【109年第3次高業】

答 **(D)**。

哥倫比亞公司 $\begin{cases} 現金 & 5,000,000 \\ 應付公司債 & 5,000,000 \end{cases}$ ，屬於籌資活動的現金流入。

鳳凰城公司 $\begin{cases} 長期投資－公司債 & 5,000,000 \\ 應付公司債 & 5,000,000 \end{cases}$ ，屬於投資活動的現金流出。

高手過招

重點 **1** ## 現金流量表
~現金流量的分類~

解答

( ) **1** 現金流量表本身通常不會列示下列哪一項目？　(A)股票溢價發行　(B)支付現金股利　(C)發放股票股利　(D)股票買回。　　　　　　　　　　　　　　　　　　　　【109年第2次】

(C)

名師攻略：發放股票股利不影響現金的流入與流出，故不會列示在現金流量表內。

( ) **2** 現金流量表之現金不包括下列何項？
(A)活期存款　(B)支票存款　(C)可轉讓定期存單　(D)人壽保險解約現金價值。　　　　　　　　　　　　　　【108年第3次】

(D)

名師攻略：人壽保險解約現金價值乃長期投資的科目。

( ) **3** 下列何者並非現金流量表之功能？　(A)評估公司盈餘的品質　(B)評估對外部資金的依賴程度　(C)評估公司的財務彈性　(D)評估資產的管理效能。　　　　　　　　【110年第1次】

(D)

名師攻略：現金流量表並無法用評估資產的管理效能。

( ) **4** 大連公司本年度營業活動之淨現金流入\$550,000、籌資活動之淨現金流入\$300,000、投資活動淨現金流出\$400,000、期初現金餘額\$1,000，則大連公司之年底現金餘額為何？
(A)\$350,000　　　(B)\$351,000
(C)\$951,000　　　(D)\$451,000。　　　　　　【110年第2次】

(D)

名師攻略：本期：550,000＋300,000－400,000＝450,000，
期末＝期初＋本期＝1,000＋450,000＝451,000。

( ) **5** 投資人應對企業的財務報表深入觀察以避免「黑字倒閉」的發生，請問下列哪一種資訊有助於避免掉入「黑字倒閉」的陷阱中？
(A)損益表上的純益率　(B)權益變動表上的每股盈餘　(C)企業的淨值報酬率　(D)現金流量表。　　　　　　【108年第1次】

(D)

名師攻略：損益表上有盈餘的公司，若該盈餘都是來自應收帳款而非現金，一樣可能面臨倒閉，即「黑字倒閉」，而現金流量表的資訊有助於投資人避免掉入公司有盈餘卻倒閉的陷阱。

重點2 營業活動之現金流量

解答

( ) **1** 計算營業活動淨現金流量時，下列項目何者不可列入？ (A)預收貨款的減少　(B)遞延所得稅負債的變動　(C)應付銀行票據變動　(D)存出保證金變動。　【108年第2次】　**(C)**

名師攻略：應付銀行票據是與銀行借款所簽發的票據，所以是籌資活動。

( ) **2** 以間接法編製現金流量表中的「來自營業活動的現金流量」時，下列何項敘述正確？ (A)應加入存貨增加之金額 (B)應減除預付費用減少之金額　(C)應減除清償公司債之利益　(D)應加入再發行庫藏股之金額。　【110年第2次】　**(C)**

名師攻略：清償公司債之利益已在籌資活動中的現金流量內認列，但淨利將清償公司債利益計入，為了避免重複計算，應該從來自營業活動的淨利中予以減除。

( ) **3** 現金流量表上最能衡量企業繼續經營能力的資訊為何？ (A)來自營業活動之現金流量　(B)來自投資活動之現金流量 (C)來自籌資活動之現金流量　(D)不影響現金之投資活動或籌資活動。　【110年第2次】　**(A)**

名師攻略：最能衡量企業繼續經營能力的資訊，應該是來自營業活動之現金流量。

( ) **4** 採用直接法編製的現金流量表，無法用來直接評估下列哪一項目？ (A)未來淨現金流入之能力　(B)償還負債與支付股利能力　(C)本期損益與營業活動所產生現金流量之差異原因　(D)本期現金與非現金之投資及籌資活動對財務狀況的影響。　【110年第2次】　**(C)**

名師攻略：直接法計算來自營業活動現金流量僅以營業行為產生的現金收入與現金支付，無法直接評估本期損益兩者間之差異原因。

解答

( ) **5** 當不動產、廠房及設備以低於帳面金額之金額出售,對現金 **(B)**
流量表的影響為: (A)在間接法之下,處分損失應列為營
業活動現金流量的減項調整 (B)在直接法之下,處分損失
不需列入現金流量表 (C)處分不動產、廠房及設備損失應
列為投資活動現金流量的減項 (D)處分不動產、廠房及設
備損失應於投資活動現金流量中加回。 【109年第4次】

名師攻略:在直接法之下,處分損失不需列入現金流量,因非
營業現金流量。
在間接法之下,處分損失應列為營業現金流量的加項調整,因
為在投資活動已算過一次了。

( ) **6** 四方公司將一部新機器的報稅折舊方法由直線法改為年數 **(B)**
合計法,但會計帳上未改變方法,則在剛開始折舊時:
(A)純益增加 (B)營運現金流量增加 (C)現金減少 (D)選
項(A)(B)(C)皆非。 【108年第2次】

名師攻略:將使折舊費用增加,而折舊費用應列為營業現金流
量的加項調整,故營業現金流量增加。

( ) **7** 試根據下列資料計算由營業來的現金流量:銷貨收入(全 **(D)**
為現金銷貨)\$100,000、銷貨成本(全為現金購貨且存
貨未改變)\$50,000、營業費用(不含折舊且全為現金支
出)\$20,000、折舊費用\$10,000、稅率17% (A)\$10,000
(B)\$23,200 (C)\$24,900 (D)\$26,600。 【108年第2次】

名師攻略:銷貨收入−銷貨成本−營業費用=100,000−50,000−
20,000=30,000,
稅的支出:(30,000−10,000)×17%=3,400,
現金流入=30,000−3,400=26,600。

( ) **8** 長春公司本年度稅後純益\$20,000、折舊費用\$10,000、預期 **(C)**
信用損失\$4,000,已知該公司來自營業現金流入為\$30,000,
則該公司今年出售土地利益為何?(假設無其他調整項目)
(A)\$5,000 (B)\$1,000
(C)\$4,000 (D)\$3,000。 【108年第2次】

解答

名師攻略：20,000＋10,000＋4,000＝34,000，
34,000－30,000＝4,000（出售利益）

( ) **9** 下列哪一項說明了折舊費用如何顯示在現金流量表上？ **(B)**
(A)直接法：加在淨利之上；間接法：並未顯示 (B)直接
法：並未顯示；間接法：加在淨利上 (C)直接法：並未顯
示；間接法：並未顯示 (D)直接法：並未顯示；間接法：
自淨利處扣除。 【109年第3次】

名師攻略：折舊費用並未使現金流出，故直接法不計入，間接
法則從營業活動的淨利中加回。

( ) **10** 若以間接法編製現金流量表，由淨利調整為從營業而來之 **(B)**
現金時，下列何者應列為減項？ (A)應付公司債折價攤銷
(B)依權益法認列之投資收益 (C)應付利息增加 (D)遞延所
得稅負債增加。 【109年第1次】

名師攻略：依權益法認列之投資收益，分錄如下：
$$\begin{cases} 長期投資 & XXX \\ \quad 投資收益 & XXX \end{cases}$$，並未增加現金的流入，應從淨利中
減除。

( ) **11** 在間接法編製的現金流量表中，應單獨揭露哪些項目之現金 **(C)**
流出？ (A)利息支付金額 (B)所得稅支付金額 (C)選項
(A)、(B)都需揭露 (D)在間接法之下，現金流量表不應出現
任何現金支付的項目。 【110年第2次】

名師攻略：以間接法編製的現金流量表中，應單獨揭露利息支
付金額與所得稅支付金額。

重點 3 投資活動之現金流量

解答

( ) **1** 處分土地乙筆，成本$3,500、處分利益$500，則應於投資活 **(C)**
動項下列入現金流入： (A)$3,000 (B)$1,000 (C)$4,000
(D)$0。 【109年第1次】

名師攻略：處分土地分錄 $\begin{cases} 現金 & 4,000 \\ \quad 土地 & 3,500 \\ \quad 處分利益 & 500 \end{cases}$ ，

故投資活動的現金流入為4,000。

( ) **2** 品妍公司於108年度曾出售一批不動產、廠房及設備，其原　**(A)**
始成本為$500,000，出售時的累計折舊為$250,000，而售得
之價款為$350,000。上述事項在間接法現金流量表中應如何
列示？
(A)從淨利中減除$100,000，並從投資活動增加$350,000現
金流量　(B)從淨利中減除$100,000，並從籌資活動減少
$350,000現金流量　(C)從淨利中加回$350,000，並從投資活
動增加$250,000現金流量　(D)從淨利中加回$250,000，並從
籌資活動減少$350,000現金流量。　　　　　　　【108年第1次】

名師攻略：分錄為 $\begin{cases} 現金 & 350,000 \\ 累計折舊 & 250,000 \\ \quad 不動產、廠房及設備 & 500,000 \\ \quad 處分利益 & 100,000 \end{cases}$

處分利益從營業活動中減100,000，投資活動的現金流入350,000。

( ) **3** 立宇公司於X6年底購買土地一筆，價格為$1,000,000，　**(D)**
該公司支付現金$400,000，餘款則開立附息票據支應。
此項交易在當期現金流量表的揭露方式為：　(A)投資活
動：－$400,000；籌資活動：－$600,000　(B)投資活動：
－$1,000,000；籌資活動：0　(C)投資活動：－$1,000,000；
籌資活動：＋$600,000　(D)投資活動：－$400,000；籌資活
動：0。　　　　　　　　　　　　　　　　　　【109年第2次】

名師攻略：分錄如下

$\begin{cases} 土地 & 100,000 \\ \quad 現金 & 400,000 \\ \quad 附息票據 & 600,000 \end{cases}$ ，屬於投資活動現金流出400,000。

重點4 籌資活動之現金流量

( )　**1** 波特蘭公司從公開市場中買入該公司已發行之股票，這一交易在現金流量表中應列為：　(A)營業活動　(B)投資活動　(C)籌資活動　(D)減資活動。　【110年第2次】

(C)

名師攻略：舉借負債、償還負債及股東權益的變動乃籌資活動。買回庫藏股票乃股東權益的變動故為籌資活動。

( )　**2** 下列何者為來自籌資活動的現金流量？　(A)購買不動產、廠房及設備　(B)應計費用增加　(C)借入長期負債　(D)選項(A)(B)(C)皆非。　【109年第3次】

(C)

名師攻略：購買不動產,廠房及設備乃投資活動的現金流出，借入長期負債乃籌資活動的現金流入，應計費用增加，將使營業活動的現金流入。

( )　**3** 承租人的租金付現數於現金流量表上可如何分類：　(A)營業活動、投資活動　(B)營業活動、籌資活動　(C)投資活動、籌資活動　(D)只有營業活動。　【110年第1次】

(B)

名師攻略：資本租賃 { 應付租賃款　XXX / 利息費用　XXX / 現金　　　XXX

影響營業活動現金流量增加，籌資活動現金流量減少。

( )　**4** 償還短期借款，應列為何種活動之現金流出？
(A)投資活動　　(B)營業活動
(C)籌資活動　　(D)其他活動。　【110年第1次】

(C)

名師攻略：舉借負債、償還負債及股東權益的變動乃籌資活動。
償還短期借款乃籌資活動的現金流出。

( )　**5** 編製現金流量表時，下列何選項在現金流量表中屬於籌資活動？　(A)發放股票股利　(B)收到現金股利　(C)出售不動產、廠房及設備　(D)買回庫藏股票。　【110年第1次】

(D)

名師攻略：舉借負債、償還負債及股東權益的變動乃籌資活動。買回庫藏股票乃股東權益的變動故為籌資活動。

( ) **6** 哥倫比亞公司以$5,000,0發行公司債，由鳳凰城公司購入，上述交易在各公司現金流量表中應列為： (A)哥倫比亞公司：投資活動；鳳凰城公司：投資活動 (B)哥倫比亞公司：投資活動；鳳凰城公司：籌資活動 (C)哥倫比亞公司：籌資活動；鳳凰城公司：投資活動 (D)哥倫比亞公司：籌資活動；鳳凰城公司：籌資活動。 【109年第3次】 **(C)**

名師攻略：

哥倫比亞公司 $\begin{cases} \text{現金} & 5,000,000 \\ \quad\text{應付公司債} & 5,000,000 \end{cases}$

屬於籌資活動的現金流入。

鳳凰城公司 $\begin{cases} \text{長期投資－公司債} & 5,000,000 \\ \quad\text{現金} & 5,000,000 \end{cases}$ ，屬於投資活動的現金流出。

( ) **7** 依IAS7「現金流量表」之規定，利息費用付現得列於現金流量表中之何項活動？ (A)營業活動或投資活動 (B)投資活動或籌資活動 (C)營業活動或籌資活動 (D)不影響現金流量之投資及籌資活動。 【108年第2次】 **(C)**

名師攻略：利息費用付現列營業活動現金流出，若用籌資活動例如發行公司債，所產生的利息費用可列為籌資活動。

Chapter 10 財務報表編製與分析的方法

重點 1 財務報表分析的意義與目的

一、意義：運用各種分析方法與技巧，將一企業的財務報表之相關項目予以重組，或以多期財務報表中之同一項目作比較，進而分析與解釋其間之關係。

二、目的：乃在評估企業過去的經營績效，衡量企業目前之財務狀況，及預測企業未來之發展趨勢。

1. 了解企業的財務能力。

財務能力（五力）
- 收益力：獲利能力
- 變現力：短期償債能力
- 活動力：資產運用效率與償債能力
- 穩定力：長期償債能力
- 成長力：營業額、淨利、淨值等成長的速度

2. 提供不同使用者作決策之攸關資訊

(1)管理當局分析財務報表之目的

→企業之財務狀況、獲利能力，及在各種不同營運情況下達成目標之程度。

(2)股票投資者分析財務報表之目的

→企業之財務狀況、獲利能力及資本結構等，均為股票投資者作決策所需之資訊。

(3)債權人分析財務報表之目的

→短期債權人關心借款企業的短期償債能力，包括流動資產變現及存貨、應收帳款週轉率。

長期債權人除關心企業的短期之財務狀況外，也關心該企業長期獲利能力，資金流量及資本結構。

(4)審計人員分析財務報表之目的

　　→確定企業無任何重大影響財務報表表達的錯誤或舞弊存在。

(5)其他利害關係人分析財務報表之目的

　　→稅捐單位查核所得稅申報書，並核驗列報金額之合理性。

　　　行政單位監督所屬企業之經營，並制定費率。

工會團體評估資方的財務報表，藉以協議合理的工資率。

律師調查涉及財務糾紛的案件。

經濟學者以此項分析技巧從事學術研究。

重點 **2** 財報分析之工具（或方法）

一、動態分析：又稱橫向分析或水平分析，係就不同期間之相關財務資訊加以分析。

　動態分析的方法：

(一) 比較分析：係將兩期或兩期以上之財務報表並列比較。

(二) 趨勢分析：係就連續數年度之財務報表中選定一期為基期，以該期每一項數字為100，計算每一期間各項目對基期同一項目之趨勢百分比。基期的選擇，通常係選定第一年作為基期（100）。

小試身手

(　) 　趨勢分析最常用的基期是： 　(A)固定基期 　(B)變動基期 　(C)最大基期 　(D)平均基期。 　　　　　　　　　　　　　　【110年第2次高業】

　　答 (A)。趨勢分析又稱為指數分析，探討至少三年以上的時間中，財務項目的變動趨勢，以最早一年為「基期」多採「固定基期」。

二、靜態分析：係就同一期內之財務資訊間作交叉分析。

　靜態分析的方法

(一) 結構分析：又稱共同比分析或同型表分析，亦稱縱向分析或垂直分析，係將財務報表中各組成項目金額佔總額的百分比，由於化成百分比後報表之總數永遠為100%，故稱為共同比財務報表。

1. 共同比資產負債表：係以<u>資產總額與負債及股東權益總額</u>作為100%，再
將各資產項目化為資產總額的百分比，同時將各負債及股東權益項目化為
負債及股東權益總額的百分比。

2. 共同比損益表：係以<u>營業收入淨額</u>作為<u>100%</u>，再將損益表中各項目化為
營業收入淨額的百分比。

(二) 比率分析：係將財務報表中具有意義的兩個相關項目結合為一比率，該比
率可用以判斷財務狀況或經營成果各主要事項間的相互變動情形。

小試身手

(　　)　　編製共同比（Common-size）損益表時：
(A)每個損益表項目均以淨利的百分比表示　(B)每個損益表項目
均以基期金額的百分比表示　(C)當季損益表項目的金額和以前年
度同一季的相對金額比較　(D)每個損益表項目以銷貨淨額的百分
比表示。　　　　　　　　　　　　　　　　　　　【109年第1次高業】

答 **(D)**。共同比損益表是以銷貨淨額為分母。

重點 3　財報分析之比較

財報分析的單獨數字本身並不具任何意義，必須與其他有關數字比較才有意
義。

比較的分類—

一、<u>相同公司不同期間之比較</u>：目的在於了解各該項目或關係之增減變動情
形及變動之趨勢。

二、<u>不同公司相同期間之比較</u>：目的在了解企業之競爭地位。

三、<u>與同業平均或其他標準比較</u>：目的在評估企業在同業中之相對經營績
效，或達成預計目標之程度。

重點 **4** 合併報表之處理原則

一、目的
提高財務透明度，防範母公司藉由子公司作帳之弊端。

二、強制編入財務報表
凡是具有控制能力之被投資公司及所有子公司，均須編入合併報表。

三、具備控制能力與否
(一) 持股被投資公司有表決權之股份超過50%：即

> 母公司直接持股＋持股超過50%子公司之持股

(二) 直接或間接持股被投資公司有表決權股份未超過50%，但有實質影響力者，視為有控制能力。

四、合併財務報表
(一) 合併資產負債表＝母公司資產負債＋子公司資產負債（但不含母公司對子公司之長期投資）
(二) 合併損益

> 合併損益＝母公司淨利

(三) 合併股東權益
情況(1)：持股100%

> 合併股東權益＝合併前母公司個別股東權益

情況(2)：持股51%～100%

> 合併股東權益＝合併前母公司個別股東權益＋少數股東權益

(四) 合併保留盈餘表

> 合併保留盈餘表＝母公司保留盈餘表

(五) 合併現金流量表

　1. 來自營業活動現金流量：

> 母公司淨利＋少數股東淨利

　2. 來自籌資活動現金流量：

> 母公司所分配＋子公司所分配之少數股權

五、子公司持有母公司股票之會計處理

(一) 母公司報表：

母公司於認列投資損益及編制財務報表時，將子公司持有之母公司股票，按持股比例列為母公司庫藏股票。

(二) 合併報表：

子公司持有母公司股票，於編製合併報表時，應列為股東權益之減項，處理模式同庫藏股。

小試身手

(　　) 1 於合併報表中，子公司持有母公司股票視為：　(A)長期投資 (B)受限制資產　(C)負債　(D)庫藏股。　【108年第3次高業】

答 (D)。子公司有母公司股票視為庫藏股。

(　　) 2 波力公司於108年12月31日以$100,000之價格，將其原始成本為$80,000，帳面金額為$60,000，尚能使用5年之機器設備出售給其80%持股之子公司。此交易對108年波力公司淨利之影響為何？(A)使淨利增加　(B)使淨利減少　(C)沒有影響　(D)使淨利減少。　【109年第1次高業】

答 (C)。母公司淨利＋子公司淨利＝母公司淨利。

重點 **5** 財務報表的換算

名詞定義

一、功能性貨幣：企業營運所處主要經濟環境之貨幣。

二、外幣：係指企業之功能性貨幣以外的貨幣。

三、當地貨幣：企業所在國的國幣。

四、表達貨幣：企業用以表達財務報表之貨幣。

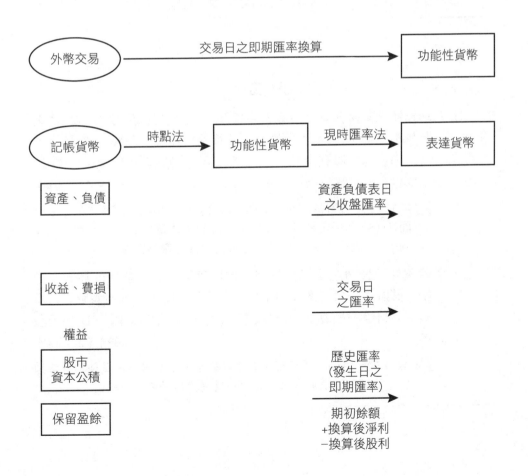

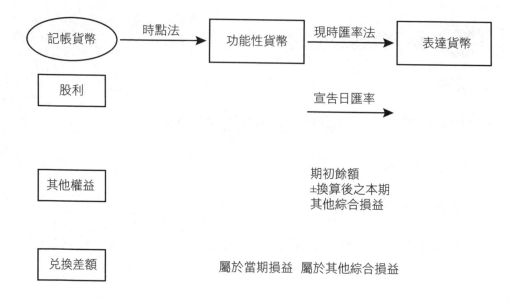

小試身手

( ) **1** 功能性貨幣財務報表換算表達貨幣時，通常保留盈餘期末餘額之計算不包括： (A)上期期末換算後保留盈餘之餘額 (B)按宣告日匯率換算之股利金額 (C)以歷史匯率換算之當期損益 (D)以上均包含於保留盈餘之計算。 【108年第2次高業】

答 **(C)**。期末保留盈餘是以上期期末換算後之金額，調整本期之變動而得，本期保留盈餘之變動中，股利應依宣告日之匯率換算，淨利（損）則以換算後綜合損益表上之淨利數字為準。

( ) **2** 若國外子公司之功能性貨幣為當地貨幣，並以該功能性貨幣記帳，其財務報表在換算為母公司表達貨幣時，下列何者應以資產負債表日匯率換算？ (A)股本 (B)商譽 (C)股利 (D)保留盈餘。 【109年第2次高業】

答 **(B)**。功能性貨幣「換算」成表達貨幣，所有資產、負債科目都以資產負債表日匯率換算，而商譽是屬於資產項下的科目。

高手過招

重點 1 財務報表分析的意義與目的

( )　在分析財務報表時，債權人最終目的為：
(A)瞭解企業未來的獲利能力　(B)瞭解企業的資本結構
(C)瞭解債務人是否有能力償還本息　(D)瞭解企業過去的財務狀況。　　　　　　　　　　　　　　　　　　【108年第2次】 　　**(C)**

名師攻略：債權人最在意的是借錢給企業，企業是否在未來有能力支付利息與本金。

重點 2 財報分析之工具（或方法）

( )　**1** 趨勢分析最常用的基期是：　(A)固定基期　(B)變動基期
(C)最大基期　(D)平均基期。　　　　　　　【110年第2次】 　　**(A)**

名師攻略：趨勢分析又稱為指數分析，探討至少三年以上的時間中，財務項目的變動趨勢；以最早一年為「基期」，多採「固定基期」。

( )　**2** 編製共同比（Common-size）損益表時：　(A)每個損益表項目均以淨利的百分比表示　(B)每個損益表項目均以基期金額的百分比表示　(C)當季損益表項目的金額和以前年度同一季的相對金額比較　(D)每個損益表項目以銷貨淨額的百分比表示。　　　　　　　　　　　　　【108年第1次、109年第1次】 　　**(D)**

名師攻略：共同比損益表是以銷貨淨額為分母。

( )　**3** 下列何項是屬於動態分析？　(A)計算某一財務報表項目不同期間的金額變動　(B)計算某一資產項目占資產總額的百分比　(C)將某一財務比率與當年度同業平均水準比較
(D)計算某一期間的總資產週轉率。【108年第4次、109年第1次】 　　**(A)**

名師攻略：動態分析：為「不同年度」「相同項目」間的比較，又稱「水平分析」。

(　) **4** 下列何項不屬於動態分析？　(A)絕對金額比較　(B)絕對金 　**(D)**
額增減變動比較　(C)百分比變動比較　(D)和同業平均水準
比較。　　　　　　　　　　　　　　　　【109年第2次】

　　名師攻略：動態分析為「不同年度」「相同項目」間的比較，
又稱「水平分析」。

(　) **5** 趨勢分析最常用的基期是：　(A)固定基期　(B)變動基期 　**(A)**
(C)最大基期　(D)平均基期。　　　　　　　【109年第2次】

　　名師攻略：趨勢分析又稱為指數分析，探討至少三年以上的時
間中，財務項目的變動趨勢；以最早一年為「基期」，多採
「固定基期」。

(　) **6** 對共同比財務報表分析的敘述，下列何者為非？　(A)共同 　**(A)**
比資產負債表係以權益總額為總數　(B)綜合損益表以銷貨
淨額為總數　(C)有助於瞭解企業之資本結構　(D)適用於不
同企業之比較。　　　　　　　　　　　　【109年第4次】

　　名師攻略：共同比資產負債表是以資產總額為分母。

(　) **7** 共同比（Common-size）損益表是以哪一個項目金額為 　**(C)**
100%？　(A)本期淨利　(B)銷貨總額　(C)銷貨淨額　(D)賒
銷總額。　　　　　　　　　　　　　　　　【110年第1次】

　　名師攻略：共同比分析：屬於「結構分析」將所有項目均轉換
為百分比來顯示，而共同比損益表則以「銷貨淨額」為分母。

(　) **8** 編製共同比財務報表係屬下列何種分析？ 　**(C)**
(A)趨勢分析　　　　(B)比率分析
(C)靜態分析　　　　(D)比較分析。　　【108年第1次、110年第2次】

　　名師攻略：靜態分析：為「同一年度」「不同項目」間的比
較，又稱「垂直分析」。有共同比分析、比率分析等方式。

(　) **9** 下列哪一報表通常不作共同比分析？ 　**(B)**
(A)資產負債表　(B)現金流量表　(C)綜合損益表　(D)選項
(A)(B)(C)皆非。　　　　　　　　　　　　【109年第1次】

　　名師攻略：作共同比分析僅共同比資產負債表與共同比綜合損
益表。

重點3 財報分析之比較
解答
( ) 在比率分析中，與同業平均比率比較時，應注意：
(A)產業平均值內是否有多角化經營公司
(B)產業平均值是否包括不具代表性，情況異常之公司
(C)產業平均值內各個公司會計制度
(D)選項(A)(B)(C)皆是。　　　　　【108年第4次、109年第1次】
(D)

名師攻略：比率分析：將兩個具備邏輯關係的財報科目拿來計算比率，並與事先設定的目標，過去的比率，同業標準等比較。

重點4 合併報表之處理原則
解答
( ) **1** 於合併報表中，子公司持有母公司股票視為：
(A)長期投資　　　(B)受限制資產
(C)負債　　　　　(D)庫藏股。　　　【108年第2次、108年第3次】
(D)

名師攻略：子公司持有母公司股票視為庫藏股。

( ) **2** 波力公司於108年12月31日以$100,000之價格，將其原始成本為$80,000，帳面金額為$60,000，尚能使用5年之機器設備出售給其80%持股之子公司。此交易對108年波力公司淨利之影響為何？
(A)使淨利增加　(B)使淨利減少　(C)沒有影響　(D)可能增加、亦可能減少淨利。　　　　　【108年第1次、109年第1次】
(C)

名師攻略：母公司淨利＋子公司淨利＝母公司淨利。

( ) **3** 路竹公司與岡山公司合併過程中發生相關合併支出如下：法律顧問費$20,000、管理人員薪資$15,000、股票發行費用$7,500、股票登記費用$4,500、會計師公費$18,000。上列支出應認列為企業合併移轉對價之金額為：　(A)$38,000
(B)$50,000　(C)$53,000　(D)$0。　　　　【108年第1次】
(D)

名師攻略：母公司收入＋子公司收入＝母公司收入，
母公司費用＋子公司費用＝母公司費用，故上述支出屬於母子公司交易，應予以消除不予列認列。

解答

( ) **4** 甲公司擁有乙公司流通在外普通股10,000,000股中的70%，其餘3,000,000股為丙公司所擁有。在甲公司所編製的合併報表上，應將丙公司視為：
(A)被投資公司　(B)非控制權益　(C)聯屬公司　(D)關係人。　　　　　　　　　　　　　　【109年第3次、110年第1次、110年第2次】

(B)

名師攻略：乙公司的流通在外普通股 $\begin{cases} \text{甲公司}10,000,000\times70\% \\ \text{丙公司}10,000,000\times30\% \end{cases}$

甲公司編製合併報表，應將丙公司視為非控制權益。

( ) **5** 非控制權益為：　(A)母公司未持有的子公司股票之市價　(B)母公司之投資成本超過取得股權帳面金額之部分　(C)母公司之權益未被子公司擁有之部分　(D)子公司之權益未被母公司擁有之部分。　　　　　　　　　　　　　　　　【109年第1次】

(D)

名師攻略：子公司 $\begin{cases} \text{母公司} \\ \text{非控制權益} \end{cases}$，非控制權益是子公司之權益未被母公司擁有之部分。

( ) **6** 下列關於母子公司間銷貨交易之敘述，何者正確？　(A)母子公司間之銷貨交易若以原始成本作為移轉價格，編製合併工作底稿時便毋須再作任何調整　(B)若能證明該母子公司間之銷貨屬公平交易，即可將該銷貨之利潤計入合併淨利　(C)若存貨記錄採定期盤存制，母子公司間銷貨交易之利潤即可計入合併淨利益；若存貨記錄採永續盤存制，母子公司間銷貨交易之利潤則不得計入合併淨利　(D)除非該母子公司間銷貨交易之商品再銷售予集團以外之個體，否則該筆銷貨之利潤不得計入合併淨利。　　　　　　　　　　　　【109年第1次】

(D)

名師攻略：母子公司間的銷貨交易所產生的損益稱為內部損益，實質上只是內部的資產移轉，並不是真正的交易，所以要將母公司的銷貨收入和子公司銷貨成本予以刪除，避免重複計算。

( ) **7** 萬事公司擁有如意公司普通股權40%，且對其有重大影響力，106年如意公司有淨利，但未發放股利，此項政策將使

(C)

萬事公司106年底：　(A)權益比率降低　(B)負債比率提高　(C)保留盈餘增加　(D)每股帳面金額減少。　【109年第1次】

　名師攻略：106年如意公司有淨利，則萬事公司按投資比例（40%）認列投資收益，並將該投資收益轉入保留盈餘，將使保留盈餘增加。

(　)　**8** 甲公司對於乙公司持股比例為45%並擁有控制能力，若乙公司某一年度之淨利為正數但並未宣告任何股利，則此事實對甲公司之影響為：　(A)流動比率增加　(B)存貨週轉率增加　(C)每股盈餘增加　(D)每股帳面金額下降。　【109年第2次】　**(C)**

　名師攻略：甲公司淨利增加，在流通在外股數不變下，每股盈餘增加。

(　)　**9** 母公司與其持股60%之子公司的合併報表上之保留盈餘數字相當於：　(A)母公司之保留盈餘+100%子公司之保留盈餘　(B)母公司之保留盈餘+60%子公司之保留盈餘　(C)母公司之保留盈餘+40%子公司之保留盈餘　(D)母公司之保留盈餘。　【108年第3次】　**(D)**

　名師攻略：母公司保留盈餘+子公司保留盈餘＝母公司保留盈餘。

(　) **10** 萬能公司擁有百全公司90%股權且無購買溢價，並採完全權益法處理其投資。若萬能公司與百全公司之合併損益表上控制權益淨利益為X，萬能公司本身之損益表上淨利為Y，則：　(A)X＞Y　(B)X＝Y　(C)X＜Y　(D)選項(A)(B)(C)皆非。　【110年第1次】　**(B)**

　名師攻略：母公司淨利+子公司淨利＝母公司淨利，故X(合併淨利)＝Y(母公司淨利)。

(　) **11** 下列何者在編製合併報表時不應沖銷？　(A)母子公司間貸款之利息收入（費用）　(B)子公司之權益　(C)母公司之長期投資　(D)子公司之非控制權益。　【110年第1次】　**(D)**

　名師攻略：編製原則是合併與消除，將子公司的資產、負債、收入、費用等合併到母公司財報上，然後再消除母子公司間交易，避免重複計算或是提早認列損益。

（　）**12** 合併資產負債表上的「非控制權益」係指：　(A)母公司之
股東中，持股比例小於50%者之權益　(B)母公司對子公司所
享有之權益　(C)子公司應付公司債之利息費用　(D)母公司
以外股東對子公司淨資產所享有之權益。　【108年第4次】

(D)

  名師攻略：子公司 $\begin{cases} 母公司 \\ 非控制權益 \end{cases}$，母公司以外股東對子公司淨
資產所享有之權益，稱為非控制權益。

（　）**13** 乙公司為甲公司100%持股之子公司。甲、乙兩公司全年流通
在外之普通股股數分別10,000股及3,000股。兩家公司皆未發
行潛在普通股。合併每股盈餘為：　(A)甲公司淨利÷13,000
股　(B)甲公司淨利÷10,000股　(C)（甲公司淨利＋乙公司淨
利）÷13,000股　(D)（甲公司淨利＋乙公司淨利）÷10,000
股。　【108年第4次】

(B)

  名師攻略：母公司每股盈餘＋子公司每股盈餘＝母公司每股盈
餘，母公司每股盈餘：$\dfrac{母公司淨利}{母公司全年流通在外股數10,000（股）}$

（　）**14** 編製母公司之現金流量表時，為合併取得子公司股權所支
付之現金為：　(A)營業活動　(B)投資活動　(C)籌資活動
(D)不影響現金流量之投資或籌資活動。　【109年第4次】

(B)

  名師攻略：投資活動現金＝購買或處分公司資產＋對外投資或
貸放資金相關者，為合併取得子公司股權所支付之現金為投資
活動的現金流出。

重點5 財務報表的換算

（　）**1** 功能性貨幣財務報表換算表達貨幣時，通常保留盈餘期末
餘額之計算不包括：　(A)上期期末換算後保留盈餘之餘額
(B)按宣告日匯率換算之股利金額　(C)以歷史匯率換算之當
期損益　(D)以上均包含於保留盈餘之計算。　【108年第2次】

(C)

  名師攻略：功能性貨「換算」表達貨幣時，所有資產、負債科
目都以資產負債表日匯率換算。損益表科目依交易發生時匯率
換算。

(　) **2** 在編製財務報表時，下列何者非屬交換交易，不須在於財務　**(A)**
報表的其他部分中揭露？　(A)盈餘轉增資　(B)發行股票交
換不動產、廠房及設備　(C)公司債轉換為普通股　(D)以債
務承受取得不動產、廠房及設備。　【108年第2次】

名師攻略：盈餘轉增資分錄：$\begin{cases} 保留盈餘 \\ \qquad 股本 \end{cases}$，影響保留盈餘

減少，股本增加，但股東權益總額不變。

(　) **3** 若國外子公司之功能性貨幣為當地貨幣，並以該功能性貨幣　**(B)**
記帳，其財務報表在換算為母公司表達貨幣時，下列何者應
以資產負債表日匯率換算？　(A)股本　(B)商譽　(C)股利
(D)保留盈餘。　【109年第2次】

名師攻略：功能性貨幣「換算」成表達貨幣，所有資產、負債
科目都以資產負債表日匯率換算。

(　) **4** 九曲堂公司之功能性貨幣及表達貨幣均為新臺幣，其國外　**(C)**
子公司之功能性貨幣為歐元，並以當地貨幣英鎊記帳。在
編製合併報表過程中，應將該國外子公司之財務報表：
(A)由英鎊換算為新臺幣報表　(B)由歐元換算為新臺幣報
表　(C)由英鎊換算為歐元報表，再由歐元換算為新臺幣報
表　(D)由歐元換算為英鎊報表，再由英鎊換算為新臺幣報
表。　【109年第4次】

名師攻略：由功能性貨「換算」為表達貨幣，故順序為以外幣
交易的英鎊換算成歐元報表，再由歐元換算為新臺幣報表。即
英鎊→歐元→新臺幣。

Chapter 11　財務比率

各項財務比率如下

重點 1 短期償債能力分析

一、流動比率$=\dfrac{流動資產}{流動負債}$

二、速動比率$=\dfrac{速動資產}{流動負債}$

速動資產＝流動資產－存貨－預付費用。

小試身手

(　　) 設流動比率為3：1，速動比率為1：1，如以部分現金償還應付帳款，則： (A)流動比率下降 (B)流動比率不變 (C)速動比率下降 (D)速動比率不變。　　　　【110年第1次高業】

答 (D)。流動比率$=\dfrac{流動資產}{流動負債}=\dfrac{3}{1}=\dfrac{6}{2}$，速動比率$=\dfrac{速動資產}{流動負債}=\dfrac{1}{1}=\dfrac{3}{3}$

當6>2，以現金償還應付帳款，6－1>2－1，5>1，

流動比率$=\dfrac{5}{1}$，流動比率上升。

當3＝3，以現金償還應付帳款，3－1＝3－1，2＝2，

速動比率$=\dfrac{2}{2}=1$。

重點 **2** 資產管理能力分析

一、現金流量比率 $=\dfrac{\text{營業活動現金流量}}{\text{流動負債}}$

二、現金流量允當比率 $=\dfrac{\text{營業活動現金流量}}{\text{投資之資本支出}+\text{存貨}+\text{投資增加額}+\text{現金股利}}$

三、現金再投資比率 $=\dfrac{\text{營業活動現金流量}-\text{現金股利}}{\text{固定資產毛額}+\text{長期投資}+\text{其它資產}+\text{營運資金}}$

四、存貨週轉率 $=\dfrac{\text{銷貨成本}}{\text{平均存貨}}=\dfrac{\text{銷貨成本}}{\dfrac{\text{期初存貨}+\text{期末存貨}}{2}}$

存貨轉換期間 $=\dfrac{365\text{天}}{\text{存貨週轉率}}$

五、應收帳款週轉率

$=\dfrac{\text{銷貨收入（賒銷金額）}}{\text{平均應收帳款}}=\dfrac{\text{銷貨收入（賒銷金額）}}{\dfrac{\text{期初應收帳款}+\text{期末應收帳款}}{2}}$,

應收帳款收現期間 $=\dfrac{365\text{天}}{\text{應收帳款週轉率}}$

六、應付帳款週轉率

$=\dfrac{\text{進貨淨額（賒銷金額）}}{\text{平均應付帳款}}=\dfrac{\text{進貨淨額（賒購金額）}}{\dfrac{\text{期初應付帳款}+\text{期末應付帳款}}{2}}$

應付帳款付現期間 $=\dfrac{365\text{天}}{\text{應付帳款週轉率}}$

七、營業週期 $=$ 應付帳款付現期間 $+$ 應收帳款收現期間

八、固定資產週轉率$=\dfrac{銷貨收入}{平均固定資產}=\dfrac{銷貨收入}{\dfrac{期初固定資產+期末固定資產}{2}}$

九、總資產週轉率$=\dfrac{銷貨收入}{平均總資產}=\dfrac{銷貨收入}{\dfrac{期初總資產+期末總資產}{2}}$

十、長期資金占不動產、廠房及設備之比率$=\dfrac{長期資金}{不動產、廠房及設備}$

　　長期資金＝長期負債＋股東權益

小試身手

(　) 　某公司相關資料如下：流動負債20億元、長期負債30億元、流動資產50億元、不動產、廠房及設備50億元（無其他非流動資產），求公司的長期資金占不動產、廠房及設備之比率？　(A)1　(B)1.3　(C)1.6　(D)1.9。　　　　　　　　　【110年第1次高業】

答 (C)。總資產＝50＋50＝100，
　　股東權益＝總資產－總負債＝100－(20＋30)＝50
　　長期資金＝長期負債＋股東權益＝30＋50＝80
　　$\dfrac{長期資金}{不動產、廠房及設備}=\dfrac{80}{50}=1.6$

重點 3　負債管理能力分析

一、負債比率$=\dfrac{負債總額}{資產總額}$

二、權益比率$=\dfrac{股東權益總額}{資產總額}$

三、負債權益比率＝$\dfrac{負債總額}{股東權益總額}$

四、利息保障倍數＝$\dfrac{EBIT（息前稅前淨利）}{利息費用}=\dfrac{稅前淨利＋利息費用}{利息費用}$

$$=\dfrac{稅後淨利÷(1－稅率)＋利息費用}{利息費用}$$

小試身手

（　　）　宜蘭公司本期稅後淨利$664,000，所得稅率17%，非流動負債 $10,600,000，流動負債$1,800,000，利息費用$200,000，利率 10%。請問宜蘭公司本期之利息保障倍數為何？　(A)3.5倍　(B)5 倍　(C)8倍　(D)7倍。　　　　　　　　　　　　　【110年第1次高業】

答 (B)。利息保障倍數＝$\dfrac{稅前淨利＋利息費用}{利息費用}$

$$=\dfrac{664,000÷(1－17\%)＋200,000}{200,000}=5$$

重點 4 獲利能力分析

一、純益率＝$\dfrac{稅後淨利}{銷貨收入}$

二、總資產報酬率（ROA）＝$\dfrac{稅後淨利＋利息費用}{平均總資產}$

三、股東權益報酬率＝$\dfrac{稅後淨利}{平均股東權益}$

四、股利支付率＝$\dfrac{現金股利}{稅後淨利}$

五、經濟附加價值（EVA）＝稅後淨利－股東權益×加權平均資金成本

小試身手

( )　偉鈞公司的總資產報酬率為10%,淨利率為5%,淨銷貨收入為
$200,000,試問平均總資產為多少?(假設公司未舉債)
(A)$200,000　　(B)$100,000
(C)$5,000　　(D)$8,000。　　　　　　　　　　【108年第3次高業】

答 (B)。總資產報酬率 = $\dfrac{稅後純益+利息費用}{平均總資產}$,

純益率 = $\dfrac{稅後純益}{銷貨收入}$, $5\% = \dfrac{稅後純益}{200,000}$

得稅後純益 = 10,000代入上式, $10\% = \dfrac{10,000}{平均總資產}$,

得平均總資產 = $\dfrac{10,000}{10\%} = 100,000$

重點 5　市場價值比率分析

一、本益比 = $\dfrac{每股市價}{每股盈餘}$ = 市價淨值比 $\times \dfrac{1}{\text{ROE}}$。

二、市價淨值比 = $\dfrac{每股市價}{每股帳面價值}$。

小試身手

( )　永靖企業X2年12月31日普通股的市價為36元,該公司全年流通在
外普通股共100,000股,每股面額10元,該公司當年度帳上權益總
額為$2,800,000,還未結轉的本期淨利為$600,000,X2年中曾支
付3元的普通股股利,請問永靖企業當天的本益比為多少?　(A)6
(B)3.6　(C)3　(D)2.4。　　　　　　　　　　【108年第4次高業】

答 (A)。EPS = $\dfrac{600,000}{100,000} = 6$, 本益比 = $\dfrac{P}{\text{EPS}} = \dfrac{36}{6} = 6$

重點 **6** 杜邦財務分析

$$總資產報酬率（ROA）=\frac{稅後純益}{資產總額}=\frac{稅後純益}{銷貨收入}\times\frac{銷貨收入}{資產總額}$$
$$=純益率\times總資產週轉率。$$

小試身手

( )**1** 宮崎公司106年度平均總資產$150,000，銷貨$60,000，其淨利$3,000，稅率25%，利息前淨利率12.5%，則該公司總資產報酬率為何？ (A)10% (B)8% (C)5% (D)4%。 【110年第1次高業】

答 **(C)**。總資產報酬率=純益率×總資產週轉率=$12.5\%\times\dfrac{600,000}{100,000}=5\%$

$$股東權益報酬率=\frac{稅後純益}{股東權益}=\frac{稅後純益}{資產總額}\times\frac{資產總額}{股東權益}$$
$$=\frac{稅後純益}{銷貨收入}\times\frac{銷貨收入}{資產總額}\times\frac{資產總額}{股東權益}$$
$$=純益率\times總資產週轉率\times權益乘數。$$

( )**2** 某公司的負債比率為0.6，總資產週轉率為3。若公司的權益報酬率為15%，則公司的淨利率為何？ (A)2% (B)3% (C)4% (D)5%。 【109年第1次高業】

答 **(A)**。股東權益報酬率=純益率×總資產週轉率×權益乘數

$$15\%=純益率\times3\times\frac{1}{1-0.6}$$

純益率=2%

高手過招

重點 1 短期償債能力分析

(A) **1** 假設流動比率原為1.50，下列何種作法可使其增加？
(A)以發行長期負債所得金額償還短期負債
(B)應收款項收現　(C)以現金購買存貨
(D)賒購存貨。　　　　　　　　　　　　　　【108年第1次、109年第2次】

名師攻略：流動比率 $= \dfrac{流動資產}{流動負債} = 1.5$，發行長期負債償還短期

負債，將使流動負債下降，長期負債上升，而流動比率上升。

(A) **2** 石川公司提列應收帳款之備抵損失$20,000，沖銷無法收回之帳款$6,000，並提列存貨跌價損失$2,500，上述交易將使石川公司速動資產減少：　(A)$20,000　(B)$26,000　(C)$28,500　(D)$22,500。　　　　　　　　　【108年第4次】

名師攻略：分錄：

$\begin{cases} 壞帳費用 & 20,000 \\ \quad 備抵壞帳 & 20,000 \end{cases}$ 速動資產減少20,000。

$\begin{cases} 備抵壞帳 & 6,000 \\ \quad 應收帳款 & 6,000 \end{cases}$ 速動資產不受影響。

$\begin{cases} 存貨跌價損失 & 2,500 \\ \quad 存貨 & 2,500 \end{cases}$ 速動資產不受影響。

(A) **3** 群馬公司速動比率為1.5，存貨占流動資產的1/5，無預付費用及其他流動資產，流動負債為$600,000，則該公司之流動資產為若干？　(A)$1,125,000　(B)$900,000　(C)$875,000　(D)$750,000。　　　　　　【108年第1次、108年第3次、110年第1次】

名師攻略：速動比率 $= \dfrac{速動資產}{流動負債}$，$1.5 = \dfrac{速動資產}{600,000}$，

速動資產 $= 1.5 \times 600,000 = 9,000,000$，

速動資產＝流動資產－存貨－預付費用，

$9,000,000 = 流動資產 - 流動資產 \times \dfrac{1}{5} - 0$，流動資產 $= 1,125,000$

( ) **4** 哈利企業償還進貨帳款時獲得20%之折扣,將使流動比率: **(D)**
(A)增加 (B)減少 (C)無影響 (D)不一定。 【109年第1次】

名師攻略:原先的流動比率可能大於、等於或小於1,故分成三種情況來討論:

情況1:假設流動資產為120,流動負債為100,則

$$流動比率 = \frac{120}{100} = 1.2,若以現金20支付應付帳款淨額20,$$

$$則流動比率 = \frac{120-20}{100-20} = 1.25(增加)。$$

情況2:假設流動資產為100,流動負債為100,則

$$流動比率 = \frac{100}{100} = 1,若以現金20支付應付帳款淨額20,$$

$$則流動比率 = \frac{100-20}{100-20} = 1.0(不變)。$$

情況3:假設流動資產為100,流動負債為120則

$$流動比率 = \frac{100}{120} = 0.83,若以現金20支付應付帳款淨額20,$$

$$則流動比率 = \frac{100-20}{120-20} = 0.8(減少)。$$

( ) **5** 流動比率大於1時,償還應付帳款將使流動比率: (A)增加 **(A)**
(B)減少 (C)不變 (D)不一定。 【109年第3次】

名師攻略:流動比率 $= \dfrac{流動資產}{流動負債} > 1$,流動資產>流動負債,

令$5>4$,假設償還應付帳款1元,則$5-1>4-1$,即$4>3$,原流

動比率$= \dfrac{5}{4}$,償還應付帳款後流動比率$= \dfrac{4}{3}$,即流動比率上升。

( ) **6** 企業在取得資產後,無法在需要賣出時出售或必須大幅降價 **(A)**
出售之風險稱為: (A)流動性風險 (B)財務風險 (C)企業
風險 (D)購買力風險。 【108年第2次】

名師攻略:流動性風險是指轉換成現金較困難。

(　) **7** 鄰家公司的流動比率為1，若鄰家公司的流動負債為\$10,000、流動資產包括現金、應收帳款、存貨及預付費用，已知存貨為\$1,000、預付費用為\$500，則其酸性比率（速動比率）應為何？　**(C)**

(A)0.8　(B)1.2　(C)0.85　(D)0.9。　【109年第1次、110年第2次】

名師攻略：流動比率 $= \dfrac{流動資產}{流動負債}$ ，$1 = \dfrac{流動資產}{10,000}$ ，

得流動資產 $= 1 \times 10,000 = 10,000$ ，

速動資產＝流動資產－存貨－預付費用

$\qquad\quad = 10,000 - 1,000 - 500 - 8,500$

速動比率 $= \dfrac{速動資產}{流動負債} = \dfrac{8,500}{10,000} = 0.85$。

(　) **8** 應收帳款若沖銷備抵損失，則下列何者有誤？　(A)流動比率不變　(B)速動比率下降　(C)存貨週轉率不變　(D)現金流量比率不變。　【110年第2次】　**(B)**

名師攻略：分錄：$\left\{\begin{array}{l}備抵損失 \\ \qquad應收帳款\end{array}\right.$ ，影響流動資產不變，速動比率不變。

(　) **9** 譽倫公司對其持有35%股權的被投資公司具有重大影響力，該被投資公司宣告並發放股利對投資公司的影響為何？　(A)流動比率不同　(B)每股盈餘不同　(C)投資收入不同　(D)每股帳面金額不同。　【109年第4次】　**(A)**

名師攻略：分錄：$\left\{\begin{array}{l}現金 \\ \qquad長期投資\end{array}\right.$ ，影響流動資產增加、非流動資產減少、流動比率上升。

(　)**10** 設流動比率為3：1，速動比率為1：1，如以部分現金償還應付帳款，則：　(A)流動比率下降　(B)流動比率不變　(C)速動比率下降　(D)速動比率不變。　【110年第1次】　**(D)**

名師攻略：

流動比率 $= \dfrac{流動資產}{流動負債} = \dfrac{3}{1} = \dfrac{6}{2}$ ，速動比率 $= \dfrac{速動資產}{流動負債} = \dfrac{1}{1} = \dfrac{3}{3}$ ，

解答

當6>2，假設以現金償還應付帳款1元，6-1>2-1，5>1，

流動比率=$\frac{5}{1}$，流動比率上升。

當3=3，假設以現金償還應付帳款，3-1=3-1，2=2，

速動比率=$\frac{2}{2}$=1，速動比率不變。

( ) **11** 企業以現金購買機器設備對其影響為： (A)總資產不 **(D)**
變 (B)資產負債比率不變 (C)流動比率下降 (D)選項
(A)(B)(C)皆是。 【108年第3次】

名師攻略：分錄$\begin{cases} 機器設備 \\ \qquad 現金 \end{cases}$，影響流動資產下降，總資產不變。

重點 **2** 資產管理能力分析

解答

( ) **1** 下列敘述何者為非？ (A)存貨週轉率愈多次，獲利愈大 **(A)**
(B)公司的短期償債能力可經由流動比率來衡量 (C)長期負
債即將到期，不一定能影響到流動比率 (D)存貨週轉率為
銷貨成本除以平均存貨。 【109年第3次】

名師攻略：存貨週轉率=$\frac{銷貨成本}{平均存貨}$，存貨週轉率越高，

表示存貨轉成銷貨成本的速度愈快，即商品庫存越來越少，但
是否獲利，要銷貨收入大於銷貨成本。

( ) **2** 波士頓公司不動產、廠房及設備毛額$10,000、長期投資 **(B)**
$20,000、其他資產$5,000、營運資金$3,000、長期負債
$60,000、營業之淨現金流入$35,000及現金股利$15,000，
則現金再投資比率為何？ (A)0.63 (B)0.53 (C)0.43
(D)0.33。 【108年第3次、109年第3次】

名師攻略：現金再投資比率

$$=\frac{營業活動淨現金流量-現金股利}{固定資產毛額+長期投資+其他資產+營運資金}$$

$$=\frac{35,000-15,000}{10,000+20,000+5,000+3,000}=\frac{20,000}{38,000}=0.5263\fallingdotseq0.53$$

解答

( ) **3** 某公司相關資料如下：流動負債20億元、長期負債30億元、流動資產50億元、不動產、廠房及設備50億元（無其他非流動資產），求公司的長期資金占不動產、廠房及設備之比率？ (A)1 (B)1.3 (C)1.6 (D)1.9。 【108年第3次】

(C)

名師攻略：總資產＝50＋50＝100，
股東權益＝總資產－總負債＝100－(20＋30)＝50，
長期資金＝長期負債＋股東權益＝30＋50＝80，
$\dfrac{\text{長期資金}}{\text{不動產、廠房及設備}}=\dfrac{80}{50}=1.6。$

( ) **4** 長期資金對不動產、廠房及設備之比率應為如何較為穩健？
(A)大於1 (B)小於1
(C)等於1 (D)二者無關。 【108年第1次】

(A)

名師攻略：長期資金＝長期負債＋股東權益總額。
若 長期資金＞不動產、廠房及設備，則 $\dfrac{\text{長期資金}}{\text{不動產、廠房及設備}}>1。$

( ) **5** 下列敘述何者正確？ (A)長期負債對權益比率愈高，債權保障愈高 (B)利息保障倍數旨在衡量盈餘支付債務本息之能力 (C)負債比率與權益比率合計通常大於1 (D)不動產、廠房及設備對長期資金比率小於1，表示長期資金足夠支應不動產、廠房及設備投資之所需。 【109年第2次】

(D)

名師攻略：長期資金＜不動產、廠房及設備，
則 $\dfrac{\text{長期資金}}{\text{不動產、廠房及設備}}<1。$

( ) **6** 「每股現金流量」衡量的是： (A)（現金收入－現金支出）÷流通在外股數 (B)企業由內部產生現金的能力 (C)企業的獲利能力 (D)選項(A)(B)(C)皆是。 【108年第2次】

(B)

名師攻略：每股現金流量
$=\dfrac{\text{來自營業活動的淨現金流量－特別股股利}}{\text{普通股流通在外股數}}$

( ) **7** 駱建公司本年度存貨週轉率比上期增加許多，可能的原因為： (A)本年度存貨採零庫存制 (B)本年度認列鉅額的存

(D)

貨過時陳廢損失 (C)產品製造時程縮短

(D)選項(A)(B)(C)皆是。 【109年第1次、110年第1次】

名師攻略：存貨週轉率$=\dfrac{銷貨成本}{平均存貨}$，(A)(B)(C)三個原因

都可能使平均存貨減少，使得存貨週轉率上升。

( ) **8** 自由現金流量的定義為： **(C)**

(A)收入＋費用＋投資 (B)收入＋費用－投資

(C)收入－費用－投資 (D)收入－費用＋投資。 【110年第1次】

名師攻略：自由現金流量＝收入－費用－投資。

( ) **9** 若總資產報酬率為20%，淨利率為25%，則總資產週轉率約為： **(A)**

(A)0.8次 (B)1.25次 (C)2次 (D)4次。 【108年第4次】

名師攻略：總資產報酬率＝純益率×總資產週轉率，

20%＝25%×總資產週轉率，總資產週轉率＝0.8

( ) **10** 全智公司購買商品存貨均以現金付款，銷貨則採賒銷方式， **(B)**

該公司本年度之存貨週轉率為10，應收帳款週轉率為15，則

其營業循環約為：（假設一年以365天計）

(A)16.6天 (B)60.8天

(C)36.5天 (D)24.3天。 【108年第3次、109年第4次、110年第2次】

名師攻略：營業循環＝存貨轉換期間＋應收帳款收現期間

$=\dfrac{365}{存貨週轉率}+\dfrac{365}{應收帳款週轉率}=\dfrac{365}{10}+\dfrac{365}{15}$

$=36.5+24.3=60.83$（天）

( ) **11** 本期進貨$280,000、銷貨$400,000、銷貨成本$300,000、 **(D)**

期末存貨$30,000，則存貨週轉率為若干？ (A)3.5 (B)5

(C)6.67 (D)7.5。 【108年第2次】

名師攻略：銷貨成本＝期初存貨＋本期進貨－期末存貨

$300,000=$期初存貨$+280,000-30,000$，得 期初存貨$=50,000$，

存貨週轉率$=\dfrac{銷貨成本}{平均存貨}=\dfrac{300,000}{\dfrac{50,000+30,000}{2}}=7.5$。

( ) **12** 某公司相關資料如下：流動負債20億元、長期負債30億元、流動資產50億元、不動產、廠房及設備50億元（無其他非流動資產），求公司的長期資金占不動產、廠房及設備之比率？

(A)1　　　　(B)1.3

(C)1.6　　　(D)1.9。　　　【108年第2次、109年第1次、110年第1次】

(C)

名師攻略：總資產=50+50=100，

股東權益=總資產−總負債=100−(20+30)=50，

長期資金=長期負債+股東權益=30+50=80，

$$\frac{長期資金}{不動產、廠房及設備}=\frac{80}{50}=1.6。$$

( ) **13** 淨銷貨為$200,000，期初總資產為$60,000，資產週轉率為5，請問期末總資產為：　(A)$40,000　(B)$35,000 (C)$30,000　(D)$20,000。　　　【108年第4次】

(D)

名師攻略：總資產週轉率=$\dfrac{銷貨收入}{平均總資產總額}=$

$5=\dfrac{200,000}{\dfrac{60,000+期末總資產}{2}}$，得期末總資產=20,000

( ) **14** 將信用條件由1／10，n／30改為1／15，n／30，假設其他因素不變，則應收帳款週轉率將：　(A)增加　(B)不變　(C)減少　(D)先增後減。　　　【108年第3次】

(C)

名師攻略：原先條件：1/10表示10天內還款，現金折扣1%，改變條件：1/15表示15天還款，現金折扣1%，則平均應收帳款會上升，使得應收帳款週轉率下降。

( ) **15** 公司的分析者通常都是以下列何項目來與各資產求得比值，以作為資產運用效率分析之比率指標？　(A)銷貨收入 (B)本期純益　(C)每股盈餘　(D)銷貨成本。　【109年第2次】

(A)

名師攻略：總資產週轉率=$\dfrac{銷貨收入}{平均資產總額}$，

表示公司所有資產之使用效率，即每一元之資產，得創造多少銷貨金額。

( ) **16** 若銷貨成本為$500,000,毛利率為25%,平均應收帳款為 **(C)**
$100,000,則應收帳款週轉率等於: (A)6.25 (B)4.5
(C)6.67 (D)7.5。 【108年第1次】

名師攻略:毛利率$=\dfrac{銷貨毛利}{銷貨收入}$,銷貨成本率$=\dfrac{銷貨成本}{銷貨收入}$,

$1-25\%=\dfrac{500,000}{銷貨收入}$,得 銷貨收入$=666666.7$。

應收帳款週轉率$=\dfrac{銷貨收入}{平均應收帳款}=\dfrac{666,666.7}{100,000}$

$=6.666667\fallingdotseq6.67$。

( ) **17** 長期資金對不動產、廠房及設備的比率,可衡量企業以長 **(C)**
期資金購買不動產、廠房及設備的能力。這裏所稱的長期
資金是指: (A)長期負債 (B)權益 (C)長期負債加權益
(D)權益減流動負債。 【109年第1次、109年第4次、110年第2次】

名師攻略:長期資金=長期負債+股東權益總額。

( ) **18** 在公司營業呈穩定狀況下,應收帳款週轉天數的減少表示: **(D)**
(A)公司實施降價促銷措施 (B)公司給予客戶較長的折扣期
間及賒欠期限 (C)公司之營業額減少 (D)公司授信政策轉
嚴。 【110年第1次】

名師攻略:應收帳款週轉天數$=\dfrac{365(天)}{應收帳款週轉率}$,

並應收帳款週轉天數↓,表示應收帳款週轉率↑

應收帳款週轉率$=\dfrac{銷貨收入淨額}{平均應收帳款}$,當應收帳款週轉率↑,

在銷貨收入淨額不變下(公司營業呈穩定狀況下),則平均應
收帳款↓,表示公司授信政策轉嚴。

( ) **19** 淨銷貨收入為$200,000,期初總資產為$60,000,資產週 **(D)**
轉率為5,請問期末總資產為? (A)$40,000 (B)$35,000
(C)$30,000 (D)$20,000。 【110年第2次】

名師攻略:總資產週轉率$=\dfrac{銷貨收入}{平均總資產總額}$,

$$5 = \frac{200,000}{\frac{200,000+期末總資產}{2}}，得期末總資產＝20,000$$

( ) **20** 傑克遜公司X6年期初存貨$200,000、期末存貨$800,000、X6年度存貨週轉率5.2次。該公司X6年度之銷貨淨額為$4,000,000、X6年初應付帳款為$120,000、X6年底應付帳款為$280,000，則X6年度支付供應商之現金數若干？　(A)$4,160,000　(B)$3,840,000　(C)$3,360,000　(D)$3,040,000。　　　　　　【108年第4次、109年第2次】 **(D)**

名師攻略：存貨週轉率＝$\dfrac{銷貨成本}{平均存貨}$，

$$5.2 = \frac{銷貨成本}{\frac{200,000+800,000}{2}}，銷貨成本＝2,600,000，$$

銷貨成本＝期初存貨＋進貨－期末存貨，
移項 銷貨成本＝進貨－(期末存貨－期初存貨)，
2,600,000＝進貨－(800,000－200,000)，
得 進貨＝3,200,000，支付供應商之現金＝進貨－應付帳款增加數＝3,200,000－(280,000－120,000)＝3,040,000

( ) **21** 下列哪一項目，在計算時會將相關資產轉換成現金所需時間的長短列入考量？
(A)營業活動現金流量對流動負債比率　(B)總資產週轉率
(C)財務槓桿指數　(D)流動性指數。　　　　　【109年第4次】 **(D)**

名師攻略：流動性指數＝
$\dfrac{應收帳款×應收帳款回收天數＋存貨×存貨週轉天數}{200,000}$，流動性
指數越小，表示企業將相關資產轉換成現金的天數越短。

( ) **22** 「每股現金流量」衡量的是：　(A)（現金收入－現金支出）÷流通在外股數　(B)企業由內部產生現金的能力　(C)企業的獲利能力　(D)選項(A)(B)(C)皆是。　　【109年第1次】 **(B)**

名師攻略：每股現金流量＝

$\dfrac{\text{來自營業活動的淨現金流量} - \text{特別股股利}}{\text{普通股流通在外股數}}$ 。

重點 **3** 負債管理能力分析

( ) **1** 可轉換公司債轉換成普通股（只考慮其立即影響），則：
(A)負債總額對權益比率不變　(B)長期負債總額對權益比率
不變　(C)盈餘對固定支出的保障倍數下降　(D)現金對固定
支出的保障倍數不變。　　　　　　　　　　　【109年第3次】

(D)

名師攻略：現金利息保障倍數＝

$\dfrac{\text{來自營業活動的淨現金流量} + \text{所得稅付現額} + \text{現金利息支出}}{\text{現金利息支出}}$

分錄 $\begin{cases} \text{可轉換應付公司債} \\ \qquad\qquad \text{股本} \end{cases}$ ，並不影響現金利息保障倍數。

( ) **2** 企業因舉債過多而無法支應還本付息的固定支出，因此所發
生經營困難之風險，稱為：
(A)商業風險　(B)財務槓桿風險　(C)營業槓桿風險
(D)選項(A)(B)(C)皆是。　　　　　　　　　　　【110年第1次】

(B)

名師攻略：公司利用舉債發行特別股的方式，來滿足資金需
求，必須支付利息或特別股股利之程度，稱為財務槓桿，用以
衡量舉債所帶給普通股股東的額外風險。

( ) **3** 應付公司債之持有者一般而言最關心下列那一比率？
(A)速動比率　(B)利息保障倍數　(C)應收帳款週轉率
(D)營業週期天數。　　　　　　　　　　　　　【109年第1次】

(B)

名師攻略：利息保障倍數愈高，表示公司支付利息的能力越強。

( ) **4** 新竹公司X9年之平均資產總額為$1,160,000、利息費用
$25,000，另外，資產週轉率為2、淨利率為6%、所得稅率為
20%。試問新竹公司X9年之利息保障倍數為何？
(A)4.82　(B)6.16　(C)7.96　(D)12。　　　　　【110年第2次】

(C)

名師攻略：利息保障倍數＝$\dfrac{\text{稅前淨利} + \text{利息費用}}{\text{利息費用}}$ 。

解答

( ) **5** 發行股票交換專利權對負債比率之影響為（假設權益帳面金 **(B)**
額原來即為正）：
(A)提高　(B)降低　(C)不一定　(D)不變。　　【109年第3次】

　　名師攻略：分錄 $\begin{cases} 專利權 \\ \qquad 股本 \end{cases}$ ，影響資產增加，股東權益增加，
負債比率下降。

( ) **6** 償還應付帳款對利息保障倍數之影響為：　(A)增加　(B)減 **(C)**
少　(C)不變　(D)不一定。　　【108年第3次】

　　名師攻略：利息保障倍數 $= \dfrac{稅前淨利 + 利息費用}{利息費用}$ ，

償還應付帳款的分錄 $\begin{cases} 應付帳款 \\ \qquad 現金 \end{cases}$ ，對利息保障倍數不受影響。

( ) **7** 某公司僅發行一種股票，X6年每股盈餘$10，每股股利 **(D)**
$5，除淨利與發放股利之結果使保留盈餘增加$200,000
外，權益無其他變動。若X6年底每股帳面金額$30，負債
總額$1,200,000，則負債比率為何？　(A)60%　(B)57.14%
(C)75%　(D)50%。　　【109年第2次】

　　名師攻略：股東權益總額＝每股帳面價值×流通在外股數
$= 30 \times 40,000 = 1,200,000$

流通在外股數 $= \dfrac{200,000}{10 - 5} = 40,000$（股），

負債比率 $= \dfrac{總負債}{總資產} = \dfrac{1,200,000}{1,200,000 + 1,200,000} = 50\%$

( ) **8** 下列何者不適合作為短期償債能力分析的指標？ **(D)**
(A)現金比率　　(B)流動比率
(C)速動比率　　(D)負債比率。　　【110年第1次】

　　名師攻略：負債比率是負債管理分析。

( ) **9** 宜蘭公司本期稅後淨利$664,000，所得稅率17%，非流動負 **(B)**
債$10,600,000，流動負債$1,800,000，利息費用$200,000，
利率10%。請問宜蘭公司本期之利息保障倍數為何？
(A)3.5倍　(B)5倍　(C)8倍　(D)7倍。　　【110年第1次】

解答

名師攻略：利息保障倍數

$$= \frac{稅前淨利 + 利息費用}{利息費用} = \frac{664,000 \div (1-17\%) + 200,000}{200,000} = 5。$$

( ) **10** 福井公司的相關資料如下：流動負債3,000億元、流動資產 **(D)**
5,000億元、不動產、廠房及設備7,000億元、自有資金比率
為60%，則該公司的長期負債為何？
(A)4,000億元　(B)6,000億元
(C)8,000億元　(D)1,800億元。　　　【108年第1次、108年第4次】

名師攻略：自有資金比率 $= \dfrac{股東權益總額}{資產總額}$，

$60\% = \dfrac{股東權益總額}{5,000 + 7,000}$，股東權益總額 $=7,200$，

資產總額 $=12,000$，

負債 $=$ 資產總額 $-$ 股東權益總額 $=12,000-7,200=4,800$，

長期負債 $=4,800-3,000=1,800$。

( ) **11** 淨值為正之企業，處分不動產、廠房及設備產生損失將使負 **(B)**
債比率？
(A)降低　(B)提高　(C)不變　(D)不一定。　　　【108年第2次】

名師攻略：負債比率 $= \dfrac{負債總額}{資產總額}$，處分資產，

將使資產總額下降，故負債比率上升。

( ) **12** 下列何者不適合作為短期償債能力分析的指標？ **(D)**
(A)現金比率　　(B)流動比率
(C)速動比率　　(D)負債比率。　　　【108年第3次】

名師攻略：負債比率是屬於負債管理比率。

( ) **13** 岡山公司將自建資產所造成利息費用，全數予以資本化， **(A)**
則：　(A)負債總額對權益比率下降　(B)長期負債總額對權
益資本不變　(C)盈餘對固定支出的保障比率下降　(D)現金
對固定支出的保障比率下降。　　　【108年第1次】

名師攻略：分錄 $\begin{cases} 資產 \\ \quad 利息費用 \end{cases}$，影響資產增加，權益比率下降。

解答

( ) **14** 發行股票交換取得專利權對負債比率之影響為（假設權益 **(B)**
帳面金額原來即為正，且負債金額大於零）： (A)提高
(B)降低 (C)不一定 (D)不變。 【109年第4次】

　　名師攻略：分錄 $\begin{cases} 專利權 \\ \qquad 股本 \end{cases}$ ，影響資產增加，股東權益增加，

負債比率下降。

( ) **15** 淨值為正之企業，收回公司債產生利益將使負債比率： **(A)**
(A)降低 (B)提高 (C)不變 (D)不一定。 【110年第1次】

　　名師攻略：分錄 $\begin{cases} 應付公司債 \\ \quad 現金 \\ \quad 處分利益 \end{cases}$

影響負債減少，資產減少，負債比率下降。

( ) **16** 淨值為正之公司，舉債購買不動產、廠房及設備將使權益比率： **(A)**
(A)降低 (B)提高 (C)不變 (D)不一定。 【110年第2次】

　　名師攻略：分錄 $\begin{cases} 資產 \\ \quad 負債 \end{cases}$ ，影響資產增加，負債增加，權益

比率下降。

( ) **17** 已知某公司的稅後淨利為$5,395,000，所得稅率為17%，當 **(D)**
期的利息費用50萬元，則其利息保障倍數為： (A)13.5倍
(B)9.24倍 (C)10倍 (D)14倍。 【109年第3次、109年第4次】

　　名師攻略：利息保障倍數

$= \dfrac{稅前淨利+利息費用}{利息費用} = \dfrac{5,395,000 \div (1-17\%)+500,000}{500,000} = 14$

重點 **4** 獲利能力分析

解答

( ) **1** 羅斯福公司在無負債的狀況下，其稅前總資產報酬率為 **(B)**
23%。若不考慮稅負，且該公司負債與權益比率為0.3，
利率為7%，則其權益報酬率為何？ (A)21% (B)27.8%
(C)23.9% (D)17.25%。 【109年第3次】

名師攻略：已知 $\dfrac{L}{OE} = 0.3 = \dfrac{3}{10}$ ， $3 \times OE = 10 \times L$ ，

即 $OE = \dfrac{10}{3}L$ ，而 $OE + L = A$ ，故 $A = \dfrac{13L}{3}$ ，

$ROA = \dfrac{淨利 + 利息}{A}$ ， $23\% = \dfrac{淨利}{A} + \dfrac{利息}{A}$ ，

$23\% = \dfrac{淨利}{\dfrac{13L}{3}} + \dfrac{L \times 0.07}{\dfrac{13L}{3}}$

得淨利 $= \dfrac{2.78L}{3}$ ， $ROE = \dfrac{淨利}{O/E} = \dfrac{2.78L/3}{10L/3} = 0.278 = 27.8\%$ 。

( ) **2** 智平公司資產總額$4,000,000，負債總額$1,000,000，平均利 **(B)**
率6%，若總資產報酬率為12%，稅率為35%，則權益報酬率
為若干？
(A)14% (B)14.7%
(C)15% (D)15.3%。 【108年第1次、110年第2次】

名師攻略：總資產報酬率 $= \dfrac{稅後淨利 + 利息費用(1-稅率)}{總資產}$

$12\% = \dfrac{稅後淨利 + 1,000,000 \times 6\% \times (1-35\%)}{4,000,000}$

股東權益 = 總資產 − 負債總額
$= 4,000,000 - 1,000,000 = 3,000,000$ ，

股東權益報酬率 $= \dfrac{稅後淨利}{股東權益} = \dfrac{441,000}{3,000,000} = 14.7\%$ 。

( ) **3** 長野公司於X6年第一季季末宣告現金股利，則該季之下列比 **(B)**
率將受到何種影響？
(A)負債比率增加、權益報酬率減少 (B)負債比率增加、權益報
酬率增加 (C)負債比率增加、權益報酬率不變 (D)負債比率
不變、權益報酬率減少。 【108年第1次、108年第2次、108年第4次】

名師攻略：分錄 $\begin{cases} 保留盈餘 \\ \quad\quad 應付股利 \end{cases}$ ，影響保留盈餘減少，流動負
債增加，負債比率增加，權益報酬率增加。

解答

( ) **4** 一般而言，如果舉債經營所得到的報酬率高於舉債所負擔的利率，則對權益報酬率的影響將是： (A)權益報酬率會下降 (B)權益報酬率會上升 (C)權益報酬率不受影響 (D)視舉債之期間（流動或非流動）而定。 【109年第4次】

(B)

名師攻略：公司利用舉債或發行特別股的方式，來滿足資金需求，必須支付利息或特別股股利之程度，稱為財務槓桿，透過財務槓桿舉債所得到的報酬大於舉債的利率，將可提升權益報酬率。

( ) **5** 南方澳企業去年淨利只有2,000萬元，總資產報酬率是2%，下列哪一種作法有助於提高其總資產報酬率？
(A)同時且等金額提高銷貨收入與營業費用 (B)同時且等比率提高銷貨收入與營業費用 (C)同時且等金額提高營運資產與營業費用 (D)同時且等比率降低營運資產與銷貨收入。 【109年第2次】

(B)

名師攻略：總資產報酬率＝$\dfrac{稅後淨利＋利息費用(1－稅率)}{總資產}$
當稅後淨利和利息費用上升，則總資產報酬率上升。

( ) **6** 假設一公司完全以權益融資，其權益資金成本率為25%，再假設公司於期初有1,000股流通在外，而公司每股之經濟帳面金額為$100，該期公司產生的稅後淨營業利潤為$50,000，請問該公司之經濟附加價值為多少？
(A)－$10,000 (B)$15,000
(C)$25,000 (D)$5,000。 【109年第3次】

(C)

名師攻略：經濟附加價值＝稅後淨營業利潤－投入資本×權益資金成本率＝50,000－1,000×100×25%＝25,000。

( ) **7** 假設一公司完全以權益融資，其權益資金成本率為25%，再假設公司於期初有1,000股流通在外，而公司每股之經濟帳面金額為$100，該期公司產生的稅後淨營業利潤為$40,000，請問該公司之經濟附加價值為多少？
(A)－$10,000 (B)$15,000
(C)$6,000 (D)$5,000。 【108年第4次】

(B)

名師攻略：經濟附加價值＝稅後淨營業利潤－投入資本×權益資金成本率＝40,000－1,000×100×25%＝15,000

( ) **8** 發放已宣告之現金股利對總資產報酬率與權益報酬率之影響分別為： (A)增加，不變 (B)增加，減少 (C)不變，不變 (D)減少，不變。 　　　　　　　　　　　　　【110年第1次】 **(A)**

名師攻略：分錄 $\begin{cases} 應付股利 \\ \quad 現金 \end{cases}$ ，影響流動負債減少，流動資產減少，總資產報酬率上升，權益報酬率不變。

( ) **9** 宮崎公司106年度平均總資產$150,000，銷貨$60,000，其淨利$3,000，稅率25%，利息前淨利率12.5%，則該公司總資產報酬率為何？
(A)10% (B)8% (C)5% (D)4%。 　　　　　【110年第1次】 **(C)**

名師攻略：總資產報酬率＝純益率×總資產週轉率
$$=12.5\% \times \frac{60,000}{150,000}=5\%。$$

( ) **10** 下列有關盈餘轉增資對企業財務比率的影響，何者正確？
甲、總資產報酬率減少；乙、權益報酬率減少；丙、負債比率減少 (A)僅甲對 (B)僅乙對 (C)僅丙對 (D)以上選項皆非。 　　　　　　　　　　　　　【109年第1次】 **(D)**

名師攻略：分錄 $\begin{cases} 保留盈餘 \\ \quad 股本 \end{cases}$ ，影響保留盈餘減少，股本增加，但股東權益總額不變，甲.總資產報酬率不變；乙.權益報酬率不變；丙.負債比率不變。

( ) **11** 企業於年度中，以現金於市場購入該企業之股票（即庫藏股票），假設淨利不變下，將會增加以下何種比率？ 甲、負債比率；乙、每股盈餘；丙、權益報酬率 (A)甲和乙會增加 (B)乙和丙會增加 (C)甲、乙和丙都會增加 (D)甲、乙和丙都不會增加。 　　　　　　　　　【108年第2次、109年第3次】 **(C)**

名師攻略：分錄 $\begin{cases} 庫藏股 \\ \quad 現金 \end{cases}$ ，影響股東權益減少，流動資產減

少，甲.因總資產減少，使得負債比率上升。乙.因流通在外股數減少，每股盈餘上升，丙.因股東權益減少使得權益報酬率上升。

( ) **12** 甲公司於年底時發放已宣告之現金股利，則對其該年總資產報酬率與權益報酬率之影響分別為：

(A)增加，不變　　(B)增加，減少

(C)不變，不變　　(D)減少，不變。　　　　【108年第4次】

(A)

名師攻略：分錄 $\left\{\begin{array}{l}\text{應付股利}\\\text{現金}\end{array}\right.$，影響流動負債減少，流動資產減少，總資產報酬率上升，權益報酬率不變。

( ) **13** 偉鈞公司的總資產報酬率為10%，淨利率為5%，淨銷貨收入為$200,000，試問平均總資產為多少？（假設公司未舉債）

(A)$200,000　　(B)$100,000

(C)$5,000　　　(D)$8,000。　　　　　【108年第3次】

(B)

名師攻略：

總資產報酬率$=\dfrac{\text{稅後淨利}+\text{利息費用}\times(1-\text{稅率})}{\text{平均總資產}}$，

純益率$=\dfrac{\text{稅後純益}}{\text{銷貨收入}}$，$5\%=\dfrac{\text{稅後純益}}{200,000}$，

得稅後純益$=10,000$代入上式，$10\%=\dfrac{10,000}{\text{平均總資產}}$，

得平均總資產$=\dfrac{10,000}{10\%}=100,000$。

( ) **14** 麒麟公司於年底時發行普通股取得建築物，則該年度：

(A)總資產報酬率下降　(B)權益報酬率不變　(C)長期資本報酬率增加　(D)選項(A)(B)(C)皆是。　　　　【108年第4次】

(A)

名師攻略：分錄 $\left\{\begin{array}{l}\text{建築物}\\\text{股本}\end{array}\right.$，影響資產增加，股東權益增加，總資產報酬率下降。

重點 **5** **市場價值比率分析**

( ) **1** 無塵晶圓現有本益比為30，今市場傳出幾項分析師預測，假設其他情形不變，請問以下哪一項預測，對其本益比會有負面影響？　(A)預測無塵股票的系統性風險係數會下降　(B)預測無塵的營業槓桿率下降　(C)預測無塵的每股盈餘將會繼續成長，但是成長率由原先的25%降為20%　(D)預測無塵的財務槓桿率下降。　　　　　　　　　　　【110年第1次】

(C)

名師攻略：本益比 $= \dfrac{P}{EPS}$，EPS下降，將使本益比上升。

( ) **2** 某企業流通在外普通股共20,000股，原始發行價格為每股15元，目前普通股每股帳面金額為25元，每股市價為40元，今年度宣告的普通股股利共有80,000元，請問該公司股票的收益率（Dividend Yield）為多少？　(A)7.50%　(B)10.00%　(C)8.00%　(D)13.30%。　　　　　　　　　　【108年第2次】

(B)

名師攻略：每股股利 $= \dfrac{80,000}{20,000} = 4$，

股票收益率 $= \dfrac{每股股利}{每股市價} = \dfrac{4}{40} = 10\%$

( ) **3** 公司折舊方式由直線法改為加速折舊法，則其本益比（假設其他條件不變）？　(A)不變　(B)較原來的低　(C)較原來的高　(D)無法判斷。　　　　　　　　　　　　　　　【109年第3次】

(C)

名師攻略：本益比 $= \dfrac{P}{EPS}$，折舊方式由直線法改加速折舊法，

則初期折舊費用增加，淨利下降，則EPS下降，本益比會上升。

( ) **4** 熊本公司本益比為30，當年度平均普通股權益\$250,000，淨利\$60,000，特別股股利\$10,000，則該公司普通股權益之股價淨值比率為何？　(A)8　(B)10　(C)6　(D)14.4。　【110年第2次】

(C)

名師攻略：$ROE = \dfrac{60,000 - 10,000}{250,000} = 0.2$

本益比 $= \dfrac{每股市價}{每股盈餘} = \dfrac{每股市價}{每股淨值 \times ROE} = \dfrac{P}{B} \times \dfrac{1}{ROE}$，

$$30 = \frac{P}{B} \times \frac{1}{0.2}，得 \frac{P}{B} = 6。$$

( ) **5** 以股票之每股現金股利除以每股市價，稱為：
(A)盈餘價格比　(B)股利支付率
(C)股利收益率　(D)本益比。　　　　　【109年第1次】

(C)

名師攻略： 股利收益率 = $\dfrac{股利}{市價}$

( ) **6** 永靖企業X2年12月31日普通股的市價為36元，該公司全年流通在外普通股共100,000股，每股面額10元，該公司當年度結帳前帳上權益總額為$2,800,000，本期淨利為$600,000，X2年中曾支付3元的普通股股利，請問永靖企業當天的本益比為多少？

(A)6　(B)3.6　(C)3　(D)2.4。　　　【108年第4次、109第4次】

(A)

名師攻略： EPS = $\dfrac{600,000}{100,000}$ = 6，本益比 = $\dfrac{P}{EPS}$ = $\dfrac{36}{6}$ = 6。

( ) **7** 某上市的公司之股價為780元，每股股利為13元，請計算公司的股利收益率約為何？　(A)16.70%　(B)12.90%　(C)1.67%　(D)1.28%。　　　　　【108年第1次】

(C)

名師攻略： 股利收益率 = $\dfrac{股利}{市價}$ = $\dfrac{13}{780}$ = 0.0167 = 1.67%。

( ) **8** 京都公司X6年度的預估獲利為150億元，現金股利每股3元，流通在外股數為20億股，則京都公司的股利支付率為：
(A)10%　(B)20%　(C)30%　(D)40%。　　　【108年第4次】

(D)

名師攻略： 股利支付率 = $\dfrac{3 \times 20}{150}$ = 40%。

( ) **9** 下列敘述何者有誤？
(A)本益比低之公司通常為成長型之公司，成長潛力較大
(B)使用JIT（Just In Time）生產管理的公司，其存貨週轉率較高　(C)一公司其收帳能力良好，則應收帳款週轉率較高
(D)以上選項中有兩個為真。　　　　　【108年第1次】

(A)

解答

名師攻略：本益比 = $\dfrac{每股市價}{每股盈餘}$，

本益比越高，代表公司仍處於成長階段，所能創造的EPS尚低。本益比越低，代表公司進入成熟階段，故股價已無太大的上漲空間，然獲利能力亦趨成熟，所以EPS相對較高。

( ) **10** 影響股價變動之因素甚多，惟綜合歸納後，其影響因素　**(D)**
為： (A)市場因素 (B)行業因素 (C)公司因素 (D)選項
(A)(B)(C)皆是。　　　　　　　　　　　【108年第3次】

名師攻略：影響股價的變動因素(1)市場因素；(2)行業因素；(3)公司因素。

重點 6　杜邦財務分析

解答

( ) **1** 華盛頓公司的純益率下降，資產報酬率仍上升，最可能原因　**(A)**
是： (A)其總資產週轉率上升 (B)其毛利率上升 (C)其負
債比率上升 (D)不可能會發生。　【108年第1次、108年第3次】

名師攻略：純益率下降且資產報酬率上升則銷貨收入上升或平均總資產下降，總資產週轉率 = $\dfrac{銷貨收入}{平均總資產}$，總資產週轉率上升。

( ) **2** 某公司的負債比率為0.6，總資產週轉率為3。若公司的權　**(A)**
益報酬率為15%，則公司的淨利率為何？ (A)2% (B)3%
(C)4% (D)5%。　　　　　　　　　　　【109年第1次】

名師攻略：股東權益報酬率 = 純益率 × 總資產週轉率 × 權益乘數，$15\% = 純益率 \times 3 \times \dfrac{1}{1-0.6}$，純益率 = 2%。

( ) **3** 福岡公司106年的資產週轉率為4倍，當年度總銷貨收入　**(A)**
$1,000,000。如果當年度的淨利為$40,000，請問該公司106
年的資產報酬率為（不考慮稅負）： (A)16% (B)8%
(C)40% (D)80%。　　【108年第2次、108年第3次、109年第1次】

名師攻略：總資產報酬率 = 純益率 × 總資產週轉率
= $\dfrac{40,000}{1,000,000} \times 4 = 0.16$，得總資產報酬率 = 16%。

解答

( ) **4** 進寶公司X5年度平均權益$150,000，平均負債$150,000， **(C)**
銷貨$150,000，其淨利$90,000，負債利息$10,000，稅率
10%，稅後淨利率15%，則該公司權益報酬率為何？
(A)10.33%　　　(B)13.33%
(C)15.00%　　　(D)20.00%。　　　　　【108年第2次】

名師攻略：

$$權益報酬率 = \frac{稅後純益}{銷貨收入} \times \frac{銷貨收入}{資產總額} \times \frac{資產總額}{股東權益}$$

$$= 15\% \times \frac{150,000}{150,000+150,000} \times \frac{150,000+150,000}{150,000} = 15\%。$$

( ) **5** 宮崎公司X6年度平均總資產$150,000，銷貨$60,000，其淨 **(C)**
利$3,000，稅率25%，利息前淨利率12.5%，則該公司總資
產報酬率為何？
(A)10%　(B)8%　(C)5%　(D)4%。　　　　　【109年第2次】

名師攻略： 總資產報酬率＝純益率×總資產報酬率

$$= 12.5\% \times \frac{60,000}{150,000} = 5\%。$$

( ) **6** 偉鈞公司的總資產報酬率為10%，淨利率為5%，淨銷貨收入 **(B)**
為$200,000，試問平均總資產為多少？（假設公司未舉債）
(A)$200,000　　　(B)$100,000
(C)$5,000　　　　(D)$8,000。　　　　　【109年第4次】

名師攻略： 總資產報酬率＝純益率×總資產週轉率，

$$10\% = 5\% \times \frac{200,000}{平均總資產}，得\ 平均總資產 = 100,000。$$

Chapter 12 資本預算

重點 1 攸關資訊與決策

一、攸關資訊的特性

(一) 攸關成本（收入）是指<u>未來的成本（收入）</u>且因方案之選擇而<u>金額不同</u>，而非過去行動已發生的成本（例如沉沒成本）或已賺得之收入。

(二) 金額會隨方案選擇而不同的成本或收入。若在不同的方案均會發生且金額相同，則對方案選擇將無影響，即為非攸關資訊。

(三) 有些成本或收入因未實際發生而<u>不顯示於會計記錄及財務報表</u>，但卻對決策有重大影響，而為決策之<u>攸關資訊</u>，例如：機會成本。

二、何者為攸關成本？

(一) 可免成本：凡某一方案<u>不採行即可不發生</u>。

(二) 不可免成本：無論方案之採行與否切會發生之成本。

(三) 沉沒成本：因過去的決策而已發生的成本，無法在現在或未來的任何決策而改變的成本。

(四) 付現成本：凡須於現在或未來以現金支付的成本。

> **小叮嚀**
>
> 攸關成本：符合（一）（四）且因方案之選擇而不同。
> 非攸關成本：符合（二）（三）（四）且因方案之選擇皆相同。

重點 2 資金的成本

一、折現率的決定

(一) 邊際成本觀念：評估任一投資計畫時應以該特定計畫所使用資金之實際籌資成本為折現率。

(二) 機會成本觀念：任何計畫之採行，其報酬應至少相當於資金用於其他最有利之投資所能產生之報酬，該最佳用途的報酬率為折現率。

(三) 加權平均資金成本觀念：

債務資金成本＝名目利率×（1－稅率）

1. 權益資金成本：可由下列三種方式求得：

(1) CAPM：$E(R_i)=R_f+\beta_i\times[E(R_m)-R_f]$，其中$E(R_i)=k_e$。

(2) APT：$E(R_i)=R_f+\lambda_1 b_{i1}+\lambda_2 b_{i2}+\cdots\cdots+\lambda_p b_{ip}$，其中$E(R_i)=k_e$

(3) 高登成長模式：$P_0=\dfrac{D_1}{k_e-g}$，即$k_e=\dfrac{D_1}{P_0}+g$，式中D_1：下一期股利，

P_0：目前股價，g：成長率。

2. 加權資金成本：

債務資金權重×債務資金成本＋權益資金權重×權益資金成本。

$$債務資金權重＝\frac{債務資金}{債務資金＋權益資金}$$

$$權益資金權重＝\frac{權益資金}{債務資金＋權益資金}$$

二、稅率

(一) 平均稅率（或稱有效稅率）＝$\dfrac{總稅收}{稅前總所得}$

(二) 邊際稅率＝$\dfrac{\Delta 總稅收}{\Delta 稅前總所得}$

重點 3　資本預算評估方法

一、淨現值法（NPV法）

(一) 定義

$$NPV=\frac{CF_1}{(1+K)^1}+\frac{CF_2}{(1+K)^2}+\frac{CF_3}{(1+K)^3}+\cdots\cdots+\frac{CF_n}{(1+K)^n}-C_0=\sum_{i=1}^{n}\frac{CF_i}{(1+K)^i}-C_0$$

若NPV＞0則該計畫的報酬率（K）大於資金成本，表示可投資。

CF_i：表第i期的實質現金流量（未考慮通貨膨脹、稅負、折舊）

C_0：第0期的投資成本

K：名目折現率

ρ：通貨膨脹率

DEPi：第i期的折舊費用

t：稅率

1. 免稅，且有通貨膨脹：

$$NPV = \sum_{i=1}^{n} \frac{CF_i(1+\rho)^i}{(1+K)^i} - C_0$$

2. 無通貨膨脹，有課稅：

$$NPV = \sum_{i=1}^{n} \frac{(CF_i - DEP_i)(1-t) + DEP_i}{(1+K)^i} - C_0$$

(二) 淨現值法之優缺點：

1. 優點：

(1) 考慮貨幣的時間價值。

(2) 考慮整個投資存續期間內所有現金流量的資料。

(3) 符合價值附加性原則。

(4) 假設以資金的機會成本將投資所得再投資。

2. 缺點：

(1) 折現率的決定是主觀的判斷。

(2) 當各投資方案的存續期間不同，或投資金額不等時，以淨現值的大小
常無法決定各方案的優先順序，仍需採主觀的判斷為之。

3. 有通貨膨脹，有課稅：

$$NPV = \sum_{i=1}^{n} \frac{[(CF_i - DEP_i)(1-t) + DEP_i](1+\rho)^i}{(1+K)^i} - C_0$$

知識補給站

所得稅效果：所得稅對投資方案現金流量的影響有兩種：

1. 造成投資方案現金流量的減少
2. 原本不影響現金之收入費用科目（例如：折舊費用）透過所得稅的效果也能對現金流量的增減有所影響。

	不考慮折舊	考慮折舊
稅前及折舊前盈餘	CF	CF
折舊		DEP
	CF	$CF-DEP$
所得稅（稅率t）	$t \times CF$	$t \times (CF-DEP)$
稅後盈餘	$(1-t)CF$	$(1-t) \times (CF-DEP)$
加：不造成現金流出之		
費用：折舊		DEP
稅後現金流入	$(1-t) \times CF$	$(1-t) \times (CF-DEP)+DEP$

二、內部報酬率法（IRR法）

使現金流入之現值等於現金流出之現值的折現率，即使NPV＝0之折現率。

$$NPV = 0 = \sum_{i=1}^{n} \frac{CF_i}{(1+1RR)^i} - C_0$$

CF_i：表第i期的實質現金流量

C_0：第0期的投資成本

若IRR＞資金成本，則該方案可投資。

> **知識補給站**
>
> NPV與IRR之比較：
> 1. 再投資報酬率之假設：
>   NPV假設以資金的機會成本將投資所得再投資，較合理。而IRR法則以IRR為再投資報酬率，不合理。
> 2. 價值附加性原則：
>   NPV符合價值附加性原則，而IRR不符合價值附加性原則。
> 3. 多個報酬率：
>   IRR法在運算時可能會產生多個報酬率的情況發生。

三、利潤指數法（PI法）

利潤指數（PI）$= \dfrac{\text{未來淨現金流量現值}}{\text{原始投資金額}}$

當PI>1，表示未來淨現金流量現值>原始投資金額，即可投資。

四、回收期限法

回收期限係指公司能從投資方案的現金流量中回收期初投入資金所需要的時間，此法的決策法則是選擇能在最短期限內回收成本之方案者。

例

			現金流量	
年	A	B	C	D
0	−1,000	−1,000	−1,000	−1,000
1	100	0	100	200
2	900	0	200	300
3	100	300	300	500
4	−100	700	400	500
5	−400	1,300	1,250	600

解 A方案：第一年＋第二年＝100＋900＝1,000
B方案：第一年＋第二年＋第三年＋第四年＝0＋0＋300＋700＝1,000
C方案：第一年＋第二年＋第三年＋第四年＝100＋200＋300＋400＝1,000
D方案：第一年＋第二年＋第三年＝200＋300＋500＝1,000
故最短的回收期限為2年，即選擇A方案。

五、會計報酬率法（ARR法）

(一) 定義

$$ARR = \frac{平均每年會計淨利增加數}{原始投資額（或平均投資額）}$$

在所選擇的方案計算ARR，再從ARR裡選出最高者。

以上述的例子；計算各方案的ARR如下：

A方案 $= \dfrac{100+900+100-100-400}{5} \Big/ \dfrac{1,000}{2} = 24\%$

B方案 $= \dfrac{0+0+300+700+1,300}{5} \Big/ \dfrac{1,000}{2} = 92\%$

C方案 $= \dfrac{100+200+300+400+1,250}{5} \Big/ \dfrac{1,000}{2} = 90\%$

D方案 $= \dfrac{200+300+500+500+600}{5} \Big/ \dfrac{1,000}{2} = 84\%$

上述方案以方案B的ARR最高，故選擇方案B。

(二) ARR的缺點：

1. 忽略貨幣的時間價值。
2. 未考慮現金流量直接以會計淨利為報酬。
3. 以原始投資金額作為分母所計算之報酬率，忽略資產帳面金額會逐年遞減的事實。

重點 4　資本預算不確定因素之考量

先前介紹的資本預算評估方法，都假設投資計畫之原始投資，各期的淨現金流量，產生現金流量的期間，及資本的成本率皆為已知的，實際上上述的資訊是不確定的，面對這種不確定的風險，可採下列兩種方法來回應：

一、敏感性分析

敏感性是指估計或是假設改變，對結果的影響程度，例如：在不同的投資存續期間，討論對淨現值的影響，或在各種預計的淨現金流量下，討論對淨現值的影響。

二、蒙地卡羅分析法

蒙地卡羅分析法一般稱為模擬，主要是針對現金流量的不確定性，透過統計抽樣，反覆抽取現金流量組的淨現值，得到各投資計畫的淨現值之機率分配，若得知淨現值的機率分配，即可估計淨現值的預期值與標準差，即期望的淨現值與風險值。

高手過招

重點 **1** 攸關資訊與決策

解答

( ) **1** 在數個投資方案中作選擇時，下列何者現金流量是非攸關的？ (A)各方案未來期望現金流量之差異 (B)付給顧問公司協助作選擇的費用 (C)各方案期初投資金額之差異 (D)各方案投資於營運資金數額之差異。 【108年第4次】 **(B)**

名師攻略： 攸關成本（收入）必須同時符合二條件(1)預期未來將發生且(2)其金額因方案之選擇而不同。所以(A)(C)(D)皆為與現金流量攸關的。

凡某一方案不採行即不可發生之成本，稱為可免成本，反之，無論方案之採行與否均會發生之成本，則為不可免成本，(B)即是不可免成本，不可免成本則與決策無關。

( ) **2** 投資計畫支付某項成本，已無法產生未來的收益（或效益）可稱為何者？ (A)隱含成本 (B)機會成本 (C)殘餘成本 (D)沉沒成本。 【108年第1次、109年第1次】 **(D)**

名師攻略： 因過去的決策而已發生，不能因為現在或未來的任何決策而改變的成本，稱為沉沒成本。沉沒成本因為是過去成本，故與決策無關。

重點 **2** 資金的成本

解答

( ) **1** 邊際稅率是指： (A)公司適用之最低稅率 (B)公司平均的稅率 (C)公司預期在未來最高的稅率 (D)稅前純益每多1元所要繳的稅。 【108年第2次、109年第2次】 **(D)**

解答

名師攻略：邊際稅率 $= \dfrac{\Delta總稅收}{\Delta稅前總所得}$

( ) **2** 紐約公司109年度帳列稅前盈餘為$1,400,000，其中包括免稅利息收入$300,000，該公司另可享受$100,000之投資抵減。假設所得稅率為20%，則紐約公司109年度之有效稅率（Effective Tax Rate）為： (A)33.33% (B)30.91% (C)40.00% (D)8.57%。 【110年第1次】　**(D)**

名師攻略：有效稅率或稱為平均稅率 $= \dfrac{總稅收}{稅前總所得}$

$= \dfrac{(1,400,000-300,000)\times20\%-100,000}{1,400,000} = 8.57\%$

( ) **3** 進行企業股權評價時，對公司自由現金流量（Free Cash Flow to Firm）使用的折現率通常為： (A)加權平均資金成本率，以其折現計算出的總價值減去負債的價值即為股東權益的價值 (B)加權平均資金成本率，以其折現計算出的數字即為股東權益之價值 (C)權益資金成本率，以其折現計算出的數字即為股東權益之價值 (D)權益資金成本率，以其折現計算出的總價值減去負債的價值即為股東權益的價值。 【109年第1次、109年第3次】　**(A)**

名師攻略：自由現金流量是指企業扣除經費支出及必要資本投資可支付權益所有人及債權人的現金流量，故採加權平均資金成本率為折現率，求算出總價值，再減除負債的價值，即為股東權益的價值。

( ) **4** 一投資方案的資金成本是： (A)一個經過充分分散風險投資組合的期望報酬率 (B)投資方案貸款的利率 (C)投資人要求與該投資方案風險類似證券之期望報酬率 (D)銀行基本放款利率。 【108年第1次】　**(C)**

名師攻略：任何計畫之採行，其報酬應至少相當於資金用於其他最有利之投資所能產生之報酬，因此該最佳用途之報酬率即為此一投資計畫之折現率，此即為機會成本之觀念。

( ) **5** 若中洲電信公司權益資金成本是20%，舉債利率是10%， **(C)**
所得稅率是17%，已知公司負債權益比率是6：4，並知道
公司將全部向銀行貸款來擴建新的機房，試問中洲電信公
司之資金成本是（假設不考慮兩稅合一）： (A)8.36%
(B)10.65% (C)12.98% (D)15%。【108年第1次、110年第1次】

名師攻略：

加權平均資金成本 $=\dfrac{6}{10}\times 0.1\times(1-17\%)+\dfrac{4}{10}\times 20\%=12.98\%$。

( ) **6** 估計資金成本的方法包括： (A)以「（預期下一期的股利 **(D)**
／目前股價）＋股利成長率」之估計值估計 (B)利用資本
資產定價模式估計 (C)利用套利定價模式估計 (D)選項
(A)(B)(C)皆可。 【108年第3次】

名師攻略：股東權益的資金成本可由(1)CAPM的
$E(R_i)=R_f+\beta_i[E(R_m)-R_f]$，其中$E(R_i)=K_e$；(2)APT的
$E(R_i)=R_f+\lambda_1 b_{i1}+\lambda_2 b_{i2}+\cdots+\lambda_r b_{ip}$，其中$E(R_i)=K_e$；

(3)由高登成長模式$P_0=\dfrac{D_1}{K_e-g}$，即$K_e=\dfrac{D_1}{P_0}+g$。

( ) **7** 若同開科技公司之資金成本13.66%，已知權益資金成本是 **(B)**
15%，所得稅率是17%，已知公司負債權益比率是1：4，
且該公司的負債為銀行貸款，試問該公司舉債利率為何？
(A)15% (B)10% (C)9.60% (D)8%。 【108年第2次】

名師攻略：已知加權平均資金成本為13.66%，令舉債利率為
x，$13.66\%=\dfrac{1}{5}\times x(1-17\%)+\dfrac{4}{5}\times 15\%$，得x＝10%。

重點 **3** **資本預算評估方法**

( ) **1** 在應用內部報酬率法（IRR）時，若面臨的是典型的現金流 **(D)**
量型態之投資計畫，則接受投資的條件是當內部報酬率：
(A)大於0時 (B)等於0時 (C)小於資金成本率時 (D)大於
資金成本率時。 【108年第4次】

名師攻略：內部報酬率>資金成本率，即為可接受之方案。

（　　）**2** 若一計畫的內部報酬率大於其資金成本率，則表示該計畫之淨現值：　(A)大於0　(B)小於0　(C)等於0　(D)不一定大於或小於0。　　　　　　　　　　　　　　【108年第3次、110年第1次】　**(D)**

　　名師攻略： 當NPV＝0時，折現率＝IRR，若IRR＞資金成本率，則NPV＞0。

（　　）**3** 有關淨現值法的優點，下列敘述何者正確？　甲.對現金流量折現時考慮到貨幣的時間價值；乙.考慮到投資計畫的全部現金流量；丙.符合價值可加原則；丁.考慮了投資風險 (A)僅乙與丙正確　(B)僅甲與丁正確　(C)僅甲、丙與丁正確 (D)甲、乙、丙、丁皆正確。　　　　　　　　【109年第2次】　**(D)**

　　名師攻略： 淨現值法的優點：
(1)考慮貨幣的時間價值；(2)考慮整個投資存續期間內所有現金流量的資料；(3)符合價值附加性原則；(4)假設以資金的機會成本將投資所得再投資。

（　　）**4** 使得淨現值為0之折現率稱為：　(A)資金成本率　(B)會計報酬率　(C)必要報酬率　(D)內部報酬率。　【109年第2次】　**(D)**

　　名師攻略： 使投資計畫現金流入現值等於現金流於現值（即淨現值為零）之折現率，該折現率即為投資之內部報酬率。

（　　）**5** 有關淨現值法的優點，下列敘述何者正確？　a.對現金流量折現時考慮到貨幣的時間價值；b.考慮到投資計畫的全部現金流量；c.符合價值可加原則；d.考慮了投資風險。 (A)僅bc正確　　　(B)僅ad正確 (C)僅acd正確　　(D)abcd皆正確。　　【109年第4次】　**(D)**

　　名師攻略： 淨現值法的優點：
(1)考慮貨幣的時間價值；(2)考慮整個投資存續期間內所有現金流量的資料，(3)符合價值附加性原則；(4)假設以資金機會成本將投資所得再投資。

（　　）**6** 評估投資計畫最好的方法為何？　(A)還本法　(B)IRR法 (C)NPV法　(D)利潤指數法。　　　　　　【110年第1次】　**(C)**

　　名師攻略： 淨現值法之優點：

(1)考慮貨幣的時間價值。

(2)考慮整個投資存續期間內所有現金流量的資料。

(3)符合價值附加性原則。

(4)假設以資金的機會成本將投資所得再投資。

(C) **7** 就NPV法與IRR法的比較,下列何者為非? (A)兩者皆考量到現金流量時間價值 (B)兩者可能產生不同的決策結果 (C)兩者皆符合價值相加法則 (D)IRR法的解可能為多個而NPV法只有一個解。 【109年第3次】 **(C)**

　　名師攻略:價值附加性原則是指公司的價值等於各方案價值之和。IRR法並不符合價值附加性原則,而NPV法則永遠會服從該原則。

(D) **8** 以平均會計報酬率法衡量資本預算: (A)可以合理考慮到現金流量時間價值 (B)考量到資金套牢時間的長短 (C)是一種現金流量折現法 (D)一般可由平均會計利潤除以平均會計成本衡量。 【109年第1次】 **(D)**

　　名師攻略:會計報酬率法(ARR)=

$$\frac{平均每年會計淨利增加數}{原始投資額(或平均投資額)},$$

在所選擇的方案計算ARR,再從ARR裡選出最高者。

(D) **9** 在評估投資計畫時所用的平均會計報酬率法: (A)主要是利用現金流量的數字作分析 (B)考慮了貨幣的時間價值 (C)通常我們會將其與資金成本率作比較 (D)並未將現金流量折現。 【108年第4次】 **(D)**

　　名師攻略:平均會計報酬率的缺點:(1)忽略貨幣的時間價值;(2)未考慮現金流量,直接以會計淨利為報酬;(3)以原始投資金額作為分母所計算之報酬率,忽略資產帳面金額會逐年遞減的事實。

(D) **10** 利潤指數(Profitability Index)是: (A)內部報酬率與資金成本率之比率 (B)總收入與總成本之比率 (C)內部報酬率與市場報酬率之比率 (D)現金流量現值對期初投資成本之比率。 【109年第1次】 **(D)**

名師攻略：利潤指數（PI）= $\dfrac{未來淨現金流量現值}{原始投資金額}$

若PI>1表示未來淨現金流量現值>原始投資金額，則可以投資。

若PI<1表示未來淨現金流量現值<原始投資金額，則不可以投資。

( ) **11** 評估投資計畫時，其年限應採何者為宜？ (A)長期資產經濟年限 (B)長期資產實體年限 (C)長期資產會計登錄年限 (D)長期資產實體耐用年限。 【109年第2次】 **(A)**

名師攻略：評估資本預算時應以實質耐用年限，技術年限及產品年限三者中最短者，視為投資計畫之期間。

重點 4 資本預算不確定因素之考量

解答

( ) **1** 分析淨現值如何受到一些關鍵變數影響的方法稱為： (A)營運分析 (B)敏感度分析 (C)成本效益分析 (D)損益兩平點分析。 【109年第3次、110年第2次】 **(B)**

名師攻略：敏感度分析指預測值估計錯誤或假設改變，對結果之影響程度。

( ) **2** 在作資本預算決策時採用蒙地卡羅模擬的好處在於讓我們更能夠： (A)評估一投資方案之風險 (B)預測未來之現金流量 (C)將未來變數間的關係納入模型中 (D)選項(A)、(B)、(C)皆是。 【109年第2次】 **(D)**

名師攻略：蒙地卡羅分析法一般稱為模擬，主要是針對現金流量的不確定性，透過統計抽樣，反覆抽取現金流量組的淨現值，得到各投資計畫的淨現值之機率分配，若得知淨現值的機率分配，即可估計淨現值的預期值與標準差，即期望的淨現值與風險值。

( ) **3** 在作資本預算決策時常碰到的問題包括： (A)預測未來現金流量時有偏誤 (B)資金成本率的估計不夠客觀 (C)公司單位之間會有利益衝突的發生 (D)選項(A)(B)(C)皆是。 【109年第1次】 **(D)**

名師攻略：所使用的資本預算評估方法都假設原始投資金額、每期的淨現金流量、投資存續期間，及資金成本率為已知，實際上上述的資訊是不確定的。

★其他

( ) **1** 以下哪種評價方法在評價時會將評價標的決策彈性納入考量？ (A)傳統淨現值法 (B)成本加成法 (C)實質選擇權法 (D)回收期間法。 【109年第3次】 **(C)**

名師攻略：實質選擇權（Real options）：投資計畫產生的現金流量所創造出的利潤是建立於對目前所擁有資產的使用加上未來投資計畫的選擇。實質選擇權使企業的決策者，在進行資本預算投資決策評估時，能夠做出更具有彈性，更準確的決策。

( ) **2** BOT（建造、營運、移轉）的公共建設投資開發型態，影響其投資計畫效益評估之因素有哪些？ (A)投資開發年限 (B)殘值價值估計 (C)營運開發期的成本效益估計 (D)選項(A)(B)(C)皆對。 【109年第2次、109年第4次】 **(D)**

名師攻略：原始投資金額（屬於成本）、每期的淨現金流量（屬於收益）、投資存續期間（屬於投資開發年限）、殘值價值的估計（屬於可回收的），皆是BOT的公共建設投資開發時，該投資計畫效益評估因素。

( ) **3** 經濟租（Economic Rent）發生的原因為： (A)先進入市場 (B)擁有別人沒有的生產技術 (C)擁有別人無法擁有的資產 (D)選項(A)(B)(C)皆是。 【109年第3次】 **(D)**

名師攻略：經濟租就是生產者剩餘，即 生產者剩餘=實際收到的－願意收到的。
企業(A)先進入市場；(B)擁有別人沒有的生產技術；(C)擁有別人無法擁有的資產。上述的因素皆可能使企業產生經濟租。

( ) **4** 有關生產機器設備的重置支出問題，其決策目標為何？ (A)生產的未來成本極小化 (B)生產的內部成本極小化 (C)生產的收益極小化 (D)生產成本的現值極小化。 【109年第3次】 **(D)**

名師攻略：機器設備應否重置的攸關資訊包括：
(1)新機器之取得成本。
(2)舊機器目前之殘值。
(3)每年之付現成本。
(4)新機器的估計殘值。
即(1)+(2)+(3)+(4)的現值總和與繼續使用舊機器的現值總和兩者取最小。

( ) **5** 假設一公司正考慮購買一設備，在營運的第5年中，將使得現金銷貨收入增加\$400,000，而現金費用（不包含所得稅）增加\$300,000，折舊費用則增加\$50,000，假設除此外沒其他影響現金流量之事項，稅率為17%，請問在這一年裡因為購買設備所產生之淨現金流量為： (A)\$8,500 (B)\$41,500 (C)\$83,000 (D)\$91,500。 【108年第2次】 **(D)**

名師攻略：銷貨收入增加400,000，現金費用增加30,000，則
稅前淨利＝400,000－300,000＝100,000，
稅的支出＝(100,000－50,000)×17%＝8,500，
淨現金流量＝100,000－8,500＝91,500。

( ) **6** 假設某公司有一設備，帳面金額為\$60,000，公司將其出售，利益為\$40,000，所得稅率為17%，試問此交易所產生之淨現金流入為： (A)\$84,900 (B)\$60,000 (C)\$40,000 (D)\$93,200。 【108年第4次】 **(D)**

名師攻略：60,000＋40,000×(1－17%)＝93,200。

( ) **7** 假設稅率為17%，折舊費用為\$50,000，則當公司有獲利時，其折舊費用稅後的效果為： (A)淨現金流出\$8,500 (B)淨現金流入\$8,500 (C)淨現金流出\$41,500 (D)淨現金流入\$41,500。 【108年第4次、109年第1次】 **(B)**

名師攻略：折舊費用乃淨利的減項，若考慮的是稅後淨利，則折舊費用為50,000×(1－17%)，
即節省的稅為50,000×17%＝8,500，屬於淨現金的流入。

110年 第3次證券商高級業務員試題

投資學

( ) **1** 何者屬於資本市場之工具？
甲.可轉換公司債；乙.銀行承兌匯票；丙.政府債券；丁.國庫券
(A)僅甲、乙　(B)僅丙、丁　(C)僅甲、丙　(D)僅甲、丁。

( ) **2** 採購經理人指數（Purchasing Managers' Index, PMI）為一綜合性指標，因具有即時發布及領先景氣循環轉折點等特性，被視為一種國際通用的重要總體經濟領先指標。以下為PMI的資訊描述，請判斷以下何者錯誤？　(A)每月對受訪企業的採購經理人進行調查，並依調查結果編製成指數　(B)採購經理人指數介於0%～100%之間，若高於50%表示景氣正處於擴張期（Expansion），若低於50%表示處於緊縮期（Contraction）　(C)我國該指標主要發布單位為國家發展委員會（簡稱國發會）　(D)臺灣採購經理人指數，調查範圍只包括製造業。

( ) **3** 假設前一營業日H公司股價收盤為30元，其認購權證之履約價格為25元，權利金為4.5元，若執行比例為1.3，請問今天H公司權證之最大上漲幅度為：　(A)7.00%　(B)10.00%　(C)86.67%　(D)111.43%。

( ) **4** 小蔡以信用交易方式買賣股票，他於10月1日融資買進一張國泰金控股票，每股55元，融券賣出一張台積電，每股230元，假設融資成數六成，融券保證金為九成，在10月7日台積電上漲到240元，可是國泰金控股價卻下跌到50元，則小蔡的整戶擔保維持率為何？（無須考量交易成本）　(A)約為158%　(B)約為166%　(C)約為178%　(D)約為190%。

( ) **5** 在美國通常以下列何者的利率代表無風險利率？
(A)國庫券　(B)公債　(C)商業本票　(D)定期存款。

( ) **6** ETN和ETF的比較，下列何者有誤？
(A)兩者都追蹤標的指數為主
(B)ETN理論上沒有追蹤誤差，而ETF會有追蹤誤差
(C)ETN是由券商發行，ETF是由投信發行
(D)ETN可以用實物或現金申購贖回，而ETF只能用現金申購贖回。

( ) **7** 小魚以面額購買債券1,000萬元，小魚在市場利率低於票面利率時賣出該筆債券，則其資本利得為： (A)零 (B)負數 (C)正數 (D)無法判定。

( ) **8** 假設到期年數與殖利率不變，下列何種債券之存續期間「最短」？
(A)溢價債券 (B)折價債券 (C)平價債券 (D)零息債券。

( ) **9** 債權人為防止債務公司之財務結構惡化，可以訂立何種保護條款？
(A)可轉換成普通股 (B)限制公司再舉債 (C)限制公司現金增資 (D)選項(A)(B)(C)皆非。

( ) **10** 甲債券3年後到期，其面額為100,000元，每年付息一次8,000元，若該債券以95,000元賣出，則其到期殖利率為：
(A)大於8% (B)等於8% (C)小於8% (D)等於5%。

( ) **11** 小魚購買90天商業本票，面額1,000萬元，成交價為995萬元，則其實質利率為何？（一年以365天計算） (A)8.277% (B)6.176% (C)8.111% (D)2.038%。

( ) **12** 某上市公司最近將其先前所發行之公司債贖回後再發行新債，請問其主要原因可能為何？ (A)利率上升 (B)利率下跌 (C)投資案暫緩 (D)提高公司債價格。

( ) **13** 若預期未來的市場利率將上升，則投資者很有可能採取下列哪一種決策？ (A)出售國庫債券期貨 (B)持有小麥期貨之長部位（Long Position） (C)購買標準普爾500指數期貨（S&P 500 Index Futures） (D)持有國庫債券期貨之長部位。

( ) **14** 小魚目前投資100,000元於某債券，期間不支付利息，到期期間3年，殖利率（YTM）為4.5%，則經過3年之後，小魚可領回多少？（忽略交易成本） (A)117,424元 (B)114,117元 (C)106,833元 (D)99,526元。

（　）**15** 一般而言，信用評等低的債券殖利率比信用評等高的債券殖利率：
(A)高　(B)低　(C)相同　(D)無法判定。

（　）**16** 利用股利永續成長模式來估計股票之價值時，較「不需要」考慮下列哪一因素？　(A)目前之股利　(B)股票要求報酬率　(C)股利成長率　(D)銷貨成長率。

（　）**17** 福隆公司每年固定配發現金股利4元，不配發股票股利，其股票必要報酬率為10%，若其貝它係數為1.22，在零成長之股利折現模式下，其股價應為：　(A)44.4元　(B)33.3元　(C)40元　(D)48.8元。

（　）**18** 有關OBOS（Over Buy / Over Sell）指標之敘述，何者「不正確」？
(A)為時間之技術指標　(B)OBOS是超買、超賣指標，運用在一段時間內股市漲跌家數的累積差，來測量大盤買賣氣勢的強弱及未來走向　(C)當大盤指數持續上漲，而OBOS卻出現反轉向下時，表示大盤可能作頭下跌，為賣出訊號　(D)大盤持續下探，但OBOS卻反轉向上，即為買進訊號。

（　）**19** KD指標中，D線代表：　(A)慢速隨機指標　(B)K值會大於100
(C)快速隨機指標　(D)K值會小於0。

（　）**20** 有關漲跌指標ADR（Advance Decline Ratio）之敘述，何者「不正確」？　(A)又稱為迴歸式的騰落指標　(B)構成的理論基礎是鐘擺原理　(C)主要研判股市是否處於超買或超賣　(D)ADR愈大，顯示股市處於超賣，應考慮買進。

（　）**21** 有關MACD中，其DIF線及MACD線之敘述，何者「不正確」？
(A)為0至100　(B)DIF線為快速線　(C)MACD線為慢速線　(D)DIF線由下往上突破MACD線為買進訊號。

（　）**22** KD線的理論基礎，在股價上漲時，當日收盤價會朝何方向接近？
(A)最低價　(B)最高價　(C)前一日收盤價　(D)開盤價。

（　）**23** 何者為移動平均線之賣出訊號？　(A)股價在上升且位於平均線之上，突然暴漲，離平均線愈來愈遠，但很可能再趨向平均線　(B)平均線從下降轉為水平或上升，而股價從平均線下方穿破平均線時　(C)股價趨勢低於平均線突然暴跌，距平均線很遠，極有可能再趨向

平均線 (D)股價趨勢走在平均線之上，股價突然下跌，但未跌破平均線，股價隨後又上升。

( ) **24** 當股價突破五日均線時，要成為好的買點不應該出現下列哪項特徵？ (A)股價呈現實體長紅K線 (B)五日均線往上揚 (C)成交量放大 (D)股價K線有長長上影線。

( ) **25** 失業率是指： (A)失業人數除以就業人數 (B)失業人數除以勞動力 (C)失業人數除以（勞動力+非勞動力） (D)失業人數除以總人口。

( ) **26** 在哪種情況下，公司總盈餘之成長率愈高，企業價值反而愈小？ (A)毛利率小於淨利率 (B)速動比率小於流動比率 (C)銷售額大於損益兩平點 (D)資產報酬率小於加權平均資金成本。

( ) **27** 當國外大型塑膠廠發生火災時，對國內生產同產品之塑膠類股股價的影響為何？ (A)上漲 (B)下跌 (C)不受影響 (D)不一定。

( ) **28** 金融體系的支票存款大幅增加，會促使何種貨幣供給額增加？ (A)僅M_{1A} (B)僅M_{1B} (C)僅M_{1A}與M_{1B} (D)M_{1A}、M_{1B}與M_2皆增加。

( ) **29** 「股價指數」是「臺灣景氣指標」的哪一類指標？ (A)領先指標 (B)同時指標 (C)落後指標 (D)非臺灣景氣指標。

( ) **30** 何種籌資行為「不」會稀釋原股東股權比例？ (A)現金增資 (B)發行可轉換公司債 (C)發行普通公司債 (D)選項(A)(B)(C)皆不會。

( ) **31** 某公司該年稅後盈餘$600萬，股利發放率50%，全部發放現金股利，且在外發行股數為100萬股。小王在今年以50元買入1000股，年底除息，明年賣出，若小王希望持有期間報酬率為40%，小王至少應該以多少元賣出？ (A)63元 (B)67元 (C)68元 (D)65元。

( ) **32** 關於臺灣公司治理100指數之敘述，何者「不正確」？ (A)原則從最近1年公司治理評鑑結果前20%的股票中篩選 (B)定期審核以外之期間，成分股因故剔除，將即按順位遞補後續排名公司 (C)每一營業日收盤後發布一次「報酬指數」 (D)於股市交易時間內，每5秒計算1次「市值指數」。

(　　) **33** 下列何種股價指數最能模擬市場投資組合？　(A)股價簡單平均 (B)交易量加權股價指數　(C)市場價值加權股價指數　(D)股價幾何 平均。

(　　) **34** 有一投資組合由甲、乙兩股票組成，請問在什麼情況之下，投資組 合報酬率之標準差為甲、乙兩股票個別標準差之加權平均？ (A)兩股票報酬率相關係數＝0　(B)兩股票報酬率相關係數＝1 (C)兩股票報酬率相關係數＝－1　(D)任何情況下，投資組合標準差 均為個別標準差之加權平均。

(　　) **35** 若甲股票的報酬率標準差為0.3，乙股票的報酬率標準差為0.2，甲和 乙股票的報酬率相關係數為0.5，則甲和乙股票的報酬率共變數為： (A)0.04　(B)0.03　(C)0.02　(D)0.01。

(　　) **36** 變異數及貝它係數都可用來衡量風險，兩者不同之處在於： (A)貝它係數衡量系統及非系統風險 (B)貝它係數只衡量系統風險，但變異數衡量總風險 (C)貝它係數只衡量非系統風險，但變異數衡量總風險 (D)貝它係數衡量系統及非系統風險，但變異數只衡量系統風險。

(　　) **37** 有關資本市場線（CML）與證券市場線（SML）之風險衡量指標的 敘述何者「正確」？　(A)CML是用系統風險，SML是用非系統風 險　(B)CML是用總風險，SML是用非系統風險　(C)CML是用非系 統風險，SML是用總風險　(D)CML是用總風險，SML是用系統風 險。

(　　) **38** 若市場投資組合之預期報酬率與報酬率變異數分別為12%與16%， 甲為一效率投資組合，其報酬率變異數為25%，當無風險利率為 6%，則甲之預期報酬率則為：　(A)13.50%　(B)14.25%　(C)15% (D)16.25%。

(　　) **39** 在CAPM模式中，若已知甲股票的預期報酬率為16.5%，甲股票的 貝它（Beta）係數為1.1，目前無風險利率為5.5%，則市場風險溢酬 為：　(A)8%　(B)9%　(C)10%　(D)11%。

( ) **40** 有四種投資組合的報酬與風險如下，甲組合：（8%, 7%）、乙組合：（9%,7%）、丙組合：（10%, 8%）、丁組合：（11%, 8%）。其中括弧內第一項為期望報酬率，第二項為標準差。哪些資產組合可確定不是落在效率前緣上？　(A)僅甲組合　(B)甲與乙組合　(C)甲與丙組合　(D)甲、乙、丙組合。

( ) **41** 長期而言，影響投資組合報酬率的主要因素是哪項投資決策：(A)證券選擇決策　(B)選時決策　(C)資產配置決策　(D)波段操作決策。

( ) **42** 有關經理人選股能力的敘述，何者「正確」？
(A)根據所研究的總體經濟，判斷股市進場時機
(B)根據所研究的個別股票資訊，找出股價被低估的股票並加碼投資
(C)經理人根據對未來景氣狀況的判斷，調整股債市投資部位
(D)經理人採取被動式的管理方式，而可以擊敗大盤表現的能力。

( ) **43** 對一小額投資者而言，欲挑選一種基金進行投資，其評估基金績效之方法，應以何種績效指標最為合適？　(A)夏普（Sharpe）績效指標　(B)崔納（Treynor）績效指標　(C)詹森（Jensen）績效指標(D)選項(A)(B)(C)皆非。

( ) **44** 被動式（Passive）投資組合管理目的在：
(A)運用隨機選股策略，選取一種股票，獲取隨機報酬
(B)運用分散風險原理，找出效率投資組合，獲取正常報酬
(C)運用選股能力，找出價格偏低之股票，獲取最高報酬
(D)運用擇時能力，預測股價走勢，獲取超額報酬。

( ) **45** 利用過去報酬計算出國內共同基金J的β值等於1，崔納指標（Treynor's Index）等於3%，簡生阿爾發（Jensen's Alpha）為1%。同時又利用過去同期間報酬計算出國內共同基金K的β值等於1.2，崔納指標等於2.5%，試計算共同基金K的簡生阿爾發為多少？
(A)0.4%　(B)0.6%　(C)0.8%　(D)1.0%。

( ) **46** 何種共同基金的風險較高？　(A)收益型基金　(B)成長型基金(C)債券型基金　(D)保本型基金。

(　　) **47** 投資指數型基金之優點是：　(A)可規避市場風險　(B)可獲取額外高報酬　(C)可分散非系統風險　(D)選項(A)(B)(C)皆是。

(　　) **48** 下列何種資產的投資風險最高？　(A)股價指數　(B)小型股　(C)公債指數　(D)期貨。

(　　) **49** 在其他條件不變下，轉換期間愈長之可轉換公司債，其價值會：(A)愈低　(B)愈高　(C)不變　(D)無從得知。

(　　) **50** 假設一個履約價格為\$50的買權（Call Option），其市場價格等於\$2，而標的股價目前為\$45，則下列敘述何者正確？(A)該買權的內含價值（Intrinsic Value）等於\$3　(B)標的股價至少會上漲到\$52　(C)買權投資人已經獲利\$5　(D)該買權的時間價值（Time Value）等於\$2。

解答與解析　答案標示為#者，表官方曾公告更正該題答案。

1 **(C)**。資本市場的工具：公司債、公債。貨幣市場的工具：國庫券、銀行承兌匯票。

2 **(D)**。臺灣採購經理人指數係參考美國ISM（Institute for Supply Management, ISM）編製方法，指標的發布單位是國家發展委員會。調查範圍包括製造業與非製造業。

3 **(C)**。$30 \times 10\% \times 1.3 = 1.3$（元），$\dfrac{1.3}{4.5} = 0.8667$。

4 **(C)**。整戶維持率 $= \dfrac{融資股票新市價+融資保證金+融券放空價}{融資金額+融資股新市價} = \dfrac{50+230+207}{33+240}$
$= 178\%$。

5 **(A)**。以國庫券的利率代表無風險利率。

6 **(D)**。ENT只可以用現金申購贖回，ETF可以用實物或現金申購贖回。

7 **(C)**。若票面利率>殖利率，則債券的價格>債券的面值，即溢價有正的資本利得。

8 **(A)**。溢價發行：票面利率>殖利率，票面利率越高，存續期間越短。

9 **(B)**。債權人為防止債務公司之財務結構惡化，可以訂立限制公司再舉債的保護條款。

10 (A)。票面利率：$\dfrac{8000}{100000}=8\%$，面額$=100000>$市價$=95000$折價發行，故殖利率$>$票面利率。

11 (D)。由 本金×利率×期數＝利息，令利率$=$x，則$995\times x\times\dfrac{60}{365}=1,000-995$，得x$=0.061759$。

12 (B)。利率下跌，則債券的價格上升，故有可能贖回舊債，後再發行新債。

13 (A)。利率和債券價格呈反向關係，若預期未來市場利率將上升，則未來債券的價格將會下跌，所以可以出售國庫券期貨。

14 (B)。由 本金$\times(1+$利率$)^n$，n$=$期數，$100,000\times(1+4.5\%)^3=114,117$（元）。

15 (A)。信評低的債券為吸引投資人的購買，通常其殖利率都高於信評高的債券殖利率。

16 (D)。由 高登模式：$P_0=\dfrac{D_1}{r-g}=\dfrac{D_0(1+g)}{r-g}$

式中：P_0：股價現值，D_0：期初每股股利，D_1：第一期每股股利，

r：股票要求之報酬率，g：股利成長率。

依題意：估計股票之價值，較不需要考慮銷貨成長率。

17 (C)。由 高登模式：$P_0=\dfrac{D_0(1+g)}{r-g}$，已知g$=0$，$D_0=4$，r$=10\%$，

則$P_0=\dfrac{4(1+0)}{10\%-g}=40$（元）。

18 (A)。OBOS（買超或賣超）是市場寬幅技術指標。

19 (A)。D線代表：慢速隨機指標。

20 (D)。ADR$=\dfrac{上漲家數}{下跌家數}$，若ADR愈大，表示上漲家數大於下跌家數，市場正處於超買，應考慮出脫股票。

21 (A)。DIF$=$EMA(12)$-$EMA(26)，式中EMA(12)：12日指數移動平均線，EMA(26)：26日指數移動平均線。

MACD$=$EMA（DIF, 9），式中EMA（DIF, 9）表示DIF的9日指數移動平均線。所以，MACD指標最初是由DIF與MACD兩條線組成的，DIF（快）短期，判斷股價趨勢的變化。MACD（慢）長期，判斷股價大趨勢，後來才加入柱狀圖，柱狀圖是用DIF-MACD所繪製。

22 (B)。KD指標又稱隨機指標，是由K值和D值所組成的兩條線，「當股價上漲時，當日的收盤價總是朝向當日價格波動最高價接近；反之，當股價下跌時，當日收盤價總是朝向當日價格波動最低價接近。」

23 (A)。股價與移動平均線的距離稱為「乖離率」，如果股價距離均線較遠，即乖離率過大，則股價很容易拉回，即靠向移動平均線。

24 (D)。股價K線有長長上影線，表示有壓力，即開高後走低，賣壓沉重，不是好的買點。

25 (B)。失業率 $= \dfrac{失業人口}{勞動力} = \dfrac{失業人口}{失業人口+就業人口}$。

26 (D)。當公司的資產報酬率小於加權平均資金成本時，在金融市場的投資人，認為在承擔相同的風險情況下，不如投資其他的公司，即該公司的股票將乏人問津，造成公司的總盈餘是成長的，而企業價值（依股票價格計算的市值）反而愈小。

27 (A)。具有替代作用，大廠的訂單將被轉到小廠，使得小廠的獲利上升。

28 (D)。由 $M_{1A}=$ 通貨淨額＋支票存款＋活期存款。
$M_{1B}=M_{1A}+$活期儲蓄存款。
$M_2=M_{1B}+$準貨幣，當支票存款增加，將使M_{1A}、M_{1B}、M_2都增加。

29 (A)。「股價指數」是臺灣景氣指標的「領先指標」。

30 (C)。發行普通公司債是舉債行為，不會影響原股東股權比例。

31 (B)。股息：$\dfrac{600（萬）\times 50\%}{100（萬）}=3（元）$
期望報酬：$50\times 1,000股\times(1+40\%)=70,000$
$70,000=3,000+(x\times 1,000)$，得$x=67$（元）

32 (B)。若成分股有變更交易方法、停止買賣、終止上市等情事而刪除時，將不予遞補，故在定期審核以外期間的成分股數目可能不足100檔。

33 (C)。加權股價指數 $= \dfrac{當期總發行市值}{基期總發行市值}\times 100\%$
式中當期總發行市值＝股數×當期市場價格。基期總發行市值＝股數×基期市場價格。

34 (B)。當$\rho_{甲,乙}=1$
$\sigma_P=\sqrt{w_1^2\sigma_甲^2+w_2^2\sigma_乙^2+2w_1w_2\rho_{甲,乙}\sigma_甲\sigma_乙}=\sqrt{(w_1\sigma_甲+w_2\sigma_乙)^2}=w_1\sigma_甲+w_2\sigma_乙$。

35 (B)。由$\rho_{甲,乙}=\dfrac{cov(甲,乙)}{\sigma_甲\sigma_乙}$，$0.5=\dfrac{cov(甲,乙)}{0.3\times0.2}$，得$cov(甲,乙)=0.03$。

36 (B)。以變異數或標準差表示總風險，而總風險＝系統風險＋非系統風險，貝它係數表示系統風險。

37 (D)。CML的橫軸表示總風險，SML的橫軸表示系統風險。

38 (A)。由CML：$r_甲=r_f+\dfrac{r_M-r_f}{\sigma_M}\times\sigma_甲$，已知$r_f=6\%$，$\sigma_M=\sqrt{16\%}$，$r_M=12\%$，

$\sigma_甲=\sqrt{25\%}$，即$r_甲=6\%+\dfrac{12\%-6\%}{\sqrt{16\%}}\times\sqrt{25\%}=0.135$。

39 (C)。由CAPM：$r_甲=r_f+(E(r_m)-r_f)\times\beta_甲$，已知$r_甲=16.5\%$，$r_f=5.5\%$，$\beta_甲=1.1$，即$16.5\%=5.5\%+(E(r_m)-r_f)\times1.1$，得$E(r_m)-r_f=10\%$。

40 (C)。甲和乙在相同的標準差7%，最大的期望報酬是9%，即乙組合。
丙和丁在相同的標準差8%，最大的期望報酬是11%，即丁組合。
所以，甲和丙並非效率投資組合，故不會落在效率前緣上。

41 (C)。影響投資組合報酬率的主要因素是資產配置決策。

42 (B)。選股能力是找出股價被市場低估的股票，並加碼投資。

43 (A)。僅挑選一種基金進行投資，無法經由投資組合分散非系統風險，故應考慮總風險，所以可以選夏普（Shape）績效指標。

44 (B)。被動式投資組合管理是運用分散風險原理，找出效率投資組合，獲取正常報酬。

45 (B)。已知$\alpha_J=R_J-(R_f+(R_m-R_f)\times\beta_J)$，式中$\beta_J=1$，$\dfrac{R_J-R_f}{\beta_J}=3\%$，$\alpha_J=1\%$，

代入上式得$1\%=(R_J-R_f)-(R_m-R_f)\times1$，$1\%=3\%-(R_m-R_f)$，即$R_m-R_f=0.02$，

已知$\alpha_K=R_K-(R_f+(R_m-R_f)\times\beta_K)$，式中$\beta_K=1.2$，$\dfrac{R_K-R_f}{\beta_K}=2.5\%$，$R_m-R_f=0.02$，

代入上式$\alpha_K=(R_K-R_f)-(R_m-R_f)\times\beta_K$，即$\alpha_K=2.5\%\times1.2-(0.02)\times1.2$，
故$\alpha_K=0.006$。

46 (B)。成長型的基金投資的標的，是成長型公司的股票，其股票價格波動大，故該基金的風險較高。

47 (C)。指數型基金是根據所選定指數的採樣股票成分與比重決定該基金投資組合之個股的成分與比重，所以可以分散非系統風險。

48 (D)。期貨的價格波動最大，故投資風險最高。

49 (B)。轉換期間愈長之可轉換公司債，其價值愈高。公司債的轉換價值＝轉換比例×股價，其中轉換比例＝$\dfrac{債券面額}{轉換價格}$，因轉換比例是事先約定好的，所以會影響轉換價值的是股價，若股價上升，則公司轉換價值增加，如果轉換期間愈長，未來股價上升的機會較大，故轉換價值愈高。

50 (D)。買權的時間價值＝市場價格－內含價值，已知履約價格為50，標的股價為45，所以內含價值為0，而市場價格為2，故時間價值＝2－0＝0

財務分析

（　　）**1** 趨勢分析最常用的基期是：　(A)固定基期　(B)變動基期　(C)最大基期　(D)平均基期。

（　　）**2** 在分析財務報表時，債權人最終目的為：　(A)瞭解企業未來的獲利能力　(B)瞭解企業的資本結構　(C)瞭解債務人是否有能力償還本息　(D)瞭解企業過去的財務狀況。

（　　）**3** 全智公司購買商品存貨均以現金付款，銷貨則採賒銷方式，該公司本年度之存貨週轉率為12，應收帳款週轉率為15，則其營業循環約為：（假設一年以365天計）　(A)13.5天　(B)54.7天　(C)30.4天　(D)24.3天。

（　　）**4** 設流動比率為3:1，速動比率為1:1，如以部分現金償還應付帳款，則：　(A)流動比率下降　(B)流動比率不變　(C)速動比率下降　(D)速動比率不變。

（　　）**5** 下列哪一項目在財務報表中是列為資產或負債的附加科目？(A)累計折舊　(B)備抵損失　(C)處分廠房設備利益　(D)應付公司債溢價。

（　　）**6** 南投公司年底有批賒購的進貨漏未入帳，但期末存貨盤點正確，則該批進貨未入帳對當期財務報表之淨利、銷貨成本、應付帳款及保留盈餘影響各為何：　(A)高估、低估、低估、高估　(B)低估、高估、高估、低估　(C)高估、低估、高估、低估　(D)低估、高估、低估、高估。

( ) **7** 四方公司將一部新機器的報稅折舊方法由直線法改為年數合計法，但會計帳上未改變方法，則在剛開始折舊時： (A)純益增加 (B)營運現金流量增加 (C)現金減少 (D)選項(A)(B)(C)皆非。

( ) **8** 依我國企業實務上慣用歸類方式，下列何者不屬營業活動的現金流量？（調整項目亦屬之） (A)商品應收帳款減少數 (B)建築物折舊費 (C)收到現金股利 (D)選項(A)(B)(C)皆屬營業活動。

( ) **9** 在間接法編製的現金流量表中，應單獨揭露哪些項目之現金流出？ (A)利息支付金額 (B)所得稅支付金額 (C)選項(A)、(B)都需揭露 (D)在間接法之下，現金流量表不應出現任何現金支付的項目。

( ) **10** 現金流量表上最能衡量企業繼續經營能力的資訊為何？ (A)來自營業活動之現金流量 (B)來自投資活動之現金流量 (C)來自籌資活動之現金流量 (D)不影響現金之投資活動或籌資活動。

( ) **11** 投資公司擁有被投資公司40%股權，其投資成本與股權淨值之差額，在投資公司之資產負債表上應： (A)列為「商譽」 (B)列為「股權投資產生之商譽」 (C)包括於「股權投資」中 (D)列為「成本與股權淨值之差異」。

( ) **12** 股票發行溢價列為： (A)負債 (B)資產之減項 (C)權益 (D)利益。

( ) **13** 已知某公司的稅後淨利為$5,395,000，所得稅率為17%，當期的利息費用$500,000，則其利息保障倍數為： (A)13.5倍 (B)9.24倍 (C)10倍 (D)14倍。

( ) **14** 淨值為正之公司，以現金償還5年到期之公司債，將使權益比率： (A)降低 (B)提高 (C)不變 (D)不一定。

( ) **15** 苗栗公司X9年之權益比率為25%、權益報酬率為20%，另外，資產週轉率為1。試問苗栗公司X9年之淨利率為何？ (A)1% (B)5% (C)20% (D)10%。

( ) **16** 某公司的權益報酬率為15%，$\frac{\text{負債}}{\text{權益比}}$為0.8，則總資產報酬率為： (A)7.78% (B)8% (C)8.33% (D)12%。

( ) **17** 某公司去年度淨進貨200萬元,進貨運費60萬元,期末存貨比期初存貨多出50萬元,該公司的銷貨毛利為銷貨的25%,營業費用有20萬元,問去年度該公司的銷貨收入為多少? (A)200萬元 (B)262.5萬元 (C)280萬元 (D)300萬元。

( ) **18** 大西洋企業今年度銷貨成本是26億元,營業費用是14億元,屬固定性質之成本總額是22億元,營業利益、營業外收入費用、所得稅與淨利都是0元,則以下哪一個數字會最接近其變動成本總額? (A)34億元 (B)3億元 (C)18億元 (D)4億元。

( ) **19** 太原公司最近由國外進口自動化機器一台,發票金額為$500,000,進口關稅$100,000,太原公司並支付了貨櫃運費$70,000,此機器估計耐用年限為8年、殘值為$20,000,請問此機器的可折舊成本為多少? (A)$650,000 (B)$670,000 (C)$480,000 (D)$81,250。

( ) **20** 銅鑼公司在X1年銷售了18,000個產品,每個產品售價為95元,每單位之變動成本為55元,固定成本為220,000元,請問銅鑼公司之營運槓桿程度約為: (A)2.7 (B)4 (C)3.2 (D)1.44。

( ) **21** 採用權責基礎記帳,期末應將當期應負擔之費用由下列何者轉為費用: (A)資產 (B)負債 (C)權益 (D)收入。

( ) **22** 雪霸傢俱公司以$25,000賣出成本$24,000的沙發一組,買主立即付現,請問此交易對公司的影響為何? (A)銷貨收入增加,毛利對銷貨的比率提高 (B)銷貨毛利增加,存貨減少 (C)資產增加,負債增加 (D)營業外收入增加,營業利潤不變。

( ) **23** 芳鄰公司X0、X1年營業利益分別為$45,000、$55,000,X0、X1年普通股股數相同,X1年利息支出為$5,000,兩年稅率皆為17%,試問X1年財務槓桿度為何? (A)1.1 (B)0.9 (C)1 (D)選項(A)(B)(C)皆非。

( ) **24** 某企業的營業利益率為產業之冠,而淨利卻敬陪末座,可能的原因為何? (A)該企業所生產的產品附加價值太低 (B)該企業為了開發高利潤產品,發生大筆研究發展費用 (C)該企業依賴鉅額借入款擴充設備 (D)因為經濟不景氣,該公司有嚴重滯銷。

( ) **25** 社頭公司106年發放股票股利，會使得該年速動比率如何變動？
(A)增加　(B)減少　(C)不變　(D)不一定。

( ) **26** 小林公司X1年初流通在外普通股股數為60,000股。該公司X1年初
另有按面額發行之6%可轉換公司債3,500張，每張面額$100，每張
公司債可轉換為3股普通股，X1年無實際轉換發生。X1年度淨利為
$700,000，稅率為20%，則小林公司X1年度之稀釋每股盈餘約為：
(A)$5.13　(B)$8.23　(C)$5.63　(D)$10.17。

( ) **27** 甲公司產業循環為成長期，而乙公司產業循環為成熟期，資本結構
相同下，則甲公司的本益比應較如何？
(A)低　(B)高　(C)相等　(D)沒影響。

( ) **28** 由經濟的角度來看，公司購買自己的股票最像：　(A)發行新股
(B)支付股票股利　(C)支付現金股利　(D)股票分割。

( ) **29** 一般來說，我們會用統計上的迴歸方法來估計：　(A)無風險利率
(B)股票報酬率之共變數　(C)股票之貝它係數　(D)股票報酬率之變
異數。

( ) **30** 企業無法支付舉債利息或償還本金之風險稱為：
(A)購買力風險　(B)企業風險　(C)市場風險　(D)財務風險。

( ) **31** 假設你投資300萬於某一檔股票，3年來的報酬率分別為3%、−8%、
+15%，3年後總共的報酬率為：　(A)13%　(B)8.97%　(C)13.85%
(D)11.78%。

( ) **32** 關於投資計畫投資成本之決定，下列何者不正確？　(A)應考慮機會
成本　(B)應考慮投資成本　(C)應考慮重置成本　(D)應考慮沉沒成
本。

( ) **33** 金融證券發行之市場稱為：　(A)初級市場　(B)次級市場　(C)三級
市場　(D)基本市場。

( ) **34** 假設租賃的出租人在訂定租金時是使其淨現值為0，當其他一切不變
時，當出租人的稅率下降，則租賃對於承租人的價值將：　(A)下降
(B)增加　(C)不變　(D)無法斷定。

( ) **35** 在作資本預算決策時採用蒙地卡羅模擬的好處在於讓我們更能夠：
(A)評估一投資方案之風險　(B)預測未來之現金流量　(C)將未來變數間的關係納入模型中　(D)選項(A)(B)(C)皆是。

( ) **36** 將某一金額以下的支出一律作為費用支出，是合乎：
(A)可驗證性　(B)一致性原則　(C)成本原則　(D)重大性原則。

( ) **37** 企業之主要財務報表為綜合損益表、資產負債表、權益變動表及現金流量表，其中動態報表有幾種：　(A)一種　(B)二種　(C)三種　(D)四種。

( ) **38** 甲公司期末盤點存貨時，並未將寄銷於乙公司的存貨列入，下列何者正確？　(A)銷貨成本將被低估　(B)銷貨收入將被高估　(C)銷貨毛利將被低估　(D)銷貨收入與成本都不受影響。

( ) **39** 麥芬公司採應收帳款帳齡分析法估計壞帳，預計當年度壞帳為應收帳款餘額的8%。該年年底應收帳款餘額為$200,000，而備抵損失為貸方餘額$3,000，則當年度壞帳費用為：　(A)$8,000　(B)$10,000　(C)$13,000　(D)$19,000。

( ) **40** 新城公司將2個月期，年利率8%，面額$480,000的應收票據一紙，持往花奇銀行申請貼現，該票據在貼現時，尚有1個月到期。貼現時收到現金$481,536，則其貼現率應為：　(A)9%　(B)10%　(C)11%　(D)12%。

( ) **41** 針對單一產品，就產品生命週期與其相關而產生現金流量關係描述，下列何者為非？　(A)產品上市初期，有大量來自籌資活動的現金　(B)產品成熟期，營運活動現金可能達到最大　(C)理財資金隨產品週期演變呈現出一個先降後升的曲線　(D)在產品上市初期，投資活動現金流量為負的可能性很高。

( ) **42** 台東公司X1年銷貨收入淨額為$3,200,000，銷貨毛利為$800,000；年初應收帳款$2,400,000，存貨$2,560,000，應付帳款$800,000；而年底應收帳款$1,920,000，存貨$2,880,000，應付帳款$480,000，請問台東公司X1年度支付給供應商的現金數額為：
(A)$1,760,000　(B)$2,720,000　(C)$3,040,000　(D)$3,200,000。

( ) **43** 永盛公司109年底，調整後有關機器之資料為：成本$500,000，累計折舊$400,000，估計使用年限為6年，且無殘值，採用直線法提折舊。110年初加以翻修共花費$100,000，估計自110年初起可再使用8年無殘值，則110年度折舊費用為何？　(A)$20,000　(B)$18,750　(C)$15,000　(D)$25,000。

( ) **44** 下列何種折舊方法所計算之第一年之折舊費用最大？　(A)直線法　(B)年數合計法　(C)雙倍數餘額遞減法　(D)不一定，視耐用年限而有不同。

( ) **45** 萬能公司擁有百全公司90%股權且無購買溢價，並採完全權益法處理其投資。若萬能公司與百全公司之合併損益表上控制權益淨利益為X，萬能公司本身之損益表上淨利為Y，則：　(A)X＞Y　(B)X＝Y　(C)X＜Y　(D)選項(A)(B)(C)皆非。

( ) **46** 因為新臺幣大幅貶值，奇奇皮鞋進口的高級女鞋每雙成本增加200元，故皮鞋被迫每雙售價也提高200元，在該鞋店的固定成本不變的情況下，請問此舉會造成該店的：　(A)邊際貢獻金額增加　(B)邊際貢獻金額減少　(C)邊際貢獻比率不變　(D)損益兩平的皮鞋銷售件數不變。

( ) **47** 華X電子（非金融業）之利息收入應列為：　(A)營業收入　(B)營業外收入　(C)特殊損益　(D)選項(A)(B)(C)皆可。

( ) **48** 臺灣上市公司資產負債表的權益部分，如果有「累積換算調整數」之科目，則表示：　(A)該公司與客戶或供應商間的交易是以外幣計價　(B)該公司股東匯入資本有部分是以外幣匯入　(C)該公司股票有在海外市場發行　(D)該公司擁有海外子公司，且該子公司資料包括於合併報表中。

( ) **49** 市場預期下一年度波士頓公司每股稅後盈餘為10元，計畫以40%之股利支付比率發放現金股利，預期未來公司盈餘與股利每年成長率為13%，直到永遠，市場對該公司所要求的報酬率是25%，該公司股票的合理價值應最接近：　(A)22.5元　(B)20元　(C)40元　(D)33.3元。

(　　) **50** 下列敘述何者是盈餘操縱動機？　(A)逃漏稅　(B)維持良好的產業關係　(C)增加管理人員的薪資紅利　(D)選項(A)(B)(C)皆可能是。

解答與解析　答案標示為#者，表官方曾公告更正該題答案。

1 **(A)**。財報分析之工具分成動態分析與靜態分析，而動態分析又區分成比較分析和趨勢分析，其中趨勢分析：係就連續年度之財務報表中選定一期為基期。

2 **(C)**。短期債權人關心企業借款的短期償還能力，長期債權人關心債務人是否有能力償還本息。

3 **(B)**。營業週期＝應付帳款付現期間＋應收帳款收現期間

$$= \frac{365}{12} + \frac{365}{15} = 54.74。$$

4 **(D)**。流動比率＝$\frac{流動資產}{流動負債} = \frac{3}{1} = \frac{6}{2}$，速動比率＝$\frac{速動資產}{流動負債} = \frac{1}{1} = \frac{3}{3}$，

當6>2，以現金償還應付帳款，6−1>2−1，5>1，流動比率＝$\frac{5}{1}$，流動比率上升；

當3＝3，以現金償還應付帳款，3−1＝3−1，2＝2，速動比率＝$\frac{2}{2}=1$。

5 **(D)**。應付公司債需以面額表示，加上應付公司債溢價，總數為應付公司債的帳面價值。

6 **(A)**。進貨低估，但期末存貨盤點正確。
由 銷貨成本＝期初存貨＋本期進貨−期末存貨，
則本期銷貨成本高估→本期損益高估→保留盈餘高估。
此外，應付帳款低估。

7 **(B)**。當年度由直線法改為年數合計法，將使折舊費用提高，計算來自營業的現金流量時，並未動用到現金支付，故需從淨利加回，將使當期的營運現金流量增加。

8 **(D)**。
(A)應收帳款減少，將使營業活動的現金增加。
(B)折舊費提列，將使營業活動的現金增加。
(C)收到現金股利，將使營業活動的現金增加。

9 **(C)**。間接法編製的現金流量表中，應單獨揭露利息支付金額，所得稅支付金額的現金流出。

10 (A)。最能衡量企業繼續經營能力的資訊是來自營業活動之流量。

11 (C)。投資公司擁有被投資公司40%股權，應按權益法處理，被投資公司有盈餘，投資公司應按持股比例（40%）認列投資收益，即增加長期股權的金額。

12 (C)。股票發行溢價，列資本公積－普通股溢價，是放在「權益」項目。

13 (D)。利息保障倍數 $= \dfrac{稅前淨利+利息費用}{利息費用} = \dfrac{5,395,000 \div (1-17\%) + 500,000}{500,000}$

$= 14$（倍）。

14 (B)。權益比率 $= \dfrac{股東權益總額}{資產總額}$，以現金償付5年到期之公司債，將使資產和負債等額減少。權益比率上升。

15 (B)。股東權益報酬率＝純益率×總資產週轉率×權益乘數，

20%　　$=$純益率$\times$　　1　　$\times$　　$\dfrac{1}{25\%}$　　，得 純益率$=5\%$

16 (C)。由 $\dfrac{負債}{權益}=0.8$，負債+權益$=1$，故權益$=\dfrac{1}{1.8}$，

股東權益報酬率 $= \dfrac{稅後淨利}{權益} = 15\%$，得 稅後淨利$=15\% \times \dfrac{1}{1.8}$，

總資產報酬率 $= \dfrac{稅後淨利}{資產} = \dfrac{稅後淨利}{負債+權益} = \dfrac{15\% \times \dfrac{1}{1.8}}{1} = 8.33\%$

17 (C)。銷貨成本＝期初存貨+進貨+進貨運費－期末存貨

$=$進貨+進貨運費$-($期末存貨$-$期初存貨$)=200+60-50=210$

銷貨毛利率 $= \dfrac{銷貨毛利}{銷貨收入} = \dfrac{25}{100}$，$1-$銷貨毛利率＝銷貨成本率，即$1-\dfrac{25}{100}=\dfrac{75}{100}$，

銷貨成本率 $= \dfrac{銷貨成本}{銷貨收入} = \dfrac{75}{100}$，即$\dfrac{210}{銷貨收入}=\dfrac{75}{100}$，得 銷貨收入$=280$。

18 (C)。總成本＝變動成本+固定成本，即$26+14=$變動成本$+22$，得 變動成本$=18$。

19 (A)。機器成本＝發票金額+進口關稅+運費

$=500,000+100,000+70,000=670,000$，

可折舊成本＝機器成本－殘值$=670,000-20,000=650,000$。

20 (D)。營業槓桿度$=\dfrac{邊際貢獻}{邊際貢獻-固定成本}=\dfrac{售價-變動成本}{售價-變動成本-固定成本}$

$$=\dfrac{95-55}{95-55-\dfrac{220,000}{18,000}}=1.44 。$$

21 (A)。例如：預付費用乃資產項下，期末由預付費用轉為費用。

22 (B)。分錄如下：

$\begin{cases} 現金 \quad\quad\quad 25,000 \\ \quad 銷貨收入 \quad\quad 25,000 \end{cases}$　$\begin{cases} 銷貨成本 \quad\quad 25,000 \\ \quad 存貨 \quad\quad\quad\quad 25,000 \end{cases}$

銷貨毛利=銷貨收入-銷貨成本=25,000-24,000=1,000，

故銷貨收入增加25,000，銷貨毛利增加1,000，存貨減少24,000。

23 (A)。財務槓桿$=\dfrac{EBIT}{EBIT-利息費用}=\dfrac{55,000}{55,000-5,000}=1.1 。$

24 (C)。稅前淨利=營業利益+營業外收入-營業外費用，當營業外費用提高，將使稅前淨利減少，而營業外費用，包括投資損失、處分資產損失、利息費用等。

25 (C)。宣告發放股票股利的分錄：$\begin{cases} 保留盈餘 \quad\quad XXX \\ \quad 待分配股票股利 \quad\quad\quad\quad XXX \\ \quad 資本公司-普通股溢價 \quad\quad XXX \end{cases}$

由 速動比率$=\dfrac{速動資產}{流動負債}$，故速動比率不受影響。

26 (D)。稀釋的每股盈餘$=\dfrac{700,000+3,500\times100\times6\%\times(1-20\%)}{60,000+3,500\times3}=10.167 。$

27 (B)。成長期的產業其本益比高於成熟期的產業。所以在相同的每股盈餘，其合理股價較高。

28 (C)。庫藏股買回的分錄：$\begin{cases} 庫藏股 \\ \quad 現金 \end{cases}$，庫藏股是股東權益的減項。

發放現金股利的分錄：$\begin{cases} 保留盈餘 \\ \quad 現金 \end{cases}$，保留盈餘減少是股東權益的減項。

29 (C)。在市場模式$R_i=\alpha_0+\beta R_m$，即個別股票的報酬率可由市場投資組合報酬率來解釋，利用迴歸方法，估計α_0和β，其中β為系統風險。

30 (D)。 企業無法支付舉債利息或償還本金的風險為「違約風險」即「財務風險」。

31 (B)。 3年的總報酬率$= 1 - (1 + 3\%)(1 - 8\%)(1 + 15\%) = 1 - 1.08974 = 0.08974$。

32 (D)。 沉沒成本非攸關成本，故作投資決策不予考慮。

33 (A)。 金融證券的發行市場稱為初級市場。

34 (A)。 出租人的稅率下降，則每期租金下降，而最低租賃給付＝每期租金＋保證殘值。故最低租賃給付也下降。

35 (D)。 採蒙地卡羅模擬的好處是可評估投資方案的風險，預測未來的現金流量，將未來變數間的關係納入模型中。

36 (D)。 將某一金額以下的支出一律作為費用支出，是合乎重大性原則。

37 (C)。 動態報表是指衡量某一段期間的報表，有綜合損益表、權益變動表、現金流量表三種。

38 (C)。 由 銷貨成本＝期初存貨＋進貨－期末存貨，
若期末存貨低估，則銷貨成本高估→銷貨毛利低估。

39 (C)。 年底的備抵損失為$200,000 \times 8\% = 16,000$，而備抵損失為貸餘3,000，
故當年度的壞帳費用為$16,000 - 3,000 = 13,000$。

40 (D)。 到期值：$480,000 + 480,000 \times 8\% \times \dfrac{2}{12} = 486,400$，
貼現息＝到期值－貼現金額$= 486,400 - 481,536 = 4,864$，
貼現息$= 468,400 \times x \times \dfrac{1}{12} = 4,864$，得$x = 12\%$

41 (C)。 來自理財的資金隨產品生命週期由導入期→成長期→成熟期→衰退期，呈現先升後降的曲線。

42 (C)。 銷貨成本＝銷貨淨額－銷貨毛利$= 3,200,000 - 800,000 = 2,400,000$，
由銷貨成本＝期初存貨＋進貨－期末存貨，
故$2,400,000 = 2,560,000 + 進貨 - 2,880,000$，得進貨$= 2,720,000$，
由期初應付＋進貨－付現＝期末應付，即$800,000 + 2,720,000 - 付現 = 480,000$，
得付現$= 3,040,000$。

43 (D)。 每年折舊$= \dfrac{500,000 - 400,000 + 100,000}{8} = 25,000$。

44 (C)。 三種折舊方法中，第一年折舊費用最大為雙倍餘額遞減法。

45 (B)。萬能公司對百合公司具有控制能力,需編制合併財務報表。
合併損益＝母公司淨利,即X＝Y。

46 (D)。損益兩平銷售量(Q)＝$\dfrac{TFC}{P-V}=\dfrac{TFC}{P+200-(V+20)}=\dfrac{TFC}{P-V}$,故損益兩平銷

售量(Q)件數不變。

47 (B)。營業外收入有投資收益、處分資產利益、利息收入。

48 (D)。「累積換算調整數的產生」:
(1)在國外轉投資事業及分支機構。
(2)長期投資性質的外幣墊款。
(3)規避國外淨投資風險所訂的外匯買賣合約。

49 (D)。由高登模式,股價＝$\dfrac{股利}{要求報酬率-股利成長率}=\dfrac{10\times40\%}{25\%-13\%}=33.3$。

50 (D)。盈餘操縱:管理當局出於某種動機,例如:逃漏稅、維持良好的產業關係、增加管理人員的薪資紅利。

NOTE

信託業務 | 銀行內控 |
初階授信 | 初階外匯 |
理財規劃 | 保險人員推薦用書

千華出品
有口皆碑

2F021121	初階外匯人員專業測驗重點整理+模擬試題	蘇育群	近期出版
2F031111	債權委外催收人員專業能力測驗重點整理+模擬試題	王文宏 邱雯瑄	470元
2F041101	外幣保單證照 7日速成	陳宣仲	430元
2F051111	無形資產評價師(初級、中級)能力鑑定速成	陳善	460元
2F061111	證券商高級業務員(重點整理+試題演練)	蘇育群	650元
2F071111	證券商業務員(重點整理+試題演練)	金永瑩	590元
2F081101	金融科技力知識檢定(重點整理+模擬試題)	李宗翰	390元
2F091101	風險管理基本能力測驗一次過關	金善英	470元
2F101121	理財規劃人員專業證照10日速成	楊昊軒	390元
2F111101	外匯交易專業能力測驗一次過關	蘇育群	390元

2F141121	防制洗錢與打擊資恐(重點整理+試題演練)	成琳	630元
2F151111	金融科技力知識檢定主題式題庫(含歷年試題解析)	黃秋樺	390元
2F161111	防制洗錢與打擊資恐7日速成	艾辰	530元
2F171111	14堂人身保險業務員資格測驗課	陳宣仲 李元富	410元
2F181111	證券交易相關法規與實務	尹安	590元
2F191121	投資學與財務分析	王志成	570元
2F621111	信託業務專業測驗考前猜題及歷屆試題	龍田	590元
2F791111	圖解式金融市場常識與職業道德	金融編輯小組	410元
2F811121	銀行內部控制與內部稽核測驗焦點速成+歷屆試題	薛常湧	590元
2F851101	信託業務人員專業測驗一次過關	蔡季霖	650元
2F861101	衍生性金融商品銷售人員資格測驗一次過關	可樂	430元
2F881121	理財規劃人員專業能力測驗一次過關	可樂	近期出版
2F901121	初階授信人員專業能力測驗重點整理+歷年試題解析 二合一過關寶典	艾帕斯	560元
2F911101	投信投顧相關法規(含自律規範)重點統整+歷年試題 解析二合一過關寶典	陳怡如	470元
2F951101	財產保險業務員資格測驗(重點整理+試題演練)	楊昊軒	490元
2F121121	投資型保險商品第一科7日速成	葉佳洺	590元
2F131121	投資型保險商品第二科7日速成	葉佳洺	近期出版
2F991081	企業內部控制基本能力測驗(重點統整+歷年試題)	高瀅	450元

千華數位文化股份有限公司

■新北市中和區中山路三段136巷10弄17號 ■千華公職資訊網 http://www.chienhua.com.tw
■TEL: 02-22289070 FAX: 02-22289076

銀行&金融基測招考

名額多・考科少・易準備・薪資高・福利好・前途佳

【本系列叢書特色】

切中命題・名師編著・囊括重點・
解說詳盡・易懂易記

銀行系列

2G031091	搶救銀行國文特訓	徐弘縉	590元
2G041091	邏輯推理	千華編委會	430元
2G051101	防制洗錢與打擊資恐百分百攻略	成琳	450元
2G541091	一次考上銀行 國文	李宜藍	480元
2G021071	一次考上銀行 英文	德芬	490元
2G281102	一次考上銀行 貨幣銀行學(含概要)	歐欣亞	470元
2G521091	一次考上銀行 銀行法(含概要)	成在天	350元
2G551111	一次考上銀行 會計學(含概要)	歐欣亞	570元
2G491111	一次考上銀行 票據法(含概要)	亭宣	410元
2G531081	一次考上銀行 國際貿易實務	吳怡萱	490元
2G561101	一次考上銀行 計算機概論(含網路概論)	茆政吉、蔡穎	500元
2G341111	防制洗錢與打擊資恐焦點速成	艾辰	530元
2G611101	圖解速成票據法	周卡蘿	430元

金融基測系列

2G311111	金融基測考科1[會計學+貨幣銀行學]焦點速成	林惠貞、陳敏	550 元
2G321091	金融基測考科2[票據法+銀行法]焦點速成	李亭 、林蓉	430 元
2G331101	創新科技焦點速成 [金融基測]	李宗翰	390 元

考前速成系列

2G161031	2014一次考上銀行 銀行專業科題庫(一) (102年度會計學概要+貨幣銀行學等)超級無敵詳解	歐欣亞等	500 元
2G171041	2015一次考上銀行 銀行專業科題庫(二) (103年度會計學概要+貨幣銀行學等)超級無敵詳解	歐欣亞等	490 元
2G181051	2016一次考上銀行 銀行專業科題庫(三) (104年度會計學概要+貨幣銀行學等)超級無敵詳解	歐欣亞等	470 元
2G191061	2017一次考上銀行 銀行專業科題庫(四) (105年度會計學概要+貨幣銀行學概要+票據法概要+ 銀行法概要) 重點精要+試題詳解	賦誠等	700 元
2G241081	一次考上銀行 銀行考前速成	賦誠等	700 元

以上定價，以正式出版書籍封底之標價為準

歡迎至千華網路書店選購
服務電話 (02)2228-9070

千華網路書店

更多網路書店及實體書店

博客來網路書店　　PChome 24hr書店　　三民網路書店

MOMO 購物網　　金石堂網路書店　　誠品網路書店

查詢實體書店

千華會員享有最值優惠！

立即加入會員

會員等級	一般會員	VIP 會員		上榜考生
條件	免費加入	1. 直接付費 1500 元 2. 單筆購物滿 5000 元		提供國考、證照相關考試上榜及教材使用證明
折價券	200 元	500 元		
購物折扣	・平時購書 9 折 ・新書 79 折 (兩周)	・書籍 75 折	・函授 5 折	
生日驚喜		●		●
任選書籍三本		●		●
學習診斷測驗(5科)		●		●
電子書(1本)		●		●
名師面對面		●		

facebook

公職・證照考試資訊

專業考用書籍 ｜ 數位學習課程 ｜ 考試經驗分享

f 千華公職證照粉絲團

按讚送 E-coupon

Step1. 於FB「千華公職證照粉絲團」按讚

Step2. 請在粉絲團的訊息，留下您的千華會員帳號

Step3. 粉絲團管理者核對您的會員帳號後，將立即回贈e-coupon 200元。

千華 Line@ 專人諮詢服務

☑ 有疑問想要諮詢嗎？歡迎加入千華LINE@！

☑ 無論是考試日期、教材推薦、勘誤問題等，都能得到滿意的服務。

☑ 我們提供專人諮詢互動，更能時時掌握考訊及優惠活動！

千華影音函授

打破傳統學習模式，結合多元媒體元素，利用影片、聲音、動畫及文字，達到更有效的影音學習模式。

○ 自我安排學習時段
○ 循序漸進厚植實力
○ 節省通勤時間
○ 提升準備效率

課程品質
業界No.1

2014、2017 獲頒學習科技金質獎

自主學習彈性佳
·時間、地點可依個人需求好選擇
·個人化需求選取進修課程

補強教學效果好
·獨立學習主題　　·區塊化補強學習
·一對一教師親臨教學

嶄新的影片設計
·名師講解重點　　·簡單操作模式
·趣味生動教學動畫　·圖像式重點學習

優質的售後服務
·FB粉絲團、 Line@生活圈
·專業客服專線

系統化學習流程

四大關鍵階段
學習安排，
突破國考重重難關！

- **04** STEP 考前衝刺期
- **01** STEP 實力養成期
- **02** STEP 專業強化期
- **03** STEP 能力檢驗期

超越傳統教材限制，
系統化學習進度安排。

推薦課程

- ■ 公職考試
- ■ 國民營考試
- ■ 證照考試
- ■ 學習方法

- ■ 特種考試
- ■ 教甄考試
- ■ 金融證照
- ■ 升學考試

影音函授包含：
·名師指定用書+板書筆記
·授課光碟·學習診斷測驗

學習方法 系列

如何有效率地準備並順利上榜，學習方法正是關鍵！

榮登新書快銷榜

連三金榜 黃禕

| 翻轉思考 破解道聽塗說 | 適合的最好 調整習慣來應考 | 一定學得會 萬用邏輯訓練 |

三次上榜的國考達人經驗分享！
運用邏輯記憶訓練，教你背得有效率！
記得快也記得牢，從方法變成心法！

作者在投入國考的初期也曾遭遇過書中所提到類似的問題，因此在第一次上榜後積極投入記憶術的研究，並自創一套完整且適用於國考的記憶術架構，此後憑藉這套記憶術架構，在不被看好的情況下先後考取司法特考監所管理員及移民特考三等，印證這套記憶術的實用性。期待透過此書，能幫助同樣面臨記憶困擾的國考生早日金榜題名。

作者線上分享

網路書店

最強校長 謝龍卿

榮登博客來暢銷榜

作者線上分享

經驗分享＋考題破解
帶你讀懂考題的know-how!

open your mind！
讓大腦全面啟動，做你的防彈少年！

108課綱是什麼？考題怎麼出？試要怎麼考？書中針對學測、統測、分科測驗做統整與歸納。並包括大學入學管道介紹、課內外學習資源應用、專題研究技巧、自主學習方法，以及學習歷程檔案製作等。書籍內容編寫的目的主要是幫助中學階段後期的學生與家長，涵蓋普高、技高、綜高與單高。也非常適合國中學生超前學習、五專學生自修之用，或是學校老師與社會賢達了解中學階段學習內容與政策變化的參考。

國家圖書館出版品預行編目(CIP)資料

(金融證照)投資學與財務分析/王志成編著. -- 第一版. --
新北市：千華數位文化股份有限公司, 2022.07
　面；　公分

ISBN 978-626-337-186-6(平裝)

1.CST: 投資學　2.CST: 財務分析

　563.5　　　　　　　　　　　111010091

[金融證照] **投資學與財務分析**

編 著 者：王 志 成

發 行 人：廖 雪 鳳

登 記 證：行政院新聞局局版台業字第 3388 號

出 版 者：千華數位文化股份有限公司

地址／新北市中和區中山路三段 136 巷 10 弄 17 號

電話／ (02)2228-9070　　傳真／ (02)2228-9076

郵撥／第 19924628 號　千華數位文化公司帳戶

千華公職資訊網：http://www.chienhua.com.tw

千華網路書店：http://www.chienhua.com.tw/bookstore

網路客服信箱：chienhua@chienhua.com.tw

法律顧問：永然聯合法律事務所

編輯經理：甯開遠

主　　編：甯開遠

執行編輯：潘俊安

校　　對：千華資深編輯群

排版主任：陳春花

排　　版：丁美瑜

出版日期：2022 年 7 月 20 日　　　　第一版／第一刷

本書如有勘誤或其他補充資料，
將刊於千華公職資訊網　http://www.chienhua.com.tw
歡迎上網下載。